rowohlt
BERLIN

Ines Geipel

«Für heute reicht's»

Amok in Erfurt

Rowohlt · Berlin

1. Auflage Januar 2004

Satz aus der Concorde PostScript PageMaker
Pinkuin Satz und Datentechnik, Berlin
Druck und Bindung Clausen & Bosse, Leck
Printed in Germany
ISBN 3 87134 479 6

Die Schreibweise entspricht den Regeln
der neuen Rechtschreibung.

Man gibt jemandem eine Bombe in die Hand
und wundert sich, wenn sie explodiert.

Marina Zwetajewa

Vorbemerkung

Das Buch ist durch die nachdrücklichen Fragen meiner Studenten angeregt worden, die selbst einmal Schüler des Erfurter Gutenberg-Gymnasiums waren und die das Ereignis vom 26. April 2002 nicht mehr losließ. Eine von ihnen – Elsa – ist zur Protagonistin geworden. Ihre Fragen sind die Sonden des Buches und haben die wesentlichen Züge seiner Chronologie entschieden: die Klärung der Vorgeschichte der Tat, die detaillierte Rekonstruktion des Tathergangs in der Schule sowie den späteren Umgang mit dem Ereignis.

Die massive Flut der Medienberichterstattung über das Schulmassaker ließ den Eindruck entstehen, jener Schwarze Freitag von Erfurt sei zur Genüge ausgeleuchtet, zu diesem Tag wäre alles gesagt.

Das vorliegende Buch kommt zu einem anderen Ergebnis, womöglich auch deshalb, da es zum ersten Mal mit authentischen Quellen arbeitet, wie etwa den Vernehmungsakten der Staatsanwaltschaft und dem noch immer vorläufigen Abschlussbericht des Innenministeriums. Darüber hinaus bezieht es sich auf zahlreiche Interviews, wertet die Regionalpresse über ein ganzes Jahr aus, nimmt Rundgänge durch die Stadt auf wie auch eigene Erinnerungen. Erst die monatelange Recherche in Erfurt hat die Zusammenhänge und Hintergründe dieser Tat benennbarer gemacht, dabei allerdings zu beunruhigenden neuen Erkenntnissen geführt.

Vor nunmehr fast dreißig Jahren haben die terroristischen Akte der RAF den politischen Herznerv der Bundesrepublik tief angerissen und dem Land eine anhaltende Debatte über das eigene politische Selbstverständnis aufgezwungen. Der Umgang mit dem Terror von Erfurt – der größten Mordserie in Deutschland nach 1945 – erzählt nicht nur etwas vom mentalen Puzzle verschiedenster Nachwendephänomene in einem neuen Bundesland und damit von dessen politischer Kultur. Es ist ein exemplarischer Fall. Die so grauenvoll Getöteten glaubwürdig in den Blick zu holen heißt, diesen Fall rückhaltlos und verbindlich aufzuklären. Das steht aus.

Ines Geipel, im Oktober 2003

Unsere Schule, Elsa

Berlin, 26. April 2002, kurz nach elf Uhr.

«Ist kein Witz. In unserer Schule wird geschossen! Zwölf Leute tot. Christian.» Elsa zieht den bunten Wollstrumpf über das Handy, lässt das Gerät zurück in die Tasche gleiten. Einfach zu blöd, seine Scherze, immer das Gleiche. Im Vorlesungssaal ist es kalt, und sie ist müde. Der Joint gestern Abend mit Anne hat ihr den Rest gegeben. Ihre Augen suchen gelangweilt die hohen Fenster ab. Ein kleiner schwarzer Vogel fliegt quer durch den Berliner Himmel.

Hochschule für Schauspielkunst, an der Parkaue: Die Blicke laufen halbherzig durch den Raum, streifen die Tafel – Jamben, Trochäen, Spondeen. Aussichtslos, das hat sie sowieso nie verstanden. Erneut also das Handy. Das Display zeigt zehn neue Nachrichten: «Elsa, in unserer Schule ist geschossen worden. Zwei Leute tot.» – «Amoklauf in der Gutenbergschule.» – «Wo steckst du denn? Melde dich! Hier ist das totale Chaos!» – «Elsa, schalt sofort den Fernseher ein!» – «Unsere Schule, Elsa!» Die letzte SMS kommt von der Mutter: «Hast du schon gehört? Deine Schule! 14 Leute verletzt. Ruf doch mal an!»

Elsa verlässt den Vorlesungssaal, läuft durch die Flure. Was soll das alles? Die Zeichen auf dem Display ergeben kein Bild, keinen Sinn. Hinten im Musikraum spielt ein Klavier, zwei Räume weiter klacken die Klingen der Fechter aufeinander, im Tanzsaal hämmern harte, eifrige Schritte. «Den Kopf, ja, ja!», hört sie eine diktatorische Stimme. «Schlanker, na komm schon, los, genauer!» Alles in Ordnung, alles wie immer, wie jeden Tag. Elsa riecht den herben Atem der Räume, den Schweiß, die Lust, den Schmerz. Sie beobachtet ihr Handy, zieht unruhig durch die Gänge, wartet. Keine Nachrichten mehr.

Im Laufen hat sie ihre Erfurter Schule vor Augen, den dunklen Koloss am Berg, an dem sie vor zwei Jahren Abitur gemacht hatte. In Gedanken betritt sie das Gebäude durch den linken Seiteneingang. «Lerne, um zu leben!», steht über der Empore. Wenn Elsa diesen Eingang nimmt, ist sie in der Regel zu spät. Der Unterricht hat schon begonnen, die braunen Türen sind geschlossen, und über die Flure kriecht eine unangenehm mächtige Stille. Fast automatisch duckt sie sich, huscht über die roten sechseckigen Fliesen, nah an der Wand. Die gesprungenen Steine muss sie überwinden, weil sie klappern und sie verraten könnten.

Eine halbe Treppe, elf kaputte Fliesen, und sie ist am Sekretariat vorbei und hat das Schlimmste überstanden. Doch Frau Hajna, die stellvertretende Direktorin, hat ausnahmsweise ihre Tür offen. Keine Chance. «Na, meine Liebe, hab dich auch schon flotter gesehen!» Elsa hört das typisch Hajna'sche Lachen schon nach der siebten, zerbrochenen Fliese. Zuspätkommen heißt, den Weg über dieses resolute Lachen zu nehmen, über diese selbstverständliche Art, in der Tür zu stehen und die schwarzen Locken zu schütteln. So fängt der Tag nicht gut an.

Als sei sie nie weg gewesen, hört Elsa ihre hastigen Schritte auf dem roten Stein, hört, wie die Tauben in die Luftschächte fallen, ein dumpfes, dunkles Gurren. Sie spürt den Zwang, die Tiere greifen zu wollen, ihnen ihre Freiheit zurückzugeben. Doch es bleibt nur der Ton, eingeschlossen in die Mauern, im Inneren abgeschnitten, bis er irgendwann verstummt.

Endlich, im ersten Stock, drei Klassenräume, auch dort nur verschlossene braune Türen und diese viel zu große Stille. «Ein Mops kam in die Küche und stahl dem Koch ein Ei.» Nein, bloß nicht – Herr Mittelstädt mit seinem ewigen Spott auf ihre Trödeleien. Sie würde sich jetzt liebend gern an ihm, dem Theaterleiter der Schule, vorbeimogeln. Dieser Ton ist im Moment nicht zu ertragen. «Luise Millerin,» ruft er, «na, hast du die Rolle drauf?» – «Hot dogs», erwidert Elsa lässig. Im Grunde unpassend, sie weiß es, doch sie muss noch in den dritten Stock, jetzt bloß nicht aufhalten lassen. Das gefällt dem Theaterleiter natürlich nicht, und so wird sie sich Grundsätzliches anhören müssen.

Wie oft er diese Sätze gesagt hat: «Du gehst jetzt auf die Bühne und redest, egal, was. Lass etwas entstehen. Nur du und das Publikum, mehr ist nicht. Such dir ein Gesicht, einen Punkt, lass die Arme einfach hängen. Warte. Such dir zwei Augen, halt sie fest, und dann fang an. Vertrau darauf, dass du etwas zu erzählen hast. Nun geh schon, geh einfach los und erzähl!»

Wie oft hat er uns Science-Fiction schreiben lassen, erinnert sich Elsa. Eine Geschichte erfinden, aus skurrilen Worten: Sandtaler, Jules Verne, Digedags, Hagestolz – damit fing er an, und dann musste man was draus machen. Fabulieren, die Dinge übereinander legen, sich was einfallen lassen. Eine Art Fischen im Trüben, denn wer weiß schon, wer Hagestolz ist. Ihm eine Geschichte in den Mund legen und noch heute nicht wissen, wer er war. Sich dennoch irgendwann zuständig fühlen für seine Welt, als sei man schuld an ihr. In den gefundenen Worten das erste Mal allein sein. Das ist Elsa geblieben, die Lust an den komischen Worten – Sandtaler, Wartburg, Schwarzwurzel, Totenkleid. Ein Ausflug in ein Leben, das man nicht kennt. Hagedorn, Hagebutte, Hagel. Hagestolz? Hat wohl kein Glück gehabt. War es nicht der mit dem Speer?

Die Erinnerungen laufen weiter, sind endlich im zweiten Stock. Elsa kann die Augen schließen und mit jedem Schritt wissen, in welchem Teil der Schule sie ist. Eine Sache der Geräusche, der Gerüche, des Lichts. Und auch eine Sache der Lust, ganz in die Nähe des anderen zu kommen, jemanden zu berühren. Das seltsame Leben der Dinge in so einem riesigen Kasten wie dieser Schule. Endspiele, Unruhe, Langeweile, glückliche Tage. Die Zeit, in der jeder jeden auf besondere Weise im Auge hat. Am Ende auch nur der Duosan-Geruch im Kunstraum oder der Zimt-Geruch von Rainer Heise, Elsas Geschichtslehrer, der die ganze erste Etage bestimmt und ihr Verhältnis zu ihm. Mitunter denkt sie heute, ging es allein darum, in diesem Geruch unterzukommen, in ihm für diese Minuten geborgen zu sein. Damals hat sie sich höchstens von Lehrer Heise die Geschichte von Hagestolz erzählen lassen, um sie gleich darauf wieder zu vergessen.

Elsa ist im dritten Stock, steht endlich vor ihrem Unterrichtsraum, zusammen mit der Stille, die mit jedem Stockwerk stärker wird. Dieser beklemmende Moment, erneut etwas nicht geschafft zu haben: Nur noch zehn Minuten, dann ist die Stunde zu Ende. Das wird sie Hans Georg Lippe, dem Chemielehrer, nicht gönnen. Sie steht vor der Tür, legt die Hand auf die Klinke. Nein, es ist entschieden: gelangweilt am Fenster stehen, in Ruhe eine Zigarette rauchen und auf den Schulhof blicken. Mehr ist hier nicht drin.

Wieder in Berlin. Zwölf Schritte, acht, vier – Elsas Atem stockt vor dem Vorlesungssaal. Die fetten Farben der Krokusse und Osterglocken, an denen sie in der Parkaue heute morgen vorbeigestürzt ist – denn natürlich war sie zu spät –, warum denkt sie jetzt daran? Die gleichen trüben Flure, ganz ähnlich abgerundete Aufgänge, dasselbe matte Gründerzeit-Licht, derselbe verhalten dumpfe Ton – warum ist ihr die Ähnlichkeit der beiden Schulgebäude nie aufgefallen? Plötzlich ist alles sehr eilig: Adieu, ihr Jamben und Trochäen! Vielleicht ein andermal! Sie muss zum Bahnhof. Wann nochmal ging der nächste Zug nach Erfurt?

Den kennen wir doch

Der Intercity, der von Hamburg kommt und in Berlin Bahnhof Zoo hält, ist überfüllt. Kaum jemand, der aussteigt, und auf Gleis 4 stehen noch viele, die gen Süden wollen. Das kann ja heiter werden. Elsa jedoch ist schmal, fast ohne Gepäck, und ihr Charme stimmt die Umgebung oft erstaunlich milde. Noch also ist sie guter Dinge und braucht nur ein paar wendige Manöver, um in einem Sechserabteil einen letzten freien Platz zu ergattern.

Ein vielleicht dreißigjähriger Mann – helle, offene Augen, braun gebrannt, edler Dreiteiler, Glatze, Springerstiefel – sitzt ihr gegenüber. Seine Lippen bewegen sich unablässig, die Stirn ist leicht schweißig, die Augen huschen über die Neue im Abteil hinweg, auf seinen Oberschenkeln liegt ein Buch, geöffnet und in fliederfarbenem Einband. Kaum eine Zeile ist unmarkiert geblieben, jede Seite hat ihr Eselsohr. Ein vollständig durchgearbeitetes Lebensbuch, glaubt Elsa zu erkennen. Die Sache hier sieht ernst aus. Sie will endlich den Titel wissen.

Immerhin hat sie das Cover-Foto auf der oberen Hälfte des Einbandes mittlerweile ausgemacht: den nackten Rücken eines braun gebrannten, sportiven Mannes, die Arme im Nacken entspannt verschränkt, sein Blick ruht auf einem himmelblauen Meer, knapp darüber flirrt ein himmelblauer Himmel, mit sanft fliehenden Zirruswolken, das Ganze umrahmt von der Fliederfarbe. Bisschen fett für die Glatze in Springerstiefeln, findet Elsa, doch sie hält sich vorsichtshalber zurück. Nach und nach können ihre Augen immerhin einzelne Sätze entschlüsseln: «Angst ist etwas völlig Unlogisches – Aber unsere Hirne sind voll davon – Ein Weltkonzern hat keine Gefühle, kein Unterbewusstsein, keinen Biorhythmus, keine Wunden – Ich bin die Führungsmacht – Gehen Sie den Weg der Rose: Einfach dastehen, blühen und duften!»

Nichts geschieht zufällig, alles gesetzmäßig, wie oben so unten, wie innen so außen, wie im Größten so im Kleinsten – Elsa ergänzt in Gedanken das therapeutische Spiel und betrachtet ihr lernwütiges Gegenüber. Worüber man so ins Schwitzen kommen kann. Elsa zieht es vor, ihre Jacke zu nehmen und das Abteil zu verlassen.

Der Zug fährt eine Biege. Dessau, Halle, Merseburg sind vorbei. Mit halbem Auge entdeckt sie den Bismarck-Turm, links oberhalb von Weißenfels. Das heißt noch acht Minuten, dann kommt Naumburg, und es beginnt, was Elsa ihre Landschaft nennt: Hügel, Kalkfelsen, weite Blicke, ein einzelner Baum am Horizont, Windräder und Burgen. Burg Saaleck oder die Rudelsburg, lange fest in den Händen von Raubrittern, hatte Lehrer Heise auf einem der Schulausflüge erzählt. Ob auch Hagestolz dort sein Unwesen getrieben hat? Der Zug windet sich durch die Mulden des Saaletals. Auf jeder Fahrt nach Hause lässt Elsa ihren Körper stückchenweise von der Landschaft aufnehmen, Kilometer für Kilometer, als könne sie auf diese Weise deren Weichheit in sich hineinziehen. In diesem Moment hat sie nichts gegen das Wort Heimat.

«Willst 'n Bier?» Im Raucher sitzen zwei Hip-Hopper, haben diverse Sixpacks vor sich und grinsen sie an. «Dir geht's nicht so, was? Na, komm schon, 'n Bier wirkt manchmal Wunder. Das brauchst du jetzt!», wiederholt einer der beiden, nicht mal unfreundlich. «Seh ich etwa so aus?», entgegnet Elsa grantig. «Wo fährst'n hin?», fragt der zweite. «Erfurt.» Die beiden Jungs sehen sich an. «Die absolute Härte, was da heute passiert ist, jede Stunde mehr Tote», sagt der erste. Elsa merkt auf, sie will mehr, muss Genaueres wissen, erhält jedoch nur beider Achselzucken. «Haben vor drei Tagen in Frankfurt unser Abi geschrieben und sind danach gleich auf und davon. Berlin!» Elsa lächelt matt und setzt sich nun doch neben die beiden. Ein Bier schafft sie schon in der halben Stunde bis Erfurt.

Ein lethargischer Abendhimmel hängt über der Stadt, als der Zug den Bahnhof endlich erreicht. Elsa geht schnell, sie hat es eilig: Bahnhofstraße, quer über den Juri-Gagarin-Ring bis vor zum Anger, sie nimmt immer denselben Weg. Linker Hand ein großes gelbes Gebäude, das Museum. Mit beiden Händen stemmt sie sich gegen das hohe Gemäuer – ihre Begrüßungszeremonie für die Stadt. Die kann sie nicht auslassen. Den überwölbten Raum hinter den Eckmauern kennt sie genau. In einer Melange aus Terracotta-Ton und expressiven Farben hat Erich Heckel in ihm seine Lebensstufen gemalt: eine Art Höhle aus wilder Ornamentik. Efeu, Clematis, Amaryllis, Mohn, üppig wuchernde Lilien, das weiße Pferd und die Eule, die Wappenteppiche, der Zirkus, die Reiterin, die Schlittschuhläuferin.

Elsa liebt diesen Raum, hat oft stundenlang allein darin gesessen und seinen skurrilen Kosmos befragt. Seit er wegen Sanierungen geschlossen bleibt, wandert sie in Gedanken durch die expressionistische Lebenshöhle, bevor sie Erfurt betritt. Hinter dem Stück Wand – dort, wo jetzt ihre Hände liegen – hängt das Bild «Freundschaft», ein Fenster weiter «Trennung», noch eins weiter «Der Schreitende». Auf der Pfeilerwand zwischen den Fenstern steht Roquairol. Ein Name, flirrend zwischen Rock und Idol, irgendeine Figur aus der Romantik, glaubt Elsa sich zu erinnern. Kauzig und zerrissen, wie er ist, steht er in Heckels Panorama für den Kampf ums Böse. Dem er erliegen wird. Sein Gesicht, sein gesamter Gestus verraten es.

Stück für Stück läuft Elsa Heckels Stufenraum ab. Wenn sie den hinter sich hat, kommt ihr Erfurt ein Stück moderner, geräumiger, selbstgewisser vor, ohne dass sie recht sagen könnte, warum. Jetzt eine Zigarette, dann links in die Schlösserstraße, kurz darauf in die Weitergasse. Sie läuft immer schneller, sie wartet auf das Wehr. Sind seine Schleusen geöffnet, wird die ansonsten plätschernde Gera zum Strom. Laut ist es dann, und man hat das Gefühl, das Zentrum der Stadt komme ins Rutschen. Ab und an stellt sich jemand auf die Brücke, direkt vor das Geräusch des Wassers, schließt die Augen, steht einfach nur da und wartet. Worauf eigentlich? Es ist der Ort, an dem die Stadt Pause macht, die Kinder auf der Brücke sitzen, die Enten beobachten und ein Eis ums andre schlecken.

Wenn Elsa Zeit hat, geht sie zu Breuninger, dem Kaufhaus direkt gegenüber, setzt sich im zweiten Stock ins Café und schaut auf den Fluss. Im Hintergrund anonymer Kaufhaus-Ton, über der Bar zehn laufende Fernseher, die Fensterfront vollständig aus Glas, mit Blick aufs Wehr. Wer was zu erörtern hätte, der säße wohl hier. Doch Elsa hat keine Zeit. Seit sie in Berlin lebt, nimmt sie die Bewegungen der Stadt als zu beschaulich und still wahr. Wie sich in diesem angehaltenen Rhythmus der eigene Körper beschleunigt, spürt sie. Wie leise hier das Leben geht.

Auf dem Weg zum Fischmarkt füllt sich die Straße. Die Menschen laufen, als würden sie nur eine Richtung kennen, ihrer eigenen Choreographie folgend, auf einen imaginären Punkt zu. Etwas soll erreicht werden, und zwar schnell. Was geschieht, geschieht ohne Worte. Magnetisch angezogen, muss es irgendwo einen Ort geben, an dem man zusammenkommen kann. Kerzen, Tränen, eingezogene, leere Gesichter. Vor dem Rathaus entdeckt Elsa Stefan, einen alten Freund vom Gutenberg-Gymnasium. Sie haben sich lange nicht gesehen, fallen sich in die Arme, laufen zum Domplatz, zur «guten Stube der Stadt». Es ist fast 20 Uhr, mittlerweile recht kühl. Der Regen tröpfelt vor sich hin. Stefan legt seinen Pullover um Elsas Schultern, beginnt leise zu erzählen, nennt zum ersten Mal einen Namen – Robert Steinhäuser.

«Robert Steinhäuser?» Elsa sieht den Freund ungläubig an. Der dickliche, ewig verschwitzte Steini, mit dem sie ihre Kindheit verbracht hat? Steinhäuser, der Schwammi von gegenüber? «Den kenne ich», wehrt sie ab, «der nicht.» – «Doch», beharrt Stefan, «ebender. Viel weiß man nicht im Moment, aber wer es war, daran gibt's keinen Zweifel. Schon mittags kurz nach zwei Uhr lief es über alle Kanäle.» Elsa hört die Sätze und hört sie auch wieder nicht, versucht, in Gedanken den alten

Wegen zu folgen: Ihre Kindheit, das waren die Hinterhöfe zwischen Ludwig- und Ottostraße. Pflaumenbäume, Apfelbäume, Indianerspiele, Verstecken im Dunkeln. Auf den Bäumen sitzend, mit ihrer Freundin das Leben entwerfen und das dann gegen die Jungs verteidigen.

Gegen einen etwa wie Robert Steinhäuser, den von der Otto-Straße, jenen Background-Typ. An seine unruhigen Augen erinnert sie sich, seinen schleifenden Gang, seine idiotische Art, Witze zu machen. Mit sechs, acht Jahren trafen sie sich ziemlich oft, ihre Cliquen aus den beiden Straßen, es ergab sich einfach so. Mit wem sollte man auch spielen – in der Gegend gab es zu der Zeit nicht sonderlich viele Kinder. Ein Ego-Taktiker, dachte sie, wenn sie ihn später ab und an mit schwarzer Lederjacke und seinem blödsinnigen Kindsbart die Biereyestraße runter zur Schule ziehen sah.

«Der hat zu viel Druck in der Spur», hatte es später häufiger auf dem Schulhof geheißen. Warum eigentlich? Elsa findet kein Bild dazu, kann sich nicht erinnern. Schwachsinn! Nichts weiß ich von ihm, alles nur Äußerlichkeiten!, hält sie inne. Stefan zieht sie am Arm. «Komm», drängt er, «lass uns hoch zur Schule gehen. Wer weiß, vielleicht hören wir dort was Genaueres oder treffen jemand von uns.»

Das Gymnasium ist hell erleuchtet und weiträumig abgesperrt, als die beiden auf der Anhöhe ankommen. Überall Polizei- und Presseautos, Scheinwerfer, am Rand zwei Bereitschaftswagen. Man ist unendlich beschäftigt, das Set steht, jeder scheint zu wissen, was in einer solchen Situation zu tun ist. Eine große Filmkulisse oder eher ein Jahrmarkt, denkt Elsa, in dessen Hintergrund die Schule noch gigantischer wirkt. Stefan tritt an einen Polizisten heran, versucht, ihn anzusprechen. Doch Elsa hat mit einem Mal keine Lust mehr, winkt nur noch ab. Sie will nach Hause, hat der Kälte nichts mehr entgegenzusetzen.

Der Fernseher läuft laut, als sie kurz darauf die elterliche Wohnung in der Ludwigstraße betritt. «Da bist du ja», Elsas Mutter schaut kaum auf, «hab schon das Schlimmste befürchtet.» – «Was denn?», fragt die Tochter. «Ach, weißt du, zwischendurch hab ich heute mal gedacht, du seist das alles gewesen.» Elsa stockt der Atem. Deshalb war sie nicht gekommen: sich aufeinander zu freuen, um aufeinander loszugehen. Ihre Blicke gehen zum Vater, kurz darauf zurück zur Mutter. Keine Reaktion. Nur das Flimmern des Fernsehers. Elsa will es nicht glauben, heute nicht!

Kommt schon, los, sagt was! Redet! Irgendwas! Unentschieden lässt sie ihre Blicke zwischen den beiden hin- und herwandern, ringt nach Worten. Findet jedoch auch keine. Betrachtet stattdessen lange das Gesicht der Mutter, in deren Augen die Fernsehbilder ungestört weiterlaufen. Wie jung sie aussieht, wie sie es geschafft hatte, über diese wirren Wendejahre hin ihr Jungmädchengesicht zu behalten und, wie es aussieht, auch ansonsten unverändert zu bleiben: ihre ewige Tyrannisier-Lust, die sie kurze Zeit später mit großer Güte wettzumachen weiß. Als würde sie sagen: Guckt mal, ich mache hier was, von dem niemand weiß, was es soll, und danach sehen wir alle zusammen ziemlich alt aus. Wahrscheinlich langweilt sie sich, denkt Elsa. «Ätzend, das!», entfährt es ihr, damit der Vater endlich aufspringt und sie in die Arme nimmt. «Ja, Liebes», macht der einen Satz, «sieh dir das an, deine Schule!», und zeigt auf den Fernseher. So sitzen sie also zu dritt vor den Bildern.

23 Uhr, acht Stunden nach Bekanntwerden des Massakers – man spricht mittlerweile von 18 Toten –, überträgt das ZDF von Erfurt aus live ein «Johannes B. Kerner-Spezial». «Mike, wir werden mit aller Vorsicht mit dir reden», beharrt der immer bereite Kerner gegenüber einem elfjährigen Gutenberg-Schüler. Der versucht es mit redlicher Antwort: wann Schulanfang war, was auf dem Stundenplan stand, in welchem Gebäudeteil er war, als die Schüsse fielen, wann sie tatsächlich bemerkten, dass etwas passiert sei, dass er den Täter wirklich habe anschauen können, dass er eine tote Lehrerin gesehen habe. Mike steht unter einem Party-Zelt auf dem Gutenbergplatz, friert und redet. Ab und an fällt der Ton aus, meist sind nur die zuckenden Wangenknochen von Kerner auf dem Bildschirm zu sehen und sein mechanisches Nicken. Elsa erkennt das Zelt vor der Schule wieder, an dem sie vor Minuten noch mit Stefan gestanden hat. «Schalt um», fährt sie den Vater an, bevor Kerner seine Zuschauer mit dem Satz verabschieden kann, dass es nächsten Dienstag wieder «regulär mit sicherlich freundlicheren Gesprächen» weitergehe.

Im MDR ein «Extra» mit den Bildern vom Tag: Spezialkräfte im Sturm auf das Gebäude, hochgereckte Pistolen, jede Menge Polizisten, geduckt zwischen parkenden Autos, die Endlosreihe der Schulfenster, dahinter der Schock in den Gesichtern, Notärzte, die in einem Tuch eine tote Frau wegtragen, und immer wieder Schüler, die sich hinter den Absperrungen fassungslos in die Arme fallen. Wäre es nicht Erfurt, wäre es Austin, Dunblane, Santee, Brannenburg, Littleton, Port Arthur oder jeder andere Ort der Welt. Kriegsbilder, Realitätsbomben, die sich ähneln, assoziativ abgerufen und abgeglichen in einer fassbaren Reihe. Ein scheinbar überall verständlicher Code. Die Augen sind längst aufgeladen von jenem sachlich aggressiven Bildton, der das Reale so zwecksicher zu verbergen vermag. Hinter dieser vermeintlichen Irrealität wird Erfurt zu einem Fall unter Fällen.

Doch den Platz, auf dem Kerners Party-Zelt steht, den kennt Elsa nur zu genau. Auf dem Rasen vor der Schule hat sie noch vor kurzem mit Anne gesessen und Rügers Mohnkuchen und seine legendären Marzipanhörnchen verschlungen. Das Gymnasium ohne seinen Hausbäcker an der Ecke – unvorstellbar! Jeden Straßenzug, jeden Pflasterstein, jedes Fenster, jede Kirschblüte, jedes Auto auf dem Schulhof, die große Weide links vom Eingang – Elsa glaubt, sogar die Stimmen im Fernseher alle zu erkennen. Jetzt darf der thüringische Ministerpräsident Bernhard Vogel vom «Unheil, das vom Himmel gefallen ist», klagen. «Typisch!», winkt der Vater ab. «Die Katholiken und der Schrecken. Nichts können sie so wunderbar mythisch verklären wie den. So wird das Ganze mal wieder keine Ursachen haben!»

Gleich darauf die soundsovielte Live-Schaltung an den Ort des Geschehens. Wie denn die Stimmung dort sei, wird eine Reporterin in den Nieselregen hinein gefragt. «Absolut gedrückt.» Das ist alles, mehr Zeit bekommt sie nicht, dann werden auf ihre zwei Worte Archivaufnahmen geschnitten: aus Meißen, wo ein Schüler vor drei Jahren seine Lehrerin mit 22 Messerstichen tötete. Aus einem bayerischen Internat, in dem ein Zögling eine Aufsichtskraft erschoss. Von einem Blutbad eines weiteren bayerischen Schülers unter Passanten, mit Waffen aus dem elterlichen Waffenschrank.

Dass die Polizei die Wohnräume des Täters durchsucht habe, der bei seinen Eltern lebte, heißt es mittlerweile. Bilder vom Haus: ein vierstöckiger, gelber, renovierter Altbau, Blumen auf den Fensterbrettern, ein korrekt angeordneter Fußabtreter, glänzende Namensschilder, ein kleiner blühender Vorgarten – eine ostdeutsche Idylle. «Üblicherweise kommen an dieser Stelle die Spezialisten», weiß die Mutter. Sie kommen in der Tat: Von amerikanischen Verhältnissen an deutschen Schulen ist nun die Rede, von Drogen, müden Familien und der zunehmenden Kälte in der Gesellschaft. «Ach nee», leiert der Vater einem Psychologie-Professor hinterher, «Amokläufe kann man nicht generell verhindern, genauso wenig wie Autounfälle.» Er hat genug, steht auf, schlurft ins Badezimmer. Die Mutter gähnt. Nach dem Professor wird die Hotline 0800-1073107 bekannt gegeben, ein Info- und Beratungstelefon, unter dem sich noch immer Beunruhigte melden können. Darauf die Einblendung eines einzelnes Fotos – ein feistes, freundlich vor sich hin pubertierendes Gesicht. «Sieh mal!», ruft die Mutter in die Tiefe der Wohnung hinein. «Den kennen wir doch! Der wohnt hier gleich um die Ecke!» Der Vater kommt mit der Zahnbürste und betrachtet das Konterfei von Robert Steinhäuser. «Wohnte», korrigiert er und verzieht sich ins Bett.

Elsa will abschalten: genug vom Strom der Bilder, genug von der Welt aus der Kamera! 18 Tote! Und noch immer keine Namen. Wen von ihnen würde sie kennen? Was ist mit Herrn Mittelstädt, Herrn Heise, Frau Hajna, mit all den anderen? Was weiß sie überhaupt bisher vom

Vormittag in ihrer Schule? Die Sender liefern pausenlos. «Unfassbar», sagt der Bundespräsident. Der Kanzler spricht von einem «singulären Ereignis, das alle Vorstellungen übertrifft». Jetzt wieder eine Direktschaltung vor Ort. Ein Reporter steht noch immer mit seinem pelzigen Mikrophon vor der Schule, hat aber nichts mehr zu berichten. «Auch in Erfurt ist es Nacht geworden», lautet sein Schluss.

Wie viel Nacht, fragt sich Elsa, rutscht zurück in die Sofakissen und dreht sich den letzten Joint. Sie würde gern schlafen, doch kann von den Bildern nicht lassen. Noch immer gibt es neue Details. Die Kriminalpolizei gibt eine Objektive Täterbeschreibung heraus: schwarze Cargohose mit Seitentaschen, schwarze Schnürschuhe, eventuell Leder (keine Springerstiefel), schwarze Gesichtsmaske mit Schlitzen, schwarze Fausthandschuhe, Leder, schwarze Umhängetasche mit Trageriemen, schwarzer Stoffrucksack Marke Camel, Zuckerrohrmesser in beigefarbigem Lederschaft, Pistole Glock 17, schwarz, Pump-Flinte Mossberg.

Kurze Zeit später läuft die Simulation einer männlichen schwarzen Gestalt, schwer bewaffnet und vermummt. Ein virtueller Killer, der eine Schule, ein Labyrinth, betritt und Tür um Tür öffnet. Seine Schritte schaffen sich Raum im Sog hart pulsierenden Techno-Beats. Es hämmert nur so, etwas läuft heiß, eine Maschine in Schwarz, auf der Jagd. Etwas, das hochdreht. Niemand und nichts, das sich ihr in den Weg stellt. Ihr immer knapper werdender Atem und nur ein Ziel – sich zu entladen: irrsinnig laut, blind, enthemmt, aus einem Rohr.

Die Bilder bannen, ihre visuelle Rhetorik ist eindeutig. Aber woher weiß man das eigentlich alles? Vielleicht ist Töten eine sehr stille Sache, fragt sich Elsa, ohne einen einzigen Laut im Inneren. Vielleicht ist das ganze elende Rampage-Killing, von dem heute Abend so viel die Rede war, gar nicht so motivlos, wie die Experten uns weismachen wollen? Dabei ist ihr dieser ganze Militärkram seit je auf den Geist gegangen. Die Welt einschwören auf die eine Perspektive: ein Mann, ein Rhythmus, ein Gewehr.

Elsa sitzt mitten am Ort, keine fünf Minuten von der Schule entfernt, einen Katzensprung vom Haus der Steinhäusers. Sie hört die Wohnzimmeruhr ticken, ihr Blick fällt auf Platzdeckchen, Plüschgardinen, die massive Schrankwand der Eltern. Nichts mehr zu kiffen, nichts zu trinken. Ziemlich trostlos. Was bleibt, findet sich in den Wiederholungen der Bilder. Vielleicht war sie kurz eingeschlafen, vielleicht ist aber auch schon Tag geworden, oder hellt das Flimmern des Fernsehers das Zimmer derart auf? Als liefen die Augen eine Art Zeitschleife, lässt der Bildschirm den gestrigen Tag noch einmal von vorn beginnen. «Das Schlimmste war die Warterei», sagt ein Sanitäter. «Spürhunde haben uns nach Pulverdampf abgesucht. Jeder bekam ein Schild ans Handgelenk. Wir wurden markiert wie die Lämmer, die zum Schlachten müssen», so ein Schüler, der stundenlang auf dem Sportplatz hinter der Schule, der Evakuierungsstelle, zugebracht hat.

Die Version des zweiten Täters ist nicht mehr aus der Welt zu schaffen, mittlerweile fahndet man sogar in der Erfurter Kanalisation nach ihm. Die Polizei sucht einen Mann «mit modischen Kontaktlinsen, die strahlend blau sind, in der Pupille senkrecht wie bei einer Katze.»

«182 Schüler befanden sich über vier Stunden in Todesangst», heißt es bei Erfurt-TV. Die Toten Hosen canceln ihr Konzert für den 27. April und die Stadt Erfurt sagt den «Autofrühling» auf dem Domplatz ab. «Die Staatsanwaltschaft ermittelt wegen Straftat von erheblicher Bedeutung. – Der Tattag war der letzte Tag der schriftlichen Abiturprüfung an seiner Schule. – Robert Steinhäuser hinterließ keinen Abschiedsbrief.»

«Am Morgen wurde die Zahl der Toten auf 17 korrigiert – zwei Schüler, zwölf Lehrer, eine Sekretärin, ein Polizist und der Amokläufer selbst», vermeldet der ARD-Nachrichtensprecher. «Die Politik hat sich auf kürzestem Weg verständigt», sagt der Erfurter Oberbürgermeister Ruge noch einmal im Erfurt-TV, «und stellt den Schülern des Gymnasiums die Rathausräume 243 und 244 zur Verfügung. Ein Angebot aller Fraktionen, um gerade jetzt miteinander zu sprechen. Ich hoffe auf eine gute Zeit.»

Elsa liegt noch immer auf dem Sofa, die Augen geschlossen, hört sie die Eltern entfernt auf dem Balkon rumwerkeln. Wie gern hätte sie sich gerade gestern Abend hier zu Hause gefühlt. Der Satz der Mutter geht ihr nicht aus dem Kopf: Denkt sie wirklich, ich könnte jemanden töten? Wie kommt sie nur darauf? Plötzlich ist sie hellwach. Die Stimme kennt sie doch. Klar, das ist Rainer Heise! «Als ich den Kindern auf dem Hof nachrief: Rennt! Rennt!, sagte die Gestalt: Die kriege ich noch. Ich hörte an der Stimme, dass es sich um einen männlichen Jugendlichen handelte mit richtigem Erfurter Dialekt. Er schoss mit seiner Pistole einmal in die Luft, zielte dann auf die Kinder und sagte: Verdammte Scheiße, ich muss nachladen. Sein Gesicht war nicht zu erkennen, da er eine Maske über dem Kopf trug.»

Rainer Heise gibt ein Interview, in seiner Wohnung, zwischen Büchern, Bildern und all der sorgsam sortierten Gutbürgerlichkeit. Dunkle deutsche Eiche, alte Leselampen, schwere Teppiche. Anfangs hatte Elsa diese komische Ordnung der Dinge irritiert. Sie schien ihn um einiges älter zu machen, als er ist. In jener wohl abgestimmten Ordnung sah sie etwas festgehalten, was selbst schon zum Fossil geworden war. Später wird sie darin eine Art der Verschwendung erkennen: das Besondere in den Dingen festhalten und ihnen so noch einmal eine eigene Zeit gestatten. Was kann es Großzügigeres geben?

Der weißhaarige, drahtige Mann sitzt in seinem Ohrensessel, sein Gesicht ist rot und schweißig, die Halsschlagader stark angeschwollen. Die Hände rudern fahrig. Er will klären, Bericht geben, er muss sprechen. Doch es ist nicht die Zeit, und es gibt auch keinen Platz dafür. Wie die Kameras mit einem Schlag sein Wesen zerstören, denkt Elsa. Sie kennt ihn doch und erinnert sich an einen Nietzsche-Satz, den Rainer Heise früher ab und an zum Einsatz gebracht hatte und den sie nie so recht verstanden hatte: «Im Verborgenen leben, damit man nicht verwechselt werden kann.» Jetzt scheint es ihr, als ob der Satz genau für diese Situation gefunden wurde. Elsa betrachtet ihren gestikulierenden Lehrer in dem viereckigen Kasten: «Ich sagte: ‹Was soll denn das?› Und sah ihm dabei in die Augen. Dann zog ich meinen Pullover mit beiden Händen vor die Brust und sagte: ‹Na, dann erschieß mich auch.› Er nahm die Pistole, legte sie links neben sich auf das Regal und sagte: ‹Nein, Herr Heise, für heute reicht's!›»

Warum Warum Warum

So früh es noch ist – Elsa zieht es in die Stadt. Sie braucht Gesichter, sie muss hören. Am Gutenberg-Gymnasium: Kameras, Absperrungen, Presseautos. Dasselbe Szenario wie gestern Abend. Über den Schulhof verteilt, stehen zwölf Autos – die Autos der Lehrer, die den gestrigen Tag nicht überlebt haben. Kripo-Beamte suchen mit Metalldetektoren die Außenfassade des Gebäudes und die Autos nach Bomben ab. Auf den Eingangstreppen entsteht ein Meer aus Blumen und Kerzen, dazwischen stecken Fotos, ab und an ein Teddybär. Die Erfurter kommen mit Tränen, mit all ihrer Fassungslosigkeit und der Frage nach dem großen Warum. Die liegt auf der Treppe zwischen den Blumen, einfach auf weiße Blätter oder Transparente geschrieben, steckt in den Gesten der Schüler, die den Gutenberg-Platz nicht mehr verlassen. Dieses Wort nimmt die Stadt fest in den Griff.

Ein Tag und jene Einwortfrage, die Einschlagstelle, um die herum sich völlige Sprachlosigkeit ausbreitet. Warum? Warum? Warum? Wie groß ein einzelnes Wort werden kann. Fünf Buchstaben – eine Mauer, hinter der sich die gewohnte Welt versteckt hält, denkt Elsa. Blödsinn! Der Himmel ist oben und hat heute hohe, schnelle Wolken, als käme das Wetter vom Meer. Der Tag ist ein Tag, ihm folgt der Abend, und nach ihm wird es einen nächsten geben. Was soll schon sein? Diese Stadt ist die Stadt, in der ich aufgewachsen bin und in der ich jeden Straßenzug kenne, beharrt sie. Was soll sich verändert haben? Doch so ist es nicht, Elsa weiß es. Gestern war nicht einfach gestern, und heute wird nicht dieses Heute sein, was es noch vor 24 Stunden hätte sein können. Es gibt sie nicht, die sorglose, unabänderliche Folge der Tage.

Doch werden nicht ununterbrochen neue Zeiten beschworen, neue Ordnungen, neue Welten? Das neue Jahrtausend! Der neue Terror! Der neueste Film, der jeden bis auf den Grund verändert! Das neue Super-Gen! Nie wieder sein, was man noch gestern war. Doch für wen gelten diese vielen neuen Ordnungen eigentlich, und hat das was mit dem, was gestern hier geschehen ist, zu tun? Elsa läuft zum Domplatz, unterwegs ein Blick zum Zeitungskiosk: Die *Bild* titelt «Deutschlands schlimmster Tag». Sie kauft alle Zeitungen, stopft sie unter den Arm, läuft weiter, ihrem inneren Wegenetz folgend. Auch auf den Domstufen liegen schon jede Menge Blumen. Im Rathaus wolle man ein Kondolenzbuch auslegen, hatte sie heute Morgen in den Nachrichten gehört. Da wird sie hingehen und sich eintragen. Vor dem Haus der Stadt trifft sie auf das dritte Blumenmeer. Ein tröstender Haufen aus Farbe und Frühling – Tulpen, Forsythien, Flieder, Krokusse, Osterglocken.

Als hätte jemand in Windeseile die Einwortfrage über die ganze Stadt verteilt, wiederholt sich das Warum auch im Kondolenzbuch der Stadt: Robert S. – warum hast du uns das angetan? Warum wolltest du auf diese Weise Berühmtheit erlangen? Warum lässt Gott so etwas zu?

Warum heute, warum hier? Die meisten halten sich kurz und schreiben nur: Warum?

Hinter dem Warum im Eingangsbereich des Rathauses lauert eine zweite Mauer: mindestens vierzig Journalisten, mit Kameras im Anschlag, ihrem metallenen Hüsteln und hektischen Geschiebe. Was kann schon noch kommen, fragt sich Elsa und denkt an Lady Diana und ihre Paparazzi-Armee. Als sie dann endlich dran ist und vor dem Buch steht, blättert sie wahllos darin herum, liest die Eintragungen. Etwas missfällt ihr: Die ganze Situation hier ist künstlich, das Intime der Trauer im Raum ausgeleuchtet, die Gedanken der Wartenden sind schmerzlich durchsichtig wie auf einer Röntgenplatte. Ihre Augen bleiben an einer Kinderschrift hängen: «Unfassbar. Ich kann es nicht verstehen. Mama leb wohl, Dein Sohn E.» In diesem Moment stürzt eine Ordnungskraft auf sie zu und herrscht sie an: «Beeilen Sie sich! Sie können hier nicht rumstehen. Wir erwarten hohen Besuch! Unser Außenminister kommt jeden Moment!»

Als hätte sie plötzlich kein Recht mehr, vor diesem Buch zu stehen, als hätte sie sich ganz unangemessen unter die Trauernden geschlichen, als würde die Reihe hinter ihr aus einem Mund sagen: Was hast du hier zu suchen? Warum stehst du hier rum? Hast du mit der ganzen Sache irgendwas zu tun? Sie dreht sich um, forscht den Raum nach weiteren Ordnern aus. Doch hinter sich nur stille, verweinte Gesichter. Menschen, die warten, mit im Boden versenkten Blicken, Menschen, die sich nur mühsam halten.

Als sie aus dem Rathaus tritt, hat sie ihren Text fürs Kondolenzbuch vergessen, fühlt sie ihre Hilflosigkeit um ein Stück mehr gewachsen. Ein Außenminister ist auch nirgends in Sicht. Denn den zumindest würde sie erkennen, obwohl sie ansonsten mit Politik nicht viel am Hut hat. Ihr Misstrauen – gegenüber der Welt aus Skandalen, Anzugträgern, Affären, all den öden Verblasenheiten –, es gelingt ihr nicht, es aufzugeben. Dabei ist es nicht so, dass sie es nicht versucht hätte: die Welt lesen und verstehen, unter welchen Verhältnissen sie lebt. In den Texten der Zeitungen etwa. Doch ihre Augen greifen die Zeichen nicht. Sie liest und liest, die Texte erheben sich zu blumigen Wolken oder lassen eine Art Worte-Bulimie entstehen: stopfen, stopfen, schließlich wieder alles rauswerfen, stoßweise. Sie kann diese Sprache nicht behalten. Es muss da eine Art Immunität geben, deren Herkunft sie nicht erklären kann. Auf der anderen Seite wieder die klare Empfindung, wenn jemand mal was Überzeugendes sagt. Wie das wirkt, wie es in einem rumstreunt und irre Bewegungen erzeugt.

Joschka Fischer jedenfalls lässt auf sich warten, und darauf hat Elsa keine Lust. Ihr ist jetzt nach «Waidspeicher» und den Erfurter Puppenspiel-Freunden – nach Steffen, Thom, Eve, Suse, Claus, Annika. Die sitzen, in Decken eingemummelt, mit Kerzen und bei Apfelsaft um Eves großen Tisch. «Wer eine Maske trägt, ist nicht mehr er selbst», meint Thom, als Elsa sich ohne größere Begrüßung zu ihnen setzt, sie gehört hier dazu. «Er wird ein anderer und ist zugleich getarnt», schließt Suse an, «eine Maske ist immer Projektion.» – «Wovon?», will Elsa wissen. Längst ist klar, um wen es hier geht. «Die Maske ist seit Urzeiten das Zeichen des Heiligen. Ein ewig altes Muster, ein Ritual. Nach der Maske muss etwas kommen: die Messe, das Schlachtfest, viel Blut.»

Sicher, alles richtig, aber Elsa ist es trotzdem zu viel

Gelaber jetzt. «Wisst ihr nicht was Genaueres?» – «10 Minuten, 71 Schüsse, 17 Tote. Was musst du noch wissen?» Das ist Thom. «Ich höre sie schon alle: keine Gewaltvideos mehr, neue Waffengesetze, sofort härtester Zugriff! Dass ich nicht lache. Wenn ein Neunzehnjähriger gestern 30 Leute totgefahren hätte, würde man heute diskutieren, ob man die Fleppen nicht auf 25 Jahre hochsetzt.» Elsa rollt mit den Augen: «Als ob das das Gleiche wäre!» – «Wieso nicht?» Sie kann es nicht erklären, aber für sie geht es um was anderes.

«Die Kripo war heute Morgen im Domblick», erzählt Claus. «Da oben im Gartenverein?», fragt Eve. «Nein, in dem Schützenverein, in dem sich Steinhäuser fit gemacht hat. Der Vorstandsvorsitzende uraltes SED-Fleisch, sein Stellvertreter Oberkommissar bei der Erfurter Bereitschaftspolizei und unser Innenminister als Ehrenmitglied. Wenn das kein nettes Trio ist. Habt ihr schon mal gehört, dass sich hier ein Minister für Amnesty International eingesetzt hätte?»

«Was weißt du denn von dem Verein?», versucht Elsa beim Thema zu bleiben. Claus zögert. «Domblick? Ja, da war ich mal», erinnert sich Steffen. «Weiß nicht mehr, was mich da hingetrieben hat. Ziemlich ausgedehntes Gelände, etliche Schießkeller, grell ausgeleuchtet. Die Schützen auf Elektrokarren, mit schwarzen Hasskappen, großspurige, laute Fahrten von Schießstand zu Schießstand, auf dem Rücksitz etliches Ballerzeug.» – «Klingt nach schwer bewaffneter Männerwelt, die sich da austobt. Dass da keiner mal nachhakt?», fragt Eve.

Elsa erinnert sich, dass sie heute Morgen beim Kaffee einen kurzen Bericht über Schützenvereine im Radio gehört hatte, ihn aber nicht zuordnen konnte. Knapp

500 Schützenvereine, hieß es, gehören zum Thüringer Schützenbund, dazu die kommerziell betriebenen Schießstände und die privaten. Für den kleinsten Freistaat des Landes, findet sie, hängt da ziemlich viel Blei in der Luft. Der Bericht endete mit dem Satz, dass Thüringen das Land mit den meisten Waffenbesitzern und der höchsten Selbstmordrate sei. Sie gibt diesen Satz an die Runde weiter.

«Kein schöner Land!», kommentiert Suse. «Und dann stehen sie heute Abend lammfromm vor den Mikrophonen, lächeln und erklären: Nein, mir ist nichts an ihm aufgefallen. Wir kannten Herrn Steinhäuser nur als ruhige und zuverlässige Person. Ein ordentlicher Junge und ausschließlich an der Sache interessiert. Er kam regelmäßig zum Schießen.» – «Erst letzte Stunde haben sie im Rundfunk bekannt gegeben», ergänzt Eve, «dass die Daten von Steinhäuser auf den Computern des Schützenvereins ausgerechnet heute und natürlich aus Versehen gelöscht wurden.»

Elsa verabschiedet sich, muss raus, hat plötzlich das Gefühl, nur noch Bahnhof zu verstehen. Pumpgun, Zodiac, Prozac, Slipknot. Auf einmal spricht alles vom Charles-Manson-Feeling, als müsste man damit auf die Welt gekommen sein. Doom, Hang Leroy, Counterstrike. Irgendwo scheint jemand eine Schleuse geöffnet zu haben. Quake, Spawn, Limp Bizkit, Hate Sites. Was sind das eigentlich für Worte? Ihre Schritte folgen den Schienen der Stadtbahn, als gäben die wenigstens eine Orientierung vor. In einem Schaufenster ein riesiges Foto: Erfurt aus der Vogelperspektive – ein sorgsam aufgeputztes Kleinod. Patrizierfassaden, schönes Fachwerk, die Zitadelle, der Bahnhof, natürlich der Dom, viel Grün. Renaissance und Kaiserzeit geben sich gekonnt die Hand. Topographisch hat die Stadt keine Wunde. Vom Krieg verschont, ist sie zwar zu DDR-Zeiten morbide in sich eingerutscht, doch zum Glück fehlte das Geld, um sie grundsätzlicher zu verbauen. Es scheint, als hätte man der Stadt nichts hinzuzufügen, das Bild ist rund, sie hat ihr Maß. Elsa sucht mit ihren Augen die engen Straßen ab. Ah ja, hier ist sie gerade, in der Michaelisstraße! Ganz schön hochpoliert, denkt sie, sich umblickend – am Ende reibt man noch die Häuser mit Goldstaub ab.

Elsa läuft an der «Silberschale» vorbei, einem Café an der Krämerbrücke. Obwohl es kalt und regnerisch ist, sitzen die Leute auf der Terrasse. Unter den Tischen tröpfelt die Gera. Man trinkt Milchkaffee und blickt ansonsten aufs Wasser. Jemand beginnt mit gedimmter Stimme: «Was man jetzt alles so hört! Als hätte ich nie hier gelebt.» – «Ehrlich mal», setzt eine Frau in erdigthüringischem Idiom nach und dass sie die Steinhäusers ganz gut kenne. Aber man wisse ja nicht, was in den Kindern so drinsteckt, seufzt sie. Zu lachen hätten die Eltern jedenfalls jetzt nichts.

«Sagt mal, habt ihr den Heise im Fernsehen gesehen?», fragt eine andere Stimme. «Wie der sich in so 'ner Situation zum Profi erklären kann – na, wenn der mal sauber ist!» Im Verlauf des Gesprächs wird Elsas Lehrer nach und nach zum zweiten Täter und auch Mörder von Robert Steinhäuser. «Dass der dem die Pistole nicht abgenommen hat und ihn einfach so in den Raum schubst, das glaubt ihm eh keiner.» Elsa ist wie elektrisiert – was reden die da? Aber schon ist man beim nächsten Thema: «Na, ob die Direktorin da nicht auch ihre Anteile hat? Von nichts kommt schließlich nichts.» – «Mann o Mann, das sah ja gestern ziemlich hilflos aus, wie die Polizei da rumgefuchtelt hat! Die hätten sich noch eher selbst erschossen, als jemanden aus der Schule rausgeholt.» – «Habt ihr gehört, was auf dem Sportplatz los war? Muss der absolute Horror gewesen sein. Meine Nachbarin war den ganzen Nachmittag da, die ist fix und fertig.» Die Stimmen laufen kreuz und quer, werden immer lauter. Es gibt nur ein Thema. Die Terrasse wird zur Versammlung von Gerüchten, Indiskretionen, Mutmaßungen, als ob sich mit Macht etwas Bahn brechen müsse, als lägen hinter dem stummen Warum längst tausend Antworten bereit.

Elsa läuft noch einmal zum Domplatz. Das Blumenmeer auf seinen Stufen ist unübersehbar geworden. Die Menschen kommen, bleiben für einige Minuten stehen, gehen wieder. Ihre Wege scheinen lautlos. So viele Menschen, so viel Betriebsamkeit, so viel Stille. Was ist zu sagen über die Stille einer Stadt? Als sie das erste Mal in New York war, hatte sie in den Schatten der Wolkenkratzer seine Stillekreisel entdeckt. In die Kreisel hineinlaufen und sich treiben lassen. Da gab es so Echogegenden, als könnten die Dinge in ihnen endlich bei sich sein, zu sich kommen. In New York war die Sache mit der Stille eine Sache der Vertikalen. In Erfurt wirkt jedes Geräusch wie absorbiert. Kein Gelächter, kein Autohupen, nirgends ein lautes Gespräch, nicht einmal die Kinder machen Lärm. Als hätte man über der Stadt extrem starke Filter aufgehängt, die jeden Laut einsaugen, noch bevor er das Ohr erreicht.

Beunruhigend ist diese Stille nicht, sagt sich Elsa. Sie holt die Gedanken zurück wie den Anblick der vor sich hin dämmernden Blumen auf den Domstufen. Die Stadt hält den Atem an, verharrt, steht still, besteht auf einer Lücke. Die besagt: Halt, genug, nichts mehr! Es darf nichts mehr passieren! Fällt doch eine Tür, klingelt irgendwo ein Handy, schrecken alle hoch, als hätte jemand erneuten Alarm ausgelöst. Sie steht vor den Blumen, sucht jede Farbe der Blüten ab, zählt die Bewegungen ihrer Köpfe mit, wenn der Wind in sie einfährt. Kann nicht das stille Dahinblühen auf den Stufen ein Gegengewicht zum gestrigen Tag schaffen?

Nein, beunruhigend ist die Stille nicht, ganz und gar nicht, wenn es denn Stille wäre – der Raum, in dem sich etwas aufhebt, in den hinein sich etwas Neues ausbreiten kann, eine Möglichkeit. Doch hier frisst sie sich wie ein Moorbrand durch die Stadt. Da alles unendlich nah ist, zündelt jedes neue Detail. Alles Ungeklärte, jede Unstimmigkeit, die über den Äther läuft, findet sich an den Kneipentischen wieder: die in überdimensionalen Hüten trauernde, oft abwesende Direktorin der Schule, der nicht auffindbare zweite Täter, die Fehler der Polizei, das allzu durchsichtige Theater des Schützenvereins. «Amok ist das einzige aus dem Malaiischen entlehnte Wort im Deutschen. Es bedeutet Wut – gegen sich und andere», findet die Polizei auf der Festplatte des PC von Vater Steinhäuser, letzter Zugriff am 8. Januar 2002. Vier Tage später wird auf selbigem Computer das Word-Dokument «Durchblick» eingerichtet: «Outing eines potentiellen Amokläufers».

Es gibt nicht viel, was der Gerüchteküche entgeht. Alles, aber auch alles daraus findet sich in der Lokalpresse wieder. In den Tagen nach dem Massaker, heißt es, fallen bis zu 3000 Medienvertreter in Erfurt ein. «Wer am besten heult, kommt ins Fernsehen», kritisiert eine Schülerin. RTL stellt Steinhäusers Mordzug in einer Kölner Schule nach. Journalisten stehen unangemeldet vor den Betten traumatisierter Lehrer in den Krankenhäusern der Stadt, klingeln um vier Uhr morgens Gutenberg-Schüler zum Interview heraus, Kamerateams lagern tagelang vor dem Haus der Steinhäusers oder geben Kopfgeld aus, um einen Schüler ins Bild zu bekommen. Es ist, als wollten die Medien begreifbar machen, dass sie allein in der Lage sind, der Öffentlichkeit das Unfassbare zu entziehen. Als machten sie das Geschehen handhabbarer, indem sie noch und noch darüber berichten.

Doch das Koma von Erfurt ist ein hörbares, jeden Tag leiser, jeden Tag schmerzlicher. Je mehr Stunden seit dem Mordlauf vergehen, desto stärker werden Zusammenbruch und Leere. Jeder hat seinen schlimmsten Moment, wartet auf den klärenden Satz, der das große Warum zerkleinert. Elsa läuft unter den Linden der Biereyestraße nach Hause. Es ist derselbe Weg, den Robert Steinhäuser gestern Morgen nach unten gegangen ist, auf dem Weg zu seiner vermeintlichen Englischprüfung. «Ist Ihnen an Ihrem Sohn etwas aufgefallen?», wird die Mutter am heutigen Tag von der Polizei gefragt. «Nein, es war wie jeden Tag. Er hat ganz normal tschüss gesagt. Er ist sonst auch so zur Schule gegangen. Auch am Abend zuvor war er ganz normal. Da ist noch ein Freund von ihm da gewesen.» Doch für Robert Steinhäuser gab es weder Prüfung noch Abitur.

Elsa nimmt einen kleinen Umweg, will noch kurz zu Rainer Heise. Einfach so vorbeikommen, davon hat er immer viel gehalten. Doch sinnlos. Sein Haus ist umstellt von Kamerateams. Da ist kein Rankommen. Also noch einmal umkehren, die wenigen Schritte zur Schule: Hinter dem Schutz des Blumenmeers hocken einige Schüler in einem Kerzenrund. Sie halten Totenwache. Das Gebäude im Hintergrund wirkt wie eine Festung. Wieder regnet es.

Elsa läuft um die Schule, ihre Blicke gehen zurück: Schulhof, Pause. Sie steht an der Raucherecke, sieht absichtslos in ein teigiges Gesicht. Es sieht sie an. Ah ja, Robert Steinhäuser, der von der Ottostraße, jetzt erkennt sie es. Es fällt kein einziges Wort, nur die Asche. Mehr ist nicht, eine Allerweltssituation. Nein, findet Elsa, das Gesicht fordert nichts von mir. Doch warum er, warum hier, warum einer von uns? «Wir müssen damit leben lernen. – So etwas kann immer wieder über uns kommen. – Wir müssen aushalten, dass wir nicht alle Fragen beantworten können. – Die Gegenseite von Kultur heißt Gewalt. Erst wenn wir uns dem stellen, sind wir wirklich modern!» Wieso eigentlich? Elsa hat mit Robert Steinhäuser ihre Kindheit verbracht, ist mit ihm zur Schule gegangen. Sie weiß, was Druck ist, sie weiß auch, was Hass ist. Aber töten? Nein, entscheidet sie, jetzt keine Rechtfertigungen: Ich bin hier keine Außenstehende.

Die bunten Teddybären in den riesigen Blumenmeeren zur Seite schieben, sich umhören, in der Stadt unterwegs sein, die befragen, die mit der Geschichte wirklich zu tun haben. Ergibt das nur ein anderes Warum? Was wird sich zeigen?

Nein, beharrt Elsa, ich muss es wissen. Ich will wissen, was hier geschehen ist!

Null Bock

«Dass das in Thüringen passiert ist, wundert mich gar nicht.» – «Dass so was in Erfurt abgeht, hat seinen Grund.» – «Dass an dieser Schule mal einer austicken würde, war doch längst absehbar.» Elsa steht drei Tage nach dem Mordlauf, mittags 13 Uhr, auf dem Domplatz. Die Stimmen überschlagen sich. «Lieber kiffen als euer Leben!» – «Null Bock mehr auf euern Scheiß!» – «Inwieweit macht ihr aus uns wirklich freie Menschen?» Ursprünglich als eine erste Schülerinitiative unter dem Label «Offenes Mikrophon» beim Ordnungsamt angemeldet, ist schon nach Minuten eine hitzige Versammlung draus geworden. Der Platz füllt sich nach dem Stille-Post-Prinzip: «Hast du schon gehört, vorm Dom gibt's was!» – «Wisst ihr's schon, jetzt machen die Schüler Bambule!» Hier ist keine Stille mehr, hier sind Frust und Wut.

Seit Freitagnachmittag, nur wenige Stunden nach dem Massaker, hatten sich viele Schüler der Stadt im Predigerkeller versammelt, Anlaufort der linken Jugendszene der Stadt. Erst waren es nur sieben, zwei Stunden später schon gab es keinen freien Platz mehr. Man war zusammengekommen, um zu weinen, ein bisschen rumzuhängen, aber auch zu debattieren. «Wir müssen jetzt was machen!», hieß es irgendwann. «Los, wir machen was!» Seitdem das feststand, wirkte die Stimmung im Hauptteil des Kellers angespannt: Eine sollte einen Text ins Netz stellen, der andre sich ums Podest für den Domplatz-Treff kümmern, die dritte das Ordnungsamt anrufen, vom DGB musste die Mikroanlage organisiert werden, andere wiederum waren für die Mundpropaganda in der Stadt zuständig. Holen wir Politiker dazu? Wie viele Lehrer können wir vertragen?

Im Kern also Aktion, der Rest zog sich in die hinteren Kellerecken zurück und lungerte in den ausladenden ostigen Plüschsofas herum. Für sie galt: Bloß jetzt nicht allein, vor allem nicht bei den Eltern sein müssen! Hier zusammen unter Gleichen sitzen, das war es, deshalb harrte man aus. Steffen reichte eine Wodka-Flasche herum, Lena kam mit dem letzten Gerücht: «Hab gerade gehört, dass Kerner nach seiner Sendung noch zum dicken Essen ins Radisson-Hotel eingeladen hat, wegen der hohen Quote. Wie findet ihr'n das?» Die anderen winkten nur ab.

Die Welt außerhalb des Kellers war fernab, man konnte sich einen Moment lang damit trösten, hier unten dem Ganzen ein gutes Stück entrückt zu sein. Thomas bereitete sorgfältig eine Blubber vor, nuckelte eine Weile daran, dann gab er sie weiter. «Meine Oldies sind derart naiv. Die finden unglaublich, was passiert ist.» Alle kramten in ihren Taschen und legten auf die Tische, was sie dabeihatten. «Am besten alles durcheinander», hieß es aus einer Ecke, «sonst geht der Tag nie vorbei.» Netti drehte für die anderen ein paar Joints, doch der eigentliche Hit waren Svens Magic Mushrooms, die er in seinem Aquarium züchtete und dann getrocknet verkaufte. «Hast du auch genug dabei?» Ja, er hatte. Ein

Stück dieser komischen getrockneten Dinger reichte aus, um mit dem ganzen Universum in Verbindung zu kommen. Jedes Wort am anderen Ende des Kellers wurde nah, als würde man zu sich selbst sprechen. «Hoffentlich wisst ihr auch, wie ihr da wieder runterkommt», stöhnte Sven. Seine Pilze waren im Handumdrehen verteilt.

Doch jetzt ist Montag, der 29. April. Zum ersten Mal nach dem letzten Freitag scheint wieder mal für längere Zeit die Sonne. Schüler und Studenten strömen aus der Straßenbahn und laufen auf das Podium zu, das an der Mauer, rechts neben den Domstufen, aufgebaut ist. Etliche holen sich spontan das Mikrophon und machen ihrer Wut Luft: «Zwölf Jahre Schule und dann?» – «Wie ihr seid, wollen wir nicht werden!» – «Der Amoklauf geht auf das Konto des Thüringer Schulsystems!» Ein Sanitäter, der beim Einsatz am Freitag dabei war, greift die Presse derart massiv an, dass sämtliche Medien sich so schnell wie möglich vom Platz machen. Nur das Stadtfernsehen Erfurt-TV hält die Stellung.

«Warum sollen Schüler, Lehrer und Eltern immer wieder reden, wenn ihnen doch niemand zuhört, wenn die Probleme des Schulalltags bagatellisiert und belächelt werden?», fragt Annika. «Manchmal glaubt man, vor den Schülern steht eine nette Marionette, die selbst immer weniger Lust hat, vor gelangweilte und desorientierte Schüler zu treten. Vielleicht wollen wir ja gar nicht mehr mit und für euch rennen? Wir besuchen die Schule als eine Einrichtung des Staates. Eures Staates! Ich aber frage: In welche Gesellschaft soll ich eigentlich integriert werden?»

Noch fünf Stunden später steht man auf dem Domplatz, die Sonne hat sich verzogen, wieder regnet es, doch die Debatten nehmen kein Ende. «Allein Wissen zu reproduzieren führt nur zur entkernten Schule!», erbost sich eine ältere weibliche Stimme. Elsa steht in der Menge, hinter ihr ein cooler Hippie-Typ: «Was soll's, wenn Steini nicht so durchgezogen hätte, wär's ein anderer gewesen. Was soll die schräge Optik auf einmal?» – «Wenn die Thüringer Politik mit ihrem Hofschranzentum nicht endlich Schluss macht, wird's demnächst noch ganz andere Wunder geben!», ruft eine nächste Stimme wütend.

Der Stoff auf dem Domplatz ist groß, er absorbiert Köpfe und Gefühle. Vieles bleibt unbeantwortet, zu vieles. Deshalb ziehen etliche der Schüler mit all ihren Fragen und ihrem Frust am Abend erneut in den Predigerkeller ein, der – für Wochen proppenvoll – ihr wichtigster Zufluchtsort wird. Elsa läuft der Gruppe hinterher. Wie ein unendlich durchlässiges Medium lässt sie die unterschiedlichsten Stimmen in sich ein. Nichts soll ihr entgehen. Je widersprüchlicher, umso näher am Geschehen, glaubt sie. Vieles entmächtigt, manches tröstet, doch die Tage der Stille sind vorbei. Sie sitzt zwischen den anderen. Es gibt Wodka, genügend Koks und viele laute Ideen. «Schrei nach Veränderung» wird an diesem Tag geboren, die erste Schülerrevolte Thüringens nach 1989, die, energisch genug, gleich für den 7. Mai eine erste Demo anberaumt.

Doch neben der spürbaren Politisierung unter den Schülern beschäftigt vor allem und anhaltend die Person Robert Steinhäuser und das Tatgeschehen. Jedes Detail wird beleuchtet. Wer hat ihn gekannt? Wer weiß was zu sagen? «Eher zurückhaltend, kein Schlägertyp, Interesse für Filme aller Art», erzählt Inga, die eine Zeit lang mit ihm in die Klasse ging. «Impulsiv, oft schnell auf der Palme. Ich hatte immer das Gefühl, dass ihn viele Dinge nicht interessieren», meint Peter. «Er tat immer cool, machte Witze. Viele sind nicht mit ihm klargekommen», so Falk. Elsa erzählt von den weitläufigen Hinterhöfen, den Obstbäumen, dem stundenlangen Versteckspielen und seiner blöden Art, Späße zu machen. «Ruhig, verschmitzt, intelligent. Er konnte gut zuhören und hat einen auch ernst genommen, wenn man mit ihm über persönliche Probleme sprach», ergänzt Stefanie. «Ne, ne, der war 'n richtiger Kumpel. Vom Charakter her war er eher so, dass es ihm egal war, wenn er kritisiert wurde. Das nahm er völlig gelassen hin.» Jan sagt: «Er war Freunden gegenüber nicht gerade offen, und wer ihn nicht interessiert hat, den hat er auch nicht beachtet. Für Außenstehende wirkte er deshalb sogar arrogant. Robert war bequem. Er hätte viel mehr machen können, war sehr intelligent, aber einfach faul.»

Wie oft hatte Elsa das in den letzten Tagen gehört: Steinhäuser war ein Irrläufer, ein Einzelgänger, so was gibt's einfach. Der hat nicht mehr durchgesehen. Eine kritische Masse läuft zusammen, in einen riesigen Stau, bis sie explodiert. Alles nur eine Frage der Kontingenz.

Doch das nüchterne Fazit vieler Schüler im Predigerkeller ist – trotz aller echten Trauer über die Opfer – ein anderes: Wenn der es war, könnten es viele von uns gewesen sein. Elsa ist von der Sicherheit, mit der dieser Satz wiederholt wird, irritiert. Was heißt das? Wissen die Schüler mehr als andere? Ist der Druck an der Schule so groß, dass es Hunderte Steinhäusers geben könnte? «Es ist schrecklich, was passiert ist», sagt Fränzi, «aber etwas musste geschehen!» Als hätten sie das Ungeheure längst eingeplant, als wäre eine Katastrophe unumgänglich. Eine neue Art Borderlinern am Realen? Hartherzigkeit? Resignation? Elsa will es wissen: «Was ist denn so unaushaltbar am Gutenberg?» Fränzi zögert. «Nur Hierarchie und Routine. Dieser ganze Sinnloskram, den du dir pressen musst. Wer soll das aushalten, einfach nur die Zeit absitzen? Da brauchst du guten Koks. Damit kriegst du den ganzen Schwachsinn irgendwann wieder aus dir raus.»

Fränzi erzählt, dass die Schüler seit mindestens zwei Jahren schon das System an der Schule massiv kritisiert haben, was die Stimmung zwischen Schülern und Lehrern nicht gerade verbessert hat. «Stimmt, wir sind grausam geworden. Es ging nur noch darum, den Unterricht zu schmeißen, bewusst zu stören: kloppen, schwatzen, Zettel schmeißen, mit Handys spielen, die täglichen Essensschlachten, krude Cliquenkämpfe, Zigaretten, Drogen. An Unterricht war kaum noch zu denken.» – «Und Robert Steinhäuser?» – «Klar hat der die ganze Schulmisere mitgekriegt. Aber politisch was fordern, das war nicht sein Ding», weiß Fränzi. Elsa durchblättert in Gedanken die Geschichten, die in den vergangenen Tagen allerorten erschienen waren. Jedes Detail seines kurzen Lebens scheint ausgeleuchtet, beinah jeder Tag beschrieben. Doch hatten diese Momentaufnahmen Aufklärung gebracht oder gar Hintergründe benannt? Einzeltäter, Monster, Guerilla-Kämpfer, Ninja-Krieger? Was besagten all diese Worte?

Es wird viel Zeit brauchen, bis sich die widersprüchlichen Fragen und Antworten zu einem Bild fügen.

Eine Art Schluri-Stil

Wie der Vater in seiner Zeugenbefragung Auskunft gibt, ist Robert Steinhäuser mit drei Jahren, also 1986, in den Kindergarten gekommen. «Er hatte viele Freunde dort. Mit sechs Jahren ist er dann eingeschult worden, in die Erfurter Grundschule im Gebreite. Es gab keine Probleme. Seine Leistungen lagen im Mittelfeld.» Einschulung mit sechs Jahren, das heißt im Jahr 1989, überlegt Elsa. Demnach gehört er zum ersten Jahrgang von Schülern, die in Ostdeutschland das mehrgliedrige Schulsystem kennen gelernt haben. Was das bedeuten mochte, davon kann Elsa, drei Jahre älter als er, ein Lied singen: Von einem Tag zum anderen wurde dem Land der gewohnte Lebenspanzer abgerissen. Nichts galt mehr. Im Herbst 1989 stand sie mit den Eltern auf dem Anger inmitten vieler, die sich auf einmal wieder anschauten, miteinander lachten, stritten. Die offenen Gesichter in diesen Wochen sind ihr besonders in Erinnerung geblieben. Alles schien plötzlich möglich.

Für diesen einmaligen Umbruch gab es keine Modelle, schon gar nicht für die höchst autoritär geführte DDR-Schule. Orientierung holte man sich vornehmlich im Westdeutsch-Etablierten, ebenjenem selektiven Schulsystem, das nach Leistung sortiert und Lebenschancen bereits nach der vierten Klasse festschreibt.

In Thüringen wurden die bayerischen Lehrpläne übernommen. Da nur wenige DDR-Lehrer suspendiert wurden, bekamen ostdeutsche Schüler in diesen Umbruchszeiten doppelten Druck: Einerseits hatten sie der ungebrochenen Anpassungsmentalität ostdeutscher Lehrer Paroli zu bieten – nirgends überwinterte der Osten so sicher wie bei den Lehrern, hieß es in jener Zeit. Andererseits gab es plötzlich die westdeutsche Leistungsschule mit ihrer Bevorzugung der funktionalen Intelligenz.

Dass diese Umbrüche komplexer, um ein Vielfaches suchender und uneinheitlicher verliefen, weiß Elsa selbst. Sie hat engagierte Ostlehrer erlebt, die die Zeichen der Zeit für ihren Unterricht zu nutzen wussten, und ebenso aufgeschlossene, moderate Westlehrer, die unendliche Lebensenergien für eine neue Schulkultur in Ostdeutschland aufbrachten. Elsa hat noch die neuen Schulprojekte am Gutenberg-Gymnasium vor Augen wie das Grüne Klassenzimmer oder den Aufbau der Theatertruppe. Das war ihre Zeit, das hat sie mit durchgezogen.

Und Robert Steinhäuser? «Leider haben seine Leistungen nicht für das Gymnasium gereicht», berichtet der Vater später gegenüber der Polizei. «Deshalb haben wir ihn an der Regelschule in Hochheim angemeldet. Bei einem Elternabend in der fünften Klasse wurden wir von der Klassenlehrerin über Probleme in der Klasse informiert. Es wurde gesagt, dass die Lernbereitschaft schlecht ist, dass es viele Bummelanten gibt und die Kinder Messer und Drogen mit in die Schule bringen. Da Robert zu dem Zeitpunkt gute Leistungen hatte – in seinem Zeugnis stand: Er ist ein höflicher und strebsamer

Schüler –, haben wir uns entschieden, ihn ans Gymnasium zu geben.»

Nach einem Jahr Stippvisite an der Regelschule besucht Robert Steinhäuser seit September 1995 demnach das Gutenberg-Gymnasium. Sein sechs Jahre älterer Bruder Peter macht dort gerade sein Abitur, gehört beim Erfurter Handballverein SSV Nord zur Stamm-Crew, wirft dort die Tore, ist demnächst Student für Wirtschaftsinformatik und schlägt die Bahn für den Jüngeren. Robert Steinhäuser kommt nicht nur ans selbe Gymnasium wie sein Bruder, er gehört auch mit der sechsten Klasse zum SSV Nord, wird allerdings nicht Stürmer, sondern Torwart. Das Verteidigen scheint ihm nicht sonderlich zu liegen. Bei Punktspielen wird er regelmäßig durch einen Besseren ersetzt. Ein Mitspieler berichtet: «Wir haben im Verein einen guten Tormann, und Robert war nicht der Beste. Am Ende waren seine Leistungen nicht mehr gut. Er sollte eigentlich anrufen, wenn er nicht zum Training kommt, hat das aber nicht getan. Bei uns im Verein gibt es strenge Regeln und Strafen. Wer in den Verein will, muss einen Vertrag unterschreiben, dass er mit den wirklich harten Strafen einverstanden ist. Robert hat den nie unterschrieben.»

«Bis zur zehnten Klasse waren seine Leistungen zwar nicht besonders gut, aber doch so, dass wir davon ausgingen, er bestehe das Abitur. Es gab auch seitens der Schule offensichtlich keine Probleme mit ihm. Wir waren zu jedem Elternabend», sagt der Vater in der Vernehmung. Vom Jugendweihe-Geld hatte sich Robert Steinhäuser seinen ersten Computer gekauft. Gameboy und Nintendo waren vorher schon ausgemachte Lieblingsspiele, jetzt entdeckt er sein Faible für Ballerspiele jeglicher Art. «Er hat fast ausschließlich so Kriegsspiele gehabt, worüber wir nicht glücklich waren», berichtet die Mutter. Und dass er zunehmend verstummt: «Mit schulischen Problemen ist er nie zu mir gekommen, auch mit anderen Problemen eigentlich nie.»

Robert Steinhäuser taucht immer weiter ab in eine virtuelle Welt, da die reale ihm wenig zu bieten hat: keinen Jubel als erfolgreicher Torwart, Funkstille zu Hause, keine Highlights in der Schule, keine erste Liebe. Da helfen auch nicht die Sommerurlaube der Familie auf Zypern, in den USA oder auf Teneriffa. Der Sohn hat etwas anderes im Sinn. «Nächtelang hat er mit Freunden am Computer gespielt, indem sie sich vernetzt und gegeneinander gespielt haben», so der Vater.

«Das Spannende an dem Spiel ist doch nicht das Rumballern, das Spannende sind die festen Regeln», glaubt Steffen, der mit Robert Steinhäuser die Nächte durch Counterstrike gespielt hat. «Du musst im Team gemeinsam eine Strategie entwickeln und dich zwischendurch immer wieder besprechen. Wenn sich nur ein Spieler nicht an die Absprachen hält, ist es vorbei, dann verliert das ganze Team. Es gibt regelrechte Nationalteams, die Europameisterschaften im Internet austragen, und Zehntausende, die das dann verfolgen. Das schafft kaum noch eine Meisterschaft in einem realen Stadion.»

Elsa kennt diese Welt nur zu gut. Zwar hat sie nie den brutalen Spielfimmel wie die Jungs gehabt, aber all die LAN-Party-Wochenenden – jene riesigen Computerspieltreffen in gemieteten Sport- oder Messehallen –, die zahllosen Chat-Rooms, in denen man seine Todeswünsche ausstammelt, die Internet-Tagebücher: Wer kann diese Zeit je vergessen? Die pubertären Handicaps, aufgefangen im virtuellen Emotionen-Raum, in dem das Ungeliebte mit dem Unauslebbaren direkte Zwiesprache hält. «Aber worum geht's denn in dieser Zeit? Doch einzig und allein darum, für Schule und Eltern ungreifbar zu sein», erinnert sich Elsa. «Und das geht so: Du sitzt allein vor dem Bildschirm und bist dennoch angekoppelt an die Welt, und zwar an eine, die dir nicht in die Quere kommen kann.» Ein Spiel in einen Entwicklungsschwindel hinein, in dem es gelingt, zu einem anderen Körper zu kommen. Bei all der Fülle pubertärer Staus offenbar besonders vonnöten. «Ungemein angenehm», weiß Elsa heute, «aber nicht so ohne.»

Am 23. Februar 1999 – Robert Steinhäuser beendet mittlerweile das Winterhalbjahr der zehnten Klasse – stellt er einen Antrag zum Erwerb eines Externen Realschulabschlusses, «weil ich denke, dass es eine gute Vorbereitung auf die Abiturprüfung ist und gleichzeitig eine geeignete Grundlage für mein späteres Berufsleben darstellt», schreibt er. Dem Antrag wird stattgegeben. Mitte Juni finden die Prüfungen statt: Deutsch 4, Englisch 5, Mathe 6. Zur vierten Prüfung tritt Robert Steinhäuser gleich gar nicht mehr an, erhält keinen Abschluss und am Ende des zehnten Schuljahres zum ersten Mal ein bedenkliches Gymnasial-Jahreszeugnis.

Das neue Schuljahr beginnt Robert Steinhäuser mit einem Wechsel im Grundkurs – vom Fach Chemie zur Informatik. Offenbar hatte es über den Sommer Überlegungen gegeben, neuerliche Misserfolge in Sachen Schule wenn möglich im Vorfeld zu umschiffen. Für das Fach Informatik, davon geht der Computerfreak aus, brauchte er nicht viel zu investieren, das würde er mit links schaffen. Chemie dagegen nervt, was heißt, es könnte ganz schief gehen. Dem sollte man vorbauen.

Das elfte Schuljahr ist dann auch das Jahr, in dem Geschichts- und Kunstlehrer Rainer Heise der Kursleiter von Robert Steinhäuser wird. «Da ist ein Digitaler auf einen aus der Buchstabenwelt gestoßen», meint Elsa. Wie zwei verschiedene Sorten Hirn, die nur noch wenige Codes verbinden. Zwei Welten, die sich ausschließen. «Rainer Heise hat seine historischen Welten immer aus dem Zusammenhang geholt», erläutert sie, «und mit uns nach Grund gesucht. Niemand wird je die Highlights vergessen, seine Stunden etwa über die Antike. Was Theater sein kann, habe ich vor allem da kapiert.»

Bei seinem neuen Kursleiter jedenfalls trifft Robert Steinhäuser auf ein Gegenüber, das ihn konfrontiert. Er lässt diverse Schlampigkeiten nicht unkommentiert durchgehen, fordert von ihm einen gewissen Umgangsstil – so, wenn der Schüler über den Gang muffelt und kein Wort herausbekommt –, schreibt wegen unentschuldigter Fehlzeiten an die Eltern. Rainer Heise gängelt nicht, entlässt ihn aber auch nicht aus dem Blick. So etwas ist der Siebzehnjährige nicht gewohnt, dass ihm mal einer auf den Zahn fühlt. Bei Rainer Heise bekommt er Widerstand. Auch ein Grund, warum das Winterzeugnis der elften Klasse mit fünf Fünfen so miserabel ausfällt?

März 2000: Klassenfahrt nach Potsdam. Sanssouci – die Mühle, die Sichtachsen, der Spielplatz des Kaisers. Preußen und wie es sich nach Thüringen hinein verlängert hat: ein großer Stoff für Rainer Heise, der in den sechziger Jahren in Ostberlin sein Studium absolvierte. Er und der Biologielehrer Hans Georg Lippe betreuen die Klasse auf der Fahrt. Am Abend sitzt man in der Jugendherberge in Petzow zusammen, die Tage waren anstrengend. Die Jungs trinken Apfelkorn, dann will man sich in die Nacht verabschieden. Auf dem Gang kommt es zum Zwischenfall: Angetrunken und mit Zigarre im Mundwinkel, steht Robert Steinhäuser plötzlich auf und imitiert eine Schuss-Situation. Er hält die gedachte Pistole direkt gegen den Biologielehrer, drückt mehrfach ab, ergänzt durch heftige Verbalattacken. Der Lehrer reagiert entsetzt über die direkte Aggression und stellt den Schüler sofort zur Rede. Doch Robert Steinhäusers Eruption kann im Gespräch nicht wirklich geklärt werden. Weder kann er sagen, was dem Anfall vorausging, noch, was die ganze Situation überhaupt soll. Er weiß es schlichtweg nicht. Spaß, es war einfach nur Spaß, gibt er zu verstehen. Die unmissverständliche Bedrohung gegenüber dem Lehrer jedoch hat eine klare Sprache. Die beiden Betreuer reagieren eindeutig. Nach Rückkehr der Klasse aus Potsdam veranlassen sie einen Schulverweis.

Fünfmal die Note 5, zweimal die Note 6. Eine der Sechsen für die erhoffte sichere Bank – das Fach Informatik. Das Endzeugnis der elften Klasse für Robert Steinhäuser spricht Bände. Zu Hause kommt es zum Krisengespräch. Was soll werden? Realschulabschluss gibt es keinen, und der Gymnasialabschluss wird mit jedem Schultag unrealistischer. Die Situation ist prekär. Nach einigem Hin und Her stellt der Vater am 20. Juni 2000 den Antrag, sein Sohn möge die elfte Klasse wiederholen dürfen. Dem Antrag wird zwei Wochen später vonseiten der Schulleitung stattgegeben.

Es ist entschieden – der gern so lässige Robert Steinhäuser wird zum Sitzenbleiber, der bei der Firma «Heureka» bezahlte Nachhilfe nehmen wird und wieder einen Sommer hat, um zu überlegen, wie das in Aussicht stehende Desaster aufzufangen ist. Dabei greift er auf ein Handlungsmodell zurück, das bereits einen Sommer zuvor zur Anwendung kam: Bestehende Konflikte werden abgewiesen, verschoben bzw. umgelenkt. Wo immer möglich, wird der Weg des geringsten Widerstands genommen. Eine Art Schluri-Stil. Man switcht so durch und hat meist auch Glück damit. Schule ist Bullshit, was will man eigentlich von ihm? Die Wiederholung des elften Schuljahres wird so zum Jahr der Videos, harter Rockmusik, Drogen und des Rumhängens mit Freunden. Das Schulpensum rückt einmal mehr in den Hintergrund.

Robert Steinhäuser zählt in dieser Zeit zu den regelmäßigen Gästen im «Videobuster», einer Videothek am Juri-Gagarin-Ring. Es sind die Filmlegenden – Hitchcock, Rossellini, Scorsese, Truffaut –, die er ausleiht oder klaut, und er sieht zunehmend härtere Sachen. Ein Freund erzählt: «Wir waren über eine Netzwerk-Karte verbunden, ohne eine Verbindung mit dem Internet herzustellen. Wir saßen häufig im Internetcafé in der Brühler Straße und haben nach Downloads von PC-Spielen gesucht oder Updates runtergeladen. Strategie- und Sportspiele oder First-Person-Shooter waren in. Hin und wieder haben wir auch gechattet, um da irgendwen kennen zu lernen. Später haben wir so was eher zu Hause gemacht.» Derselbe Freund berichtet auch vom gemeinsamen Drogenkonsum: «Gras hat uns nicht so interessiert, das kannten wir ja. Aber der ganze Chemiekram, Ecstasy zum Beispiel oder Tilidin – hat richtig Spaß gemacht, das auszuprobieren.»

Am 16. März 2001 beantragt Robert Steinhäuser, «als konfessionslos aus dem Religionsunterricht austreten zu dürfen». Von Mitte Mai an läuft innerhalb der Schul-Projektwoche und unter der Idee seines Freundes Marco Sparmberg ein Filmprojekt mit dem Titel: «Vergeltung». Vergebliche Liebe, Gewalt, Abstieg, am Ende Selbstmord. Marco Sparmberg legt Wert darauf, «dass es bei seinen Filmen keine erzwungenen Emotionen gibt. Gefühle müssen eins zu eins zu sehen und vor allem eindeutig sein.» Robert Steinhäuser ist bei jenem Großvorhaben für die technische Umsetzung verantwortlich. Er muss die Requisiten herbeibringen und die Szenen technisch aufbauen. Vierzig Spielfilmszenen, das will vorbereitet sein. Die Filmorte: bei Steinhäusers im Hinterhof, in der Wohnung der Eltern, vor dem Haus in der Ottostraße, im Schießklub Kalkreiße, im Erfurter Stadtteil Marbach auf der Straße, vor der alten Puddingfabrik «Rotplombe», heute eine Kneipe. Vier von vierzig Szenen sind abgedreht, dann schläft das ehrgeizige Vorhaben sang- und klanglos wieder ein.

Doch bei einer Sache lässt sich Robert Steinhäuser nicht vom Weg abbringen. Was er in der Schule nicht schafft, nämlich zu Abschlüssen zu kommen, auf einem Gebiet hat er damit keine Schwierigkeiten. So wird das elfte Schuljahr, in seiner zweiten Runde, für Robert Steinhäuser auch zum Schuss-Jahr. Nach all seiner Computerballerei kehrt er in die Realität zurück. Am 17. Oktober 2000 bereits hatte er – mit Erlaubnis und Unterschrift der Eltern, weil noch immer siebzehnjährig – einen Aufnahmeantrag in den Schützenverein «Domblick» gestellt. Noch am selben Tag war er Mitglied des Vereins geworden, erhielt Schützenpass und Schießbuch. Seine Übungszeiten geraten extensiv: als Gastschütze in Wandersleben, auf der Schießanlage Kalkreiße, auf dem Schießstand Geienberg in Elxleben und beim BDMP, dem Bund Deutscher Militär- und Polizei-Schützen. «Er bekam eine Waffe und die dazugehörige Munition. Er verschoss sie, gab die Waffe wieder ab und ging. Er schoss sehr schnell. Er freute sich immer, an Wettkämpfen teilzunehmen, zeigte dabei keine Auffälligkeiten und keinen sonderlichen Ehrgeiz. Er schoss immer auf 25 Meter», erinnert sich eine Aushilfe aus dem «Domblick»-Verein.

Um eine Waffenbesitzkarte zu erlangen, braucht es den Nachweis der Notwendigkeit. Ein solches «Bedürfnis» konnte Robert Steinhäuser nur über seinen Verein bekommen. Dieser Antrag ist auf den 29. Juni 2001 datiert. Er weist aus, dass der Schüler erstens eine Sportpistole 9 Para und zweitens eine Flinte 12/70 erwerben wolle. Als Begründung wird angegeben, dass er beabsichtige, an Turnieren teilzunehmen, und zwar mit Waffen, die der Verein selbst nicht besitzt.

Erstaunlicherweise stellt er seinen Antrag dann nicht unter der Rubrik «Sportschützen», sondern unter der Rubrik «Waffenbesitzkarte zum Erwerb und zur Ausübung der tatsächlichen Gewalt über Schusswaffen». Wie der Schießleiter Dirk Johansson berichtet, kam er «dann eines Tages mit diesem Antrag zum Bedürfnis an und hatte schon etwas ausgefüllt. Ich weiß noch», erinnert er sich, «dass der Stempel von dieser Schießsportschule enthalten war, wo der Vorsitzende gesagt hat, dass er das nicht unterschreibt. Er musste sich einen neuen Antrag besorgen, den er aber nur vom Ordnungsamt bekam. Nach einer Weile gab er dann die Anträge ab. Zehn- bis fünfzehnmal war er da und fragte immer wieder, ob der Antrag schon unterschrieben ist. Es zog sich ziemlich lange hin. Ich erinnere mich, dass er dabei keine großen Worte verlor.»

Im Frühjahr 2000 kaufte sich Robert Steinhäuser auf besagter Klassenfahrt in Berlin das Buch «Jagd- und Schusswaffen», das seitdem in seinem Kinderzimmer, im Regal über seinem Schreibtisch, steht. Ein Jahr später, im Frühsommer 2001, legt er einen Waffensachkunde-Lehrgang in Theorie ab. Und – die Koinzidenz ist Schwindel erregend – am 11. September 2001, dem Tag des Attentats auf das World Trade Center in New York, bekommt er die Bescheinigung für Sportschützen ausgehändigt, als Nachweis der Sachkundeprüfung.

Ihre Anschuldigungen sind korrekt

Trotz permanenter schulischer Misserfolge – das Abiturjahr ist mittlerweile angelaufen – hat Robert Steinhäuser seinen Aktionsraum gefunden: Er steht auf Schießständen oder in diversen Schießkellern, legt – wie berichtet wird – mit beiden Händen an, zielt, ballert seinen Frust raus und geht wieder. Das alles ohne große Worte. Die Schule besucht er mit Beginn des neuen Jahres kaum noch. Warum auch. Von außen sieht es so aus, als hätte er das Abitur aufgegeben. Doch ist es an dem?

Im Leistungskurs Deutsch wird Anfang September 2001 eine zeitgemäße Inszenierung des antiken Dramas «Antigone» vorbereitet. Der Kurs hat sich entschieden, die klassische Handlung in die Zeit der sizilianischen Mafia zu verlegen. Ein Amateurvideo zeigt den Schauspiel-Eleven Robert Steinhäuser ungewöhnlich engagiert. Das ihn in anderen Fächern bestimmende Loser-Stigma kann er hier hinter sich lassen. In diesem Stück scheinen die Rollen noch nicht verteilt, gern lässt man ihn auch für die Requisiten und die Technik der Inszenierung zuständig sein. Er hat Ideen, bringt sich ein, wirkt leger, beinah athletisch. Sein Outfit – schwarze Lederjacke, schwarze Jeans, schwarzes T-Shirt, modisch geschnittener Kinnbart. Er redet und redet, hat Oberwasser, aus welchem Grund auch immer. Man sieht, dass er sich im Suchen um seine Rolle gefällt. Auf dem Tisch vor ihm liegt eine Pistole Kaliber 45, vermeintlich passend zum sizilianischen Milieu. Es ist eine Attrappe.

Doch dann kommt der 4. Oktober 2001 und damit eine Anhörung im Gutenberg-Gymnasium wegen Fehlzeiten von Robert Steinhäuser am 26. und 27. September 2001 sowie des Vorwurfs der Krankenscheinfälschung. «Ich beschuldige Sie des Betrugs und der Urkundenfälschung der Krankenscheine von Frau Dr. Jaschke», erklärt die Direktorin Christiane Alt. Mit ihr sind der neue Kursleiter Herr Koch, die stellvertretende Direktorin Frau Hajna, Herr Hegenbarth, Herr Schwertfeger als Oberstufenleiter und Matthias Ammer als Kurssprecher anwesend. «Haben Sie dazu etwas zu sagen?», fragt die Direktorin nach. Vielleicht blickt Robert Steinhäuser noch suchend in die Runde, offensichtlich ist er von der Routiniertheit des Verfahrens überrascht. Hier sind die Entscheidungen bereits getroffen, spürt er. Laut Protokoll reagiert er mit dem kurzen Satz: «Alle Ihre Anschuldigungen sind korrekt!»

Befragt nach der Ursache der Fälschungen, gibt er an, dass er keine Punkte im Geografieunterricht erhalten habe und somit sein Abitur gefährdet sah. Doch wenigstens habe er sich bei Frau Dr. Jaschke wegen seines Fehlverhaltens entschuldigt, ergänzt er noch. Ja, das hat er. Doch die Reaktion der Direktorin lässt ihm keinerlei Spielraum. «Die Schulzeit», entscheidet sie im Wortlaut des Protokolls zur Anhörung, «ist für Robert Steinhäuser laut Schulordnung Paragraf 52, Absatz 3, an dieser Schule zu Ende gegangen.»

Es dürfte sehr still zugegangen sein am Ende dieses Strafgerichts. Jeder in der Runde wird über das Außerordentliche der Situation im Bild gewesen sein. Einzig der Sportleiter Herr Koch, Robert Steinhäusers neuer Kursleiter, äußert, in der Sache befragt, vorsichtige Bedenken: «Ich kann dazu nichts sagen, weil so etwas unüblich ist.» In der Tat, das ist es. Das Unübliche des Vorgangs besteht darin, dass die Schulleitung seine Suspension juristisch vollkommen unstatthaft verhängt. Denn auch das Thüringer Schulgesetz setzt in solchen Fällen eine Einberufung der Lehrerkonferenz voraus. Die hat es bei Robert Steinhäuser nicht gegeben. Zwar wäre angesichts der Fehlzeiten und Fälschungen des Schülers seine Entlassung aus der Schule womöglich vertretbar gewesen, doch sie bleibt unhaltbar ohne eine vorausgehende demokratische Beratung des Lehrerkollegiums. Die Anhörungskommission im Raum weiß es, nur der Beschuldigte selbst nicht. Von ihm muss man annehmen, dass er über seine rechtlichen Möglichkeiten nicht im Bilde war. Er hätte sonst vielleicht anders reagiert.

Irgendwann in den Tagen nach der Entlassung des Gymnasiasten hängt ein kleiner Zettel an der Wandzeitung gegenüber dem Sekretariat, der über die Entscheidung der Kommission informiert. Etliche Lehrer fragen nach und erhalten Antwort: Dass Robert Steinhäuser ein Bummelant und Betrüger sei und somit seine Schulentlassung unumgänglich war, erfahren sie da. Das ist nachvollziehbar. Etliche Lehrer erinnern den gern schlafenden oder nörgelnden Schüler als nicht sehr angenehm. Die Sache ist damit erledigt.

Ein halbes Jahr später wird die Direktorin in ihrer Zeugenvernehmung nach Robert Steinhäusers Tat auch über die zurückliegende Anhörung befragt. Nun lautet ihre Erklärung: «Im Rahmen eines solchen Gespräches wäre es mir als Schulleiterin gar nicht möglich gewesen, einen Schüler von unserer Schule auszuschließen. Dazu ist es notwendig, die Lehrerkonferenz anzurufen, um dieses Problem einer Entscheidung zuzuführen. Diesen Schritt habe ich dem Steinhäuser im besagten Gespräch lediglich aufgezeigt. Im Ergebnis dessen entschied er sich für den freiwilligen Schulabgang. Ich ging noch einen Schritt auf den Steinhäuser zu in der Form, dass ich für Dienstag, den 9. Oktober 2001, einen Termin beim Schulamt, bei Frau Brauer verabredete.»

Robert Steinhäuser verlässt nach der Anhörung zusammen mit Matthias Ammer die Schule. «Ich begleitete ihn nach Hause», erzählt sein Mitschüler, «da ich Angst hatte, dass er sich etwas antun würde.» Der Härte des Verweises kann er aus sich heraus nicht begegnen. Der Schulausschluss verändert seinen Status abrupt, und seine Falltiefe ist immens: Neben der Demütigung macht ihn der Rauswurf in einem einzigen Moment zum sozialen Fall ohne jeglichen Abschluss. Denn die Thüringer Gesetze sind zu dem Zeitpunkt so gehalten, dass ein Zwölftklässler, der sein Abitur nicht schafft und keinen Realschulabschluss hat, völlig ohne Abschluss dasteht, gerade so, als hätte er nie eine Schule besucht. Ein bundesweit einmaliges K.-o.-System.

Der juristisch unsubstantiierte Schulverweis wird im Nachhinein zur fatalen Schlüsselszene für den 26. April 2002, da er das Leben von Robert Steinhäuser in zwei Richtungen hin regelrecht aufreißt, das heißt radikalisiert: Zum einen ist ihm durch die Entscheidung der Schulleitung der Ernst der Lage offensichtlich mit einem Mal bewusst, startet er endlich einen letzten Rettungsversuch in Sachen Abitur. Zum anderen beginnt er parallel dazu mit seinem Aufrüstungs-Programm, und zwar Schlag auf Schlag. Beide Handlungsstränge sind minuziös nachvollziehbar und ziehen sich fast auf den Tag genau einen Monat lang hin: Offensichtlich ist es so, dass der Gymnasiast bereits wenige Stunden nach dem extremen Rausschmiss zu unmittelbaren Schlussfolgerungen kommt.

Noch am selben Abend, um 22.31 Uhr, erfolgt am EC-Automaten Gutenbergplatz eine Barabhebung in Höhe von 900 DM. Einen Tag später erscheint Robert Steinhäuser im Sekretariat, holt sich sein Abgangszeugnis und ein Anschreiben der Direktorin ab. Am 8. Oktober 2001 kommt es zu einer zweiten Barabhebung, diesmal von 800 DM, erneut am EC-Automaten Gutenbergplatz. Robert Steinhäusers Kasse scheint nicht knapp bemessen. Ein regelmäßiges Taschengeld fließt aus den elterlichen und großelterlichen Geldbörsen. Dazu: Einmal Fensterputzen zu Hause ergeben zusätzliche 25 DM, Weihnachten und Geburtstage tun ihr Übriges. So sammelt's sich. Mit Geld kann man sich wappnen. Doch wofür?

Bei der Erfurter Referentin für Gymnasien Heidrun Brauer erscheint Robert Steinhäuser am 9. Oktober 2001 zunächst nicht, aber immerhin eine Woche später. Die Referentin gibt in diesem Zusammenhang zu Protokoll: «Frau Alt teilte mit, dass sie diesen Schüler nicht mehr am Gymnasium haben will, es gebe nur Ärger, er solle sich ein anderes Gymnasium suchen. Am 16. Oktober 2001 erschien ein Schüler bei mir im Schulamt als Robert Steinhäuser vom Gutenberg-Gymnasium. Er stellte seine Situation – er hatte Mist gebaut, Schule vernachlässigt, Krankenschein gefälscht – offen dar. Ich hatte den Eindruck, dass er es ehrlich meinte. Ich habe ihn direkt gefragt, in welches Gymnasium er gehen wolle. Er sagte, er würde gern ans Königin-Luise-Gymnasium gehen, da er dort Kumpels oder Freunde hätte.»

Am selben Tag, da das durchaus perspektivreiche Gespräch im Schulamt stattfindet, erhält Robert Steinhäuser vom Erfurter 32. Ordnungsamt seine heiß ersehnte Waffenbesitzkarte ausgestellt. Tatsächlich sind es zwei: eine gelbe für einschüssige Waffen und eine grüne, die ihn dazu berechtigt, mehrschüssige Waffen zu besitzen. Zwei Tage später, am 19. Oktober, genau zwei Wochen nach der Anhörung in der Schule, kauft er sich für 450 DM die Pistole Glock 17, seine spätere Tatwaffe. Einen Tag darauf die dazugehörige Munition, nämlich 1000 Schuss für 270 DM. Ebenfalls an diesem 18. Oktober wird der Schriftsatz des Gutenberg-Gymnasiums erstellt mit der Möglichkeit der Fortsetzung des Abiturs am Erfurter Königin-Luise-Gymnasium. Auch bei dieser Variante hätte die Lehrerkonferenz einberufen werden müssen, was wiederum nicht geschieht. Das Kollegium erfährt erst im Nachhinein davon.

Doch die Option, auf diese Weise den begehrten Abiturabschluss zu erhalten, erweist sich schnell als gegenstandslos: Robert Steinhäusers Grundkurs Physik wird an der neuen Schule nicht angeboten. Das Königin-Luise-Gymnasium ist also keine Alternative. Das ist definitiv. Darüber ist sich Robert Steinhäuser im Klaren, als er am 29. Oktober 2001 mittags um halb eins am EC-Automaten Anger noch einmal 1000 DM abhebt und sich einen Tag später seine zweite Tatwaffe kauft, eine Pumpgun Mossberg für 1279 DM. Allerdings ist das Aufrüstungsprogramm des Gymnasiasten damit nicht beendet. Für den Tag, an dem der Schlusstext zwischen Schüler und Schule aufgesetzt wird – es ist der 5. November 2001 –, ist noch einmal eine Abhebung über 580 DM, diesmal vom Sparbuch, belegt, die Robert Steinhäuser unter anderem am 7. November für 300 Stück Schrotmunition verwendet.

Das Erfurter Schulamt verweist Robert Steinhäuser nunmehr ans Martin-Luther-Gymnasium, wo er sich jedoch – völlig demotiviert – nicht einmal mehr meldet. Weder das Schulamt noch die Gymnasien fühlen sich zuständig, niemand prüft diesen Weg. Der Querulant ist vergessen, seine Schulkarriere für die Instanzen beendet. Im Schreiben der Gutenberg-Direktorin Christiane Alt vom 5. November 2001 heißt es abschließend: «Hiermit beende ich das mit Ihnen bestehende Schulverhältnis auf der Grundlage des Thüringer Schulgesetzes entsprechend der durch Sie zu vertretenden Gründe mit Wirkung des heutigen Datums.»

Andere Besonderheiten gab es nicht

«Er hat nie eine Freundin mit nach Hause gebracht. Er war fanatisch, was Computerspiele betraf. Er hatte keinen Bock auf die Schule. Er trug gerne Schwarz. Er spielte immer diese Kriegsspiele, auch vernetzt mit seinen Freunden. Er war politisch sehr interessiert. Er hat sich auch jede Woche den *Spiegel* gekauft, hat sich aber nicht engagiert. Auf keinen Fall war er ein Rechter. Auch als Kind war er gesund. Viel Streit gab es eigentlich nie. Nur bei den Spielen und Filmen war immer ungeheurer Krach und Geballere. Er hat mich auch nie angebrüllt. Er war nur eben manchmal muffig. Mein Mann hat Robert nie geschlagen. Er hatte einen regelrechten Tick mit Pistolen. Schwul war er auf keinen Fall, er hat sich davor geekelt. Andere Besonderheiten gab es nicht», sagt die Mutter Christel Steinhäuser, Kinderkrankenschwester in einer Hautklinik und im Schichtdienst arbeitend, während ihrer späteren Polizeivernehmung.

Der Vater Günter Steinhäuser, Elektroingenieur bei Siemens, erklärt gegenüber der Polizei: «Für uns gab es überhaupt kein Anzeichen, dass sich da ein Konflikt anbahnt. Unser Verhältnis war nämlich gut. Es gab keine dramatischen Auseinandersetzungen. Es waren lediglich Kleinigkeiten, z. B. wegen der Ordnung oder weil er in der Wohnung eine Zigarre geraucht hatte. Er hat auch zu Hause nie heimlich Geld genommen. Ich würde sagen, dass wir uns gegenseitig vertraut haben. Wir haben uns auch über tägliche Dinge gut unterhalten. Er konnte auch gut mit kleinen Kindern umgehen und war sehr gut zu seiner Katze. Er war lustig und hat mit seinen Freunden viel gelacht. Er war ehrlich, aber nicht redselig. Ich würde sagen, dass er unter seinen Freunden anerkannt war. Andere Besonderheiten sind mir nicht aufgefallen.»

Vater, Mutter, Kind. Doch wir erfahren nichts, versteht Elsa. Vielleicht kann ja auch auf diese Weise nichts gesagt werden. Der Vater verweist in der Vernehmung auf eine bestehende Familienpathologie. Laut seiner Aussage sind in der Familie «Fälle von Schizophrenie aufgetreten». Darüber hinaus liegen nach fernmündlicher Aussage der Familienpsychologin der Steinhäusers gegenüber der Polizei gewisse Erkrankungen von Depression und Manie vor. Festgehalten ist auch eine Schizophrenie des Urgroßvaters väterlicherseits. Die Mutter erwähnt: «Der Bruder meines Vaters hat sich vor vierzig Jahren erhängt.» Nur fünf Prozent genetische Disposition, hat Elsa gelesen, bedingen das Handeln eines Amokläufers. Nicht sonderlich viel. Wie einfach hätte man es sich hier machen können. Doch die Profiler sind offenbar auf etwas anderes aus, wenn sie versuchen, die «kalte, heile Welt des Robert Steinhäuser» in den Blick zu bekommen.

Als ein sehr anhängliches Kind beschreibt die Mutter ihren Sohn. Er konnte nur einschlafen, wenn sie durch die Gitterstäbe des Bettes hindurch seine Hand hielt. Ein Foto: ein kräftiger, dunkelhaariger Mann mit Vollbart und ein etwa zweijähriger blonder Junge auf einer Schaukel. Der Blick des Sohnes sucht nach der Hand des Vaters und bleibt im Leeren. War die Hand nicht eben noch da? Der kleine Körper hängt plötzlich in der Luft, allein. Ein unauffälliger Sommer, der Garten hinterm Haus in der Ottostraße, ein hoher Maschendrahtzaun, große Obstbäume, viel Licht und Flimmer. Die Welt wirkt geordnet, den Wind machen sich die beiden selbst. Die meisten Fotokisten beherbergen solche Momente vom Anfang eines Lebens.

Als der Sohn knapp drei Jahre alt ist, entscheidet Christel Steinhäuser, ihre Arbeit als Kinderkrankenschwester aufzugeben. Sie will Zeit haben für ihn, er soll nicht in die Krippe. Es ist das Jahr 1985. Über Bayern 2 oder HR 3 läuft in Thüringen pausenlos der Song «School» der Band Supertramp, rhythmisch treibend und orchestral. Der siebzehnjährige Boris Becker wird jüngster und zugleich erster deutscher Wimbledon-Sieger. Die DDR-Depression ist auf dem Höhepunkt angelangt. Das Land wird es noch ganze vier Jahre geben.

Das Jahr 1989 endet in Ostdeutschland mit neuen Zeiten. Auch Christel und Günter Steinhäuser stehen im Herbst des Jahres auf den Erfurter Montagsdemos und fordern Veränderung. Die Zeit ist reif dafür, alles nur noch eine Sache der Statik. Vielleicht halten auch sie neben sich die beiden Söhne Peter und Robert an den Händen. Mit acht Jahren – es ist das Jahr 1991 – baut Robert Steinhäuser sein «Raumschiff Enterprise», ist er Fan von Captain Kirk, will er natürlich Astronaut werden, trifft er Elsa und die anderen auf den Hinterhöfen, schläft er meist im Bett der Eltern. Die Mutter liest ihm vor. «Felix der Pinguin» ist sein Lieblingsbuch.

Fotos der Familie Steinhäuser entstehen jetzt vor richtigen Meeren, mit hoch schlagenden Wellen. Das war der Traum, den man sich endlich leisten konnte. Seit der Zeit gelangen vor allem Aufnahmen mit Mutter und Sohn in die Fotokiste: beide in kurzen Hosen, sportiv, im Partnerlook, auf den T-Shirts prangt das Wort «Power». Der Power-Dream hat einen sehr realen Preis. Die Hatz danach wirft die gemachten Idyllen aus der Bahn. Der jüngste Sohn geht auf und wird mit jedem Jahr dicker.

Die in vierzig Jahren DDR eingerutschte, morbide Kleinstadt Erfurt wird nach 1989 zum liebend gern vorgezeigten Kleinod im Sinne «Aufbruch Ost» umgemodelt. Doch Lebenshäute wechseln nicht wie die Häuserfassaden. Die Menschen in den Häusern durchleben die eigene Entkernung in anderen Rhythmen. Elsa erinnert sich, dass sie zwei, drei Jahre nach der Wende mit der Mutter über die Autobahn von Erfurt aus nach Jena wollte. Vor, neben und hinter ihnen ein langer Zug, eine Karawane funkelnagelneuer Westautos – beinah durchweg mit Erfurter, Weimarer, Apoldaer oder Jenaer Kennzeichen. Die Karawane stockte, denn die Strecke war eine einzige Baustelle, irgendwann kam sie ganz zum Stehen, für Stunden. Die Leute verließen ihre neuen Kisten, unterhielten sich, fachsimpelten irgendwas, schienen sich zwischen den Schutthügeln nicht sonderlich unwohl zu fühlen. Elsa hatte Zeit und betrachtete, was sich ihr zeigte: Zwischen den windschnittigen Wagen ohne jeden Kratzer sah sie in müde, blasse, verbrauchte Gesichter. Eine Welt aus Schrammen, lauter verwundete Landschaften. Die Diktatur hat ihre Spuren hinterlassen. Als würden die knalligen, durchgestylten Maschinen das bittere Leben davor nur umso kenntlicher machen.

Die äußeren Zeichen der Diktatur werden nach und nach verschwinden, doch was wird aus dem Leben in ihr, fragt Elsa, was aus dem, was man nicht sieht, den Gefühlen und Gedanken, was aus ihrer Sprache? Der Osten taugt gerade mal noch zum Steinbruch für Geschichten, frohlocken die Schriftsteller. «Wir merzen also die Sätze aus, die uns nicht weiterbringen», sagt der Philosoph Wittgenstein. Eine Gesellschaft wie die DDR, in welcher der Wert des Geldes gegen null geht, in der sich nichts rechnen muss, ihr Abgeschnittensein, ihre kleine Welt aus stillgelegten Erwartungen, die Lust, sich fremd zu machen, Individuelles zu löschen, das Sichern von Unauffälligkeit als Überlebensstrategie, die Scham gegenüber jedweder Art von Produktivität.

«Diese ständige Flexibilität, dieses Verlieren der Wurzeln», klagt Vater Steinhäuser über die Zeit nach 1989, als läge das Schaukelbild des Sohnes für immer in seiner Brieftasche. Der jetzige Götze im Land heißt Effizienz: Produzieren um jeden Preis. Bewegt euch, denn nur Bewegung ist schön! Von Ostdeutschland aus blieb der Spekulationsliberalismus der neunziger Jahre im Land unverstanden. Dass er auch das Grundverständnis der alten Bundesrepublik schmerzlich deformiert hat und darüber hinaus spürbar an die Substanz ging, kommt aufgrund der eigenen Erfahrungen kaum in den Blick.

Ein verschwundenes Land und seine Sprache, als befände die sich in einem Niemandsland. Was sprechen Vater und Mutter von Robert Steinhäuser? Was spricht diese Elterngeneration, was sprechen ihre Kinder? «Wie war dein Tag?», fragt Christel Steinhäuser, wenn der Sohn aus der Schule kommt. «Ganz okay», lautet seine Antwort, bevor er in seinem Zimmer verschwindet. «Mit zwölf Jahren», meint die Mutter, «ist er mehr und mehr verstummt.» Als entwickelten sich zwei Arten von Schweigen, stehen sich Mutter und Sohn nun gegenüber. Das Verstummen eines Zwölfjährigen.

1995 fangen für Robert Steinhäuser die Schuljahre am Gutenberg-Gymnasium an. Die Hürden sind hoch, man hätte dort gern den Ruf des Elitären. Das sorglos Heitere auf dem Gesicht des neuen Schülers schwindet. «Robert darf die Freude an der Schule nicht verlieren, er muss eine richtige Arbeitstechnik finden», steht in einem der ersten Gymnasialzeugnisse. Doch die Freude scheint hin, etwas scheint passiert zu sein. Der Muttersohn wird ernster und verschlossener, entwickelt seine Methode, sich abzuschotten, wird zur Fernsehratte, vielleicht der Versuch, das erste Mal für sich zu sein. Die sexuellen Phantasien der Pubertät: eine Mischung aus überlieferter Gewalt und jenem Gefühl, in der Realität keinen Platz zu haben, vor allem jener Realität, die Schule heißt.

Die Noten verschlechtern sich, die Mutter sieht es und hält sich zurück. Mit vierzehn bekommt Robert Steinhäuser Susi geschenkt, eine grau-schwarz melierte Katze. Sie schläft in seinem Bett wie er vor kurzem noch im Bett der Eltern. Doch Susi allein genügt nicht, um das Trudeln des Sohnes aufzufangen. So gibt es mit vierzehn Jahren das Geld für den ersten Computer. Es ist der Eintritt in eine neue Realität.

Wer über digitale Jugend spricht, spricht meist von ihren neuen Codes, ihrer Aversion gegen Sprache und ihren vermeintlichen Hirnsprüngen in völlig neue Welt- und Raumvorstellungen. Dass die Jugendlichen längst keinen Konjunktiv mehr bilden könnten, heißt es gern.

Ihre Welt begnügt sich mit dem, was ist. Für die Jugend des Ostens wird das Internet in den neunziger Jahren etwas wie der Transmitter zwischen Alter und Neuer Zeit. Dort wird das Nichtsprechen der Eltern und Lehrer umcodiert in eigene Sprachen. Dort hat die Welt inmitten des Chaos, in dem sich die Jugendlichen zurechtzufinden haben, wenigstens noch eine gewisse Ordnung. Dort braucht es keine Vermeidungs- und Ausweichstrategien. Dort spricht man aus, was einen radikal macht.

Die Kinder spielen auf den emotionalen Müllhalden der Eltern, wie überall. Doch der Osten, das versteht seine Jugend, ist etwas Abgeschlossenes, eine Sache ohne Bewegung, ein totes Gleis, ein Loch der Geschichte, über das man besser nicht spricht. Wird doch mal gesprochen, geht es um Stasi, Schuld oder den Filou Gysi, der kurzzeitig zur gesamtdeutschen Attraktion durchstartet. Bedenkenswerter im Kontext jener fatalen Polit-Machtspiele ist, dass sich auf diese Weise auch eine Jugend aus ihrer Geschichte vertreiben lässt. Die Eltern drucksen und schweigen. Die Jungen machen sich fremd. Am Ende legen sie ihr 1968 im Internet ab.

Sollte es den Jugendlichen in dieser Zeit je um die eigene Vorgeschichte gegangen sein, lassen sie jene unmittelbar nach dem Mittelalter beginnen, gehört Walter Ulbricht zu einer der Digedag-Figuren, wird der ostdeutsche Trabant wieder seinem Ursprung zugeführt, als «Krieger zu Fuß». Zum eigenen Weltbild reicht es nicht mehr, stattdessen bedient man sich einer Mischung aus Newsgroup, Chatroom, Sekten, Online-Ballerei, Ostsentimentalität und extra harten Rhythmen. Die spezifische Identitätsschwäche der Elterngeneration verlängert sich in den Jahren der politischen Neuordnung in Ostdeutschland – in der Zeit also, da Robert Steinhäuser nächtelang vor dem Computer sitzt – wirkmächtig in die Kinder hinein.

Die Fähigkeit ostdeutscher Familien, in der Zeit nach der Wende dennoch kompetent zu erscheinen, lesen Psychologen mittlerweile als einen Bewältigungsmechanismus. In einem totalitären System sollte er ursprünglich Unauffälligkeit sichern, um drohende Angriffe abzuwehren. Eine Diktatur fordert Angleichungen, die Dissoziationen zur Folge haben, Gefühlsabtrennungen etwa, Somatisierungen, Spaltungen. Doch nach dem Ende der Diktatur scheint das äußere Gefängnis einmal mehr einem inneren gewichen zu sein. Die friedliche Revolution 1989 haben die meisten Ostdeutschen eben nicht als ihre Erfolgsgeschichte verbucht, die Jahre danach kaum als ungemein spannenden, einmaligen Aufbruch, den sie wesentlich mitbestimmen. Viele erfahren die Nachwendejahre als einen erneuten Überwältigungsprozess, den sie in einer anhaltenden Depression ausleben, gleich dem Zustand nach der Eroberung.

Wir haben eh keine Alternative, der Westen ist halt stärker. Unterhalb dieser windschiefen Akzeptanz der Ostdeutschen gegenüber dem neuen System schwingt ein durchgängig bockiger Ton. Freilich, man will ja nicht undankbar sein: Gekommen ist, was kommen sollte. Es wird, was wird!, hatten die Russen schon immer gewusst. Doch das ostdeutsche Ethos tut sich schwer mit dem Wort Freiheit, eine «Vita activa» – die Einmaligkeit eines guten Lebens, der Genuss individuellen Glücks – ist nicht, was man den Menschen über die Zeit zweier Diktaturen eingepflanzt hat. Sie halten sich, schon historisch bedingt, hauptsächlich an den Begriff der Arbeit. Nur dass es in den Regionen kaum welche gibt und auch, was sie betrifft, keine Besserung in Sicht ist. Der Osten rutscht, meint Bundespräsident Wolfgang Thierse. Wohin, sagt er dabei nicht so genau. Das Land der Arbeiter und Bauern wird zum Land ohne Arbeit. So legt sich über die Identitätskrise eines zusammengebrochenen Landes eine zweite. Schon deshalb, da die erhoffte Erlösung durch den Westen nicht eingetreten ist, wächst in der Folge eine Geste aus Groll und Trotz: Das große Stück abgewiesene Lebenshaut wird nicht preisgegeben! Das wär's noch, dass man am Ende völlig nackt dasteht!

Im Ergebnis kommt es zu jenen zweifelhaften Verzerrungen, den chamäleonartigen Täuschungen: Die Ostdeutschen lernen, so taff und wendig wie nötig zu erscheinen, denn im Westen, hat man mitgekriegt, kochen sie auch nur mit Wasser. Dabei müssen neuerliche Misserfolge unbedingt vermieden werden. Aber im Grunde weiß der ostdeutsche Michel, geht's um was anderes: Hinter all dem flott gemachten, vordergründigen, neuen Leben existiert ein anderes, selbstredend das eigentliche Ostleben.

Bei dieser bemühten Mimikry im Sinne der «Angleichung an den Eroberer», jenem Mitte der neunziger Jahre entstandenen psychologischen Stau-Raum, öffnet sich der Blick auf eine Fassadenhaftigkeit von Leben, die auch der Schlüssel zur «kalten, heilen Welt des Robert Steinhäuser» sein könnte: das neu sanierte Gründerzeithaus in der Ottostraße, das den Eltern gehört. Die Antikmöbel im Wohnzimmer. Die dunkle Eichenstanduhr. In den Regalen Kristallgläser, eine alte Bibel, ein paar Kochbücher. Ein Kamin mit Glasverkleidung. Auf dem Tisch der Otto-Katalog. Überall Trockensträuße, Strohgebinde, weiße Platzdeckchen. Die Türen aus Eichenfurnier mit Messinggriff. An der Eingangstür ein blaues Emailleschild, darauf zwei kleine und zwei große schmunzelnde Eulen. Der Garten, in dem sich womöglich die Schaukel noch hin- und herbewegt. Die Urlaube der Familie an den großen Meeren. Das neu erstandene blau-gelbe Kaffeegeschirr. Die Liebesknochen und selbst gemachten Obstkuchen auf dem Geburtstagstisch des Sohnes.

Sich an den Dingen festhalten, das Leben ausstaffieren mit der beruhigenden Kompetenz des Materiellen. Warum nicht, denkt Elsa, was ist schon dagegen zu sagen? Bei ihren Eltern sieht's auch nicht anders aus. Doch dann erinnert sie sich an die endlosen Streitereien zu Hause am Küchentisch. Nichts war mehr gut genug nach der Wende, alles musste neu sein. «Was hast du denn, der Fußbodenbelag geht doch noch!», versuchte sie es gegenüber der Mutter. «Nee, nicht ernsthaft, Dad, das ist mein Lieblingsbesteck, das kannst du nicht bringen!» – «Was wollt ihr denn, unser Trabi ist doch geil!» Maximal ein kurzes Innehalten, höchstens ein strafender Blick, längst war der nächste Großkauf beschlossene Sache. Dann ging's in die Kaufländer, in die Läden, in die Supermärkte, dann wurde erörtert, verglichen, sortiert, bestellt, für gut oder schlecht befunden. Dann entschied man den nächsten unumgänglichen Kauf. Man will es doch schön haben. Und dann war die Kindheit vorbei.

Niemand liest Widersprüchliches und Verdrängtes so sensorisch aus den Eltern heraus wie die eigenen Kinder. Für jede Hilflosigkeit der Mutter, für jede Laschheit, jedes Türmen, jede unverständliche Härte des Vaters entwickeln sie einen genauen Riecher. Sogar das Fehlen von Sprache, von Phantasie, von Träumen, das Abgeben ihres Lebens an die Dinge – all das kriegen sie mit. Das ist ihr Vermögen. In Ostdeutschland wird der Konflikt zwischen vielen Jugendlichen und ihrer Elterngeneration Ende der neunziger Jahre aufgrund jener historisch beispiellosen geistigen Desorientierung unüberbrückbar. Ein Generationenkonflikt, den die Jungen lapidar als Unglaubwürdigkeit der Alten benennen und dennoch nur unter der Hand austragen. Sie tauchen ab in die Räume des Internets, im World Wide Web lassen sich die neuen Gemeinschaften am schnellsten finden. Die kulturellen Übergangsräume des Ostens sind kollabiert, der regulierende Zuspruch aus dem Zentrum ostdeutscher Gesellschaft bleibt aus. Wer hätte das auch sein können, der in dieser Zeit für die ostdeutsche Jugend spricht?

So führt diese Jugendkrise zu keinem politischen Impuls, sie versandet. Es kommt, wie es kommen muss: Wer in den Westen zum Studium oder zur Arbeit kann, der geht. Berlin ist auch immer noch eine Option, manche schaffen es gar bis in die große Welt. Doch in der indifferenten Ostgesellschaft bilden sich bei vielen Gebliebenen – potenziert durch die katastrophale Arbeitsmarktsituation – bedenkenswerte Formen von Regression, Verzweiflung, Resignation, auch Hass.

Der so sorgsam gehüteten Gutbürgerlichkeit begegnet Robert Steinhäuser in seinem Dachgeschoss in der Ottostraße mit totalem Chaos. CDs, Videos, Zeitschriften, Klamotten – alles wird gleichmäßig über zwanzig Quadratmeter verteilt. Computer, Fernseher, Videorecorder laufen zeitgleich und ununterbrochen. Was das Materielle angeht, steht er dabei nicht minder gut ausgestattet da wie seinc Eltern. Höchstens hat sein Kaufblick eine andere Richtung: Seine letzte Computer-Variante ist ein Pentium-II-Rechner, dazu Lautsprecher, so genannte Booster für authentische Schussgeräusche, Scanner und 17-Zoll-Monitor – seine Zentrale. Raumschiff Enterprise und Captain Kirk lassen grüßen. Seine Musiksammlung enthält zwar Gängiges wie Platten von Ace of Base, hat aber auch etliches aus der Brutalo-Fraktion zu bieten: die Bands Slipknot, System of a Down oder Entombed. Da dröhnt es auf Tod, Blut, Schlachtungen und Luzifer.

Ähnlich eindeutig fallen seine Bildwelten aus: Strategiespiele wie «Homeworld», Schießorgien wie «Hidden & Dangerous», der Ego-Shooter «Half-Live», mit dem der Spieler über die Mündung der Waffe auf seine Opfer sieht oder das Cyper-Epos «Medal of Honor»: Lieutenant Mike Powell landet am D-Day am Omaha Beach und beginnt sofort mit dem Kampf. Oberstes Prinzip: möglichst viele finale Treffer, erst dann gilt die Kampfhandlung als perfekt. Am Ende des Spiels zeigt eine Statistik dem Akteur, an welchen Stellen im Körper des Opfers die Projektile eingeschlagen haben.

Eins der Lieblingsspiele von Robert Steinhäuser ist «Return to Castle Wolfenstein»: «Die Zeit ist gekommen! Besiegen Sie in einem Kampf apokalyptischen Ausmaßes das ultimative Böse! Egal, was Sie tun, der Ego-Shooter der Extraklasse wird Ihr Adrenalin in Wallung bringen. Stellen Sie sich Ihren Ängsten! Sie haben keine andere Wahl!», so der Vorspann auf dem Cover des Spiels. In der Anleitung heißt es dann: «Sie kämpfen als U.S. Army Ranger Blazkowitz. Die OSA hat für Sie einen Spezialauftrag ausgewählt.»

Der Spielhintergrund: «Heinrich, deine Schreckensherrschaft muss enden!» Der Satz bereitet den historischen Boden und versetzt ins Jahr 943, vor dem Tod Heinrichs I. Das Jahr stimmt nicht ganz, egal, dann wird es passend gemacht. Der unsterbliche Vater der deutschen Kaiser jedenfalls, Sieger über die Hunnen und Slawen, spricht den Prolog, und der fällt entsprechend theatralisch aus. Es geht schließlich ums Ganze: «Möge das Schicksal den Sturm ewig bändigen!» Mit Schicksal und Sturm, Schrecken und Helden geht es auch tausend Jahre später, also 1943, weiter. Jetzt sind es Ranger Blazkowitz und sein Kompagnon, er nennt sich Agent 1, die beauftragt werden, eine fanatische Sekte unter Höller, also Himmler, zu vernichten. Was für ein Schwulst, unvorstellbar!, denkt Elsa.

Ein Zimmer als Schaltzentrale der OSA, ganz in mystisch raunendes Rot getaucht. Ein riesiger Teppich, geöffnete Fenster, gleichmäßig hereinwehende Gardinen. Es klopft dreimal. «Herein!», fordert die Stimme der Macht hinterm Schreibtisch. «Und, Jack», fragt der Boss, «haben Sie etwas erreicht?» – «Ja, Sir. Beide Agenten wurden festgenommen und werden jetzt auf Burg Wolfenstein festgehalten.» – «Verdammt», donnert die Schreibtischstimme, «setzen Sie ein Treffen an, Jack!» – «Ja, Sir!» Nach dem nicht gerade originellen Entree wird rechts am Bildschirm die Waffe des zukünftigen Akteurs aufgebaut, die sich nach der Stärke des Gegners bemisst: Messer, Pistole, Maschinengewehr, Gewehr, Spiongewehr, Granate, Rakete, Giftspritze, Flammenwerfer, Tesla-Waffe. Der rechte Bildrand ist das

Auge des Spiels, das nur eins im Blick hat – alles umhauen, was sich bewegt.

Das Computer-Online-Spiel Counterstrike, ein zweiter Dauerbrenner von Robert Steinhäuser, simuliert Terror- und Antiterrorkriegsführung in Echtzeit. Wie der Hersteller Sierra Entertainment angibt, sind zu jeder Zeit eine halbe Million Spieler eingeloggt. Es ist der meistgespielte Online-Krieg. Der Plot: Sturmläufe auf gigantische Gebäude, ihre Besetzung oder Sprengung, Entführungsszenarien oder Geiselnahmen, gern in rauen Gegenden. Jedes Map, also jede Spielwelt, beginnt mit 100 Lebenspunkten, die allerdings durch die Hand rennen wie nichts, da das Spiel enorm schnell ist. Natürlich nur eine Sache für die ganz harten Männer! Immerzu detoniert etwas: Fahrzeuge, Brücken, Bunker, altes Gemäuer, Menschen. Immerzu ist es sehr laut, geht alles sehr schnell kaputt, die Akteure sind immer Ninja-Krieger, immer schwarz maskiert. Man sieht immerzu in zahllose Gewehrläufe.

Das so genannte Waffenarsenal von Counterstrike gibt klare Anweisungen: Wähle Primär- und Sekundärwaffe, Gewehr und Pistole! Das Waffenarsenal ist überdies riesig. Die Spielregeln besagen, dass der Munitionsvorrat eine im Auge zu behaltende Ressource ist, die im Verlauf des Krieges aber immer wieder neu aufgestockt werden kann. Der Zufluss ist also gesichert, der Internet-Krieg hat Pausen nicht nötig. Der Spieler kommt immer gut voran, wenn er die Regeln einhält, die das Team gemeinsam setzt. Man verstehe – Krieg kann alles Mögliche sein, aber vor allem ist er eins: Teamarbeit.

Per Knopfdruck sucht sich der Spieler seine Opfer aus und kann ihnen dabei das Aussehen von realen Personen geben, die er nicht mag. Blut wird möglichst ausgeblendet, es behindert den Spielfluss, das heißt: Ohne Blut gibt's eine bessere Verbindung im Netz, was nichts anderes als eine Erhöhung der Spielgeschwindigkeit bedeutet. Spiegel der eigenen Kälte, an der man sich selbst entzündet?

Zu guter Letzt noch die Geschichte des Shooters, und die geht so: Jeder wird erschossen, vom Polizisten über den Passanten zum Schulmädchen, bis man selbst erschossen wird und endlich alles in Schutt und Asche liegt. Das sind nur einige wenige Sequenzen aus dem häuslichen Trainingsprogramm des achtzehnjährigen Robert Steinhäuser. Wie man problemlos im Laufschritt tötet, wie man Räume und Gebäude strategisch günstig sichert, wie man am schnellsten nachlädt und besonders kaltblütig tötet, das alles hat er über Jahre als abrufbare Bildwelt in sich hineingezogen, als passive Horrorfütterung.

Dabei gibt es über den tatsächlichen Zusammenhang zwischen Gewalt und Medienkonsum noch immer wenig Gesichertes. Aus etwa 5000 Untersuchungen zu aggressivem Verhalten von Jugendlichen infolge destruktiver Gewalt in den Medien lässt sich derzeit nur eins konkreter sagen: Nicht einmal fünf Prozent der Realgewalt lassen sich aus vorausgegangenem Mediengebrauch erklären. Nach neuesten Untersuchungen scheint das Problem ohnedies noch etwas anders gelagert: Nicht so sehr die Tatsache, dass so etwas gespielt wird, als vielmehr wann es konsumiert wird, scheint von Belang. Kurz gesagt, hat das was mit den besonderen Lernphasen von Jugendlichen zu tun, ihren Rhythmen bei der Festigung kognitiver Strukturen. Nichts also mit der simplen Verteufelung monströser Gewalttrips. Noch eine Runde weiter, bitte!, fordert auch Elsa. Denn trotz vieler nebeneinander bestehender, fraglos irritierender Realitäten kennen Jugendliche den Ernstfall, sie wissen, was Spiel ist und was nicht.

Wenn man wollte, könnte man die Welt von Robert Steinhäuser demnach lange Zeit noch als wütende Gegenwelt zur elterlichen Gutbürgerlichkeit lesen, als seine Form der Abwehr von Angepasstheit, als Inkubationszeit eines Heranwachsenden, der noch jede Richtung einschlagen kann. Doch dann kommt der Rausschmiss im Oktober 2001, die hinfällige Alternative im Zusammenhang mit dem Königin-Luise-Gymnasium, das Versagen aller Instanzen. Zusammen werden sie zum Katalysator, folgen sie einem neuen Gesetz.

Der Umgang mit den Waffen – Robert Steinhäuser ist gerade auf dem Höhepunkt seines Schießtrainings und hat in diesen Tagen seinen Abschluss in Sachen Waffenkunde geschafft – scheint ihn zu erotisieren. Sein Gestus im Klassenraum sagt: Okay, okay, ich mach ja mit. Ist zwar absoluter Bullshit hier, aber was soll's, in der richtigen Welt geht's eh anders ab. Die Frustration des Sitzenbleibers wirkt wie weggeblasen, der schwitzige Pubertätsspeck ist verschwunden, der Sommer hat dem Achtzehnjährigen ordentlich Farbe mitgegeben und zu allem noch eine Liebe, seine erste Freundin. In den schwarzen Jeans sitzt neuerdings entspannte Männlichkeit.

Es sieht ganz so aus, als könne er von außerhalb einen anderen Körper beziehen, der ihn sicher genug macht, die Schule zu bestehen. Und zu allem Glück stehen auch dort die Zeichen für ihn günstiger: Dem alten

Kursleiter Rainer Heise muss er mit Schuljahresbeginn höchstens noch auf dem Gang begegnen. Da reicht ein kurzes Nicken, eine laxe Geste, die üblichen Gleichgültigkeitsposen eben. Der Neue dagegen ist Sportlehrer und richtig cool, der lässt einen wenigstens in Ruhe.

So schlecht steht's also gar nicht mit dem Abi, meint Robert Steinhäusers neues Ego. Nur jetzt die Ruhe bewahren, schön locker bleiben, keine Ahnung, was die immer von einem wollen. Ist doch noch alles drin. Doch so wirksam kann das neue Standing nicht gewesen sein, warum sonst die Schwänzerei, warum die gefälschten Krankenscheine? Sieht man genauer hin, kommt dabei nur Robert Steinhäusers bisherige biographische Logik, sein Switch-Modell, zur erweiterten Anwendung: Bei den anstehenden Klausuren hat er keinen blassen Schimmer, also geht er erst gar nicht hin. Die Seminarfacharbeit mit dem Thema «Extremsportarten»? Null Bock. Das Fach Informatik fällt nächstens auch für ihn aus. Einfach nur Texte abschreiben? Das bringt ihm nichts. Die andere Seite des Lebens sieht doch im Moment ganz passabel aus, jedenfalls so entspannt wie lange nicht. Von dort kriegt er, was er braucht – Bestätigung. Warum sich also unnötig fertig machen?

Sicherlich: Robert Steinhäusers chamäleonartiges Durchswitchen ist ein Zeitphänomen. Doch seine Art Überläufer-Existenz ist ihm so nur möglich, da er sichtlich virtuos mit Anpassungsmustern umzugehen weiß. Er probiert aus, kokettiert, verstellt sich, ab und an wacht er auf, dann mäandert er wieder vor sich hin, drückt weg, lügt und kommt durch damit. Das funktioniert deshalb so gut und macht am Ende noch Spaß, da er auf eine außergewöhnliche Billigungsstruktur in seinem Umfeld stößt: Die Eltern schweigen, die Kumpel finden ihn geil, die Freundin ist verliebt, auf den Schießplätzen gelingt ihm alles, die Lehrer greifen nicht ein. Zumindest lange nicht.

Doch dann, auf dem Höhepunkt der Steinhäuserschen Inszenierung, in dem Moment, da ihm sein neues Selbstbewusstsein jene eindeutigen Signale sendet – du schaffst es, klar kommst du durch, was willst du denn, das Ganze läuft doch und nicht mal schlecht –, findet Anfang Oktober 2001 besagte Anhörung statt. Schluss, aus mit dem ganzen Theater!, bedeutet die Tag für Tag schwarz gekleidete und noch schwärzer geschminkte Direktorin mit knapper Hand. Ihre Entscheidung muss den Als-ob-Absolventen bis ins Mark treffen: Alles war so gut gedacht, das Ganze lief nach Plan, da kommt ihm der idiotische Rausschmiss in die Quere.

Konnte er damit rechnen? Hat ihn jemand vorbereitet, noch einmal insistierend zur Brust genommen, ihm den Ernst der Lage erklärt? Tatsache ist, dass Robert Steinhäusers Lebensdramaturgie durch den Schulentscheid auf jähe Weise implodiert. Ein Knockout, ein Schock! Das Schulende? Klar, bitter, was da jetzt bevorsteht. Doch schmerzhafter dürfte das Wegbrechen seines sorgsam aufgebauten Handlungsraumes sein: Nichts mehr mit lässiger Geste, mit der gern zur Schau gestellten Arroganz, etwas Besseres zu sein, nichts mehr mit seinem neuen Keep-cool-Stil, mit seinen unnachahmlich muffligen Dauerrepliken aus hinterster Reihe, mit den begehrlichen Blicken der Mädchen auf dem Schulhof. Seine große Bühne ist schlagartig weg.

In den vier Wochen nach der Anhörung sieht man Robert Steinhäuser ungewöhnlich agil. Er geht die

Wege, die er gehen muss, bewegt sich zwischen Erfurter Schulamt und den Gymnasien, ist auf Vermittlung aus, lügt nicht. Denen, die es wissen wollen, gibt er zu verstehen, dass er dazugehört, auch weiterhin. Ihm ist klar, soll in seinem Schulfall noch was zu retten sein, muss er jetzt handeln. Es ist der Monat, in dem er versucht, dem geschaffenen Fakt doch noch eine andere Wendung zu geben. Parallel dazu beginnt er mit seinem gezielten Aufrüstungsprogramm.

Vielleicht kommt er in jenen Tagen aus dem Frankonia-Geschäft in der Neuwerkstraße, mit der soeben erstandenen Pumpgun in der Tasche, und zu Hause liegt eine Nachricht vom Schulamt. Vermutlich angelt er am Morgen des 7. November 2001 das Abschluss-Schreiben des Gutenberg-Gymnasiums aus dem Briefkasten, zieht seine Jacke über, verlässt die Wohnung, um in der Stadt die Munition für sein Gewehr zu kaufen. Tage größter Wirrnis. Das Gegensätzlichste liegt auf unheimliche Art übereinander. Das Pendel schlägt, geht hin und her: Alles kann noch gut werden, oder gar nichts geht mehr.

Nichts wird mehr gut, irgendwann weiß er es. Aus den Verhältnissen entlassen, fragt niemand mehr nach ihm. Ende November 2001 läuft ein rausgeworfener, hoch frustrierter Exgymnasiast durch das beschauliche, vorweihnachtliche Erfurt, bis an die Zähne bewaffnet.

Und dann? Etwa zu der Zeit, da er sich morgens normalerweise zur Schule aufmacht, verlässt Robert Steinhäuser auch weiterhin die elterliche Wohnung. Alles muss aussehen wie immer, wie an jedem normalen Schultag. Vermutlich läuft er durch das Lauentor, geht über den Domplatz, biegt links zum Fischmarkt, erreicht die Schlösserbrücke, bekommt unweigerlich die Stauhöhe am Wehr in den Blick. Sein allmorgendliches Ziel: Café Marathon im Kaufhaus Breuninger. Dort hat er seine Ruhe. Über der Theke die flimmernden Monitore, das beruhigende Klappern der Kaffeetassen, die Anonymität von Stimmen, vor den Fenstern ein großer Himmel. Kann es einen zivileren Ort geben? Eine Servicekraft berichtet: «Meist kam er so gegen 9.30 Uhr, blieb eine ganze Weile, bestellte immer einen Eiskaffee. Er war ganz normal und unauffällig, kam immer mit einer Tasche, einer Sporttasche oder einer Aktentasche. Er las und schrieb viel, wenn er da war. Unterhalten haben wir uns nie.»

Wo denkt man sich das eigentlich aus, fragt sich Elsa, all die Attacken, Crashs, Einschläge und Katastrophen? In welchen Räumen kommen jene Terror-Hirne besonders ins Schwitzen: hinter schweren Schreibtischen, in unwegbaren Höhlen, auf den Rücksitzen von Superlimousinen oder in blumigen Hotel-Suiten? «Mehr als angekotzt ist er im November 2001 gewesen, übelst entnervt», berichtet ein Freund Robert Steinhäusers. Das ist er mit Sicherheit, doch die Kränkungen werden sofort luftdicht verpackt, der Diskreditierte trägt Fassade, längst sitzt sie wie eine zweite Haut.

Ein beschauliches Café in seiner Heimatstadt, im Herzen der Stadt, da, wo ihr Ton entsteht. Tag für Tag sitzt der Neunzehnjährige – unauffällig, wortkarg – inmitten ruhiger Geschäftigkeit, seine Tasche steht auf dem Sitz gegenüber. Vielleicht sieht er kurz aufs Wasser, löffelt achtlos an seinem Eiskaffee, dann kommen die Gedanken. Am Anfang rudern sie vorerst ziellos, sind gänzlich krude und nur dazu da, einfach stattzufinden. Irgendwann beginnen sie zu wüten, niemand hält sie mehr auf. Je länger er sitzt, je komplexer die Überlegungen kreiseln, umso explosiver gerät die Dramaturgie seines Drehbuchs. Ein Plan entsteht, der zum Vorsatz wird: Ein Super-GAU, die Stunde der Wahrheit, das große Ding. Man soll es als seine Heimzahlung begreifen. Aus einem Überläufer mit unscharfer Sendung wird der Irrläufer mit eiskaltem Kalkül.

Was Robert Steinhäuser in diesen Wochen aus seinem Arroganz-Reservoir hervorholt, man kann es auch als eine Art negative Religion lesen: Erlösung finden vom Loser-Dasein. Zum Rächer werden, und zwar zu einem, der den anderen gnadenlos sein Gesetz aufdrückt. Das eigene Gesetz finden und ihm den einzig gültigen Namen geben: Hass. Einen heimischen Höllensturz fabrizieren, einen Sturmlauf, bei dem allen Sehen und Hören vergeht. Sind das seine Gedanken? Wenn es seine sind, hat Elsa jedenfalls keine Lust auf sie. Es ist die destruktivste Produktivität, die denkbar ist, und zugleich die banalste Allmachtsvorstellung. Obwalter über Leben und Tod anderer – woher nimmt er das Recht dazu?

Der anhaltende Zustand der Konspiration. Nichts haben sie gewusst von seinem Rausschmiss, bedeuten die Eltern am Abend des 26. April 2002, der Bruder nicht, die Freunde nicht, die Großeltern nicht, niemand offenbar. Sooft Elsa darüber nachdenkt, schleierhaft bleibt es ihr doch: Wie es einem Schüler gelingt – wohnhaft bei den Eltern, eine Etage tiefer die Großeltern, ständige Besuche der Freunde, eine mehr als überschaubare Stadt, die Schule keine zehn Minuten Fußweg entfernt –, über ein halbes Jahr einen solch perfekten Schläfer abzugeben? Wie ist es möglich, eine derart gigantische Lebenslüge aufzubauen? Kommt ihm eine

Art Dauerzufall zu Hilfe, kann er noch einmal auf sein bewährtes Switch-Training zurückgreifen? Bildet die konspirative Form des eigenen Rausschmisses und damit der Umgang mit dem Geexten die notwendige Legitimation und gemäße Vorlage für ihn? Spielt all das letztlich gar keine Rolle?

Die Explosivität der Kränkungen, wenn sie nur noch in sich kreiseln. Dem Brüter geben sie Oberwasser zurück. Das schrankenlose Schalten und Walten im Kopf wird zum rücksichtslosen Beiseiteräumen vermeintlicher Hindernisse. «Eine geheimnisvolle Bedrohung hat sich formiert. Jemand will die Macht an sich reißen. Ganz auf sich allein gestellt, sind Sie die letzte Hoffnung der übrigen Welt. Stoppen Sie die üblen Machenschaften der Wölfe, bevor es zu spät ist. Kämpfen Sie im teambasierten Mehrspieler-Modus und tragen Sie Ihre eigenen Gefechte aus. Wer wird die Schlacht für sich entscheiden? Es wird Zeit!», lautet die Mission aus «Return to castle Wolfenstein», dem Ego-Shooter, der seit November 2001 in Deutschland nach etwa zehn Jahren neu vertrieben wird und den Robert Steinhäuser in dieser Zeit pausenlos spielt.

An den Nachmittagen ist er auch oft auf der Schießanlage «Geiersberg» in Elxleben. Dort gibt es einen, der ihn auf Hochleistung trimmt, erzählt er einem Freund. So richtig geilen Unterricht kriegt er da. Vor allem die Sache mit den Großkalibern, dafür lohnt es sich, hochzurüsten. Und im Laufen gezielt schießen, das absolute Highlight. «Ihre Vitalität wirkt sich stark danach aus, wie schnell Sie sich bewegen können», und weiter im «Wolfenstein»-Text: «Standardmäßig werden Sie in diesem Spiel immer rennen. Das Laufen ist deutlich langsamer als das Rennen, aber Sie können so unbemerkt bleiben und Türen vorsichtig öffnen.»

Robert Steinhäuser will das Maximum. Extremen Kampfsport, der ein Objekt im Handumdrehen zur Kampfzone macht, ein Training, das ihn auf den großen Showdown ausrichtet. Freunden erzählt er, dass er oben auf dem Steiger, dem ehemaligen NVA-Gelände, dauernd im Wald mit der Pumpgun trainiert. «Da war kein Stolz im Ton, als er das sagte. Das hatte eher was völlig Normales.» Der Teenie-Schütze, mit seinem hoch spezialisierten Aufbauprogramm, seinem monatelangen Home-Training, der das Spiel seines Lebens plant. «Sie müssen bis in die obersten Ebenen der Wolfssekte vorstoßen und gegen die wohl furchtbarsten Kreaturen aller Zeiten kämpfen und bestehen», so die «Wolfenstein»-Anleitung. Dazu gibt es noch ein paar «Tipps und Tricks» gratis: «Genießen Sie nicht zu sehr die Landschaft. Man kann den Feind und das eigentliche Missionsziel schnell aus dem Augen verlieren.» Das geschieht Robert Steinhäuser nicht, er lässt sich nicht mehr beirren. Sein Vorsatz steht, der Plan ist ausformuliert, der Einsatzort klar, die Details sind für den Tag X aufgestellt. «Return to castle Gutenberg» läuft. Und bei alldem ist da noch etwas: Jene merkwürdige Euphorie beim Aufladen des Körpers, es fühlt sich an wie Stärke, es ist Macht.

Doch je mehr Robert Steinhäusers Plan Gestalt annimmt, je mehr die destruktive Gewalt der Video-Bilder bewusst in Dienst genommen wird, je mehr sein Herz zur Mördergrube wird und sein Körper auf Hochtouren läuft, umso nötiger scheint das alltägliche Zusammensein mit den Freunden. Die brachialste Kunst der Täuschung, die man sich vorstellen kann. Oder die Suche nach Verbündeten, die das gigantische Ding mit ihm gemeinsam drehen? Was Robert Steinhäuser ganz sicher braucht, ist Ablenkung. Wie sonst über Wochen den Druck bannen, sich von der dauernden Isolation entlasten, die Zeit bis zum Kampf rumbringen? Ein paar Bier, Drugs, Disco Centrum, diverse Kneipen, Fantasy-Computerspiele, Video Buster, Café Marathon, Kino. Welche Art Zerstreuung bevorzugt ein Exekutant?

Vor allem aber sucht er Kumpane. «Ihr Team muss reibungslos funktionieren wie eine gut geölte Waffe. Wie gut arbeiten Sie zusammen, wenn eine schier unlösbare Mission vor Ihnen liegt? Finden Sie es heraus, und nun viel Glück!» Die Suche nach Mitstreitern scheint schwierig und nicht ohne Drohung abzugehen. Ein Freund berichtet laut späterer Vernehmungsakte: «So wie es mir meine Freundin schilderte, war S. so verängstigt durch Robert Steinhäuser, dass er nicht mehr zur Schule wollte. Das habe ich häufiger auch von anderen Seiten gehört.» Eine andere Stimme ergänzt: «Er hatte Angst, wegen Robert zur Schule zu gehen. Am liebsten hätte er die Schule gewechselt. Steinhäuser soll häufiger gesagt haben: Er lasse sich das nicht gefallen. Er würde sich rächen. Er würde sie alle umbringen.» Eine Freundin bestätigt: «Ja, Robert hatte Probleme mit den Lehrern. Er schimpfte oft auf sie. Da fielen schon Sätze wie ‹Die müsste man alle erschießen›. Das hat aber keiner ernst genommen. Irgendwann wurde im Freundeskreis auch mal geflachst: Der Steini läuft bestimmt mal Amok an der Schule! Aber das war nichts, was man ernst genommen hätte.»

Die Geschichte von Robert Steinhäuser als isoliertem

Einzelgänger ist jedenfalls eine spätere Mär. Einzelgänger ist er zu keinem Zeitpunkt gewesen. Ein naher Freund erzählt über die Zeit bis zum April 2002: «Wir gingen zusammen in Kneipen, ins Kino oder auch ins Konzert. Ich habe mit ihm Computerspiele gespielt oder auch welche bei ihm ausgeliehen, da ging es nicht nur um Gewalt.» Eine ehemalige Mitschülerin erinnert sich: «Ich sah Robert Steinhäuser dann nach seinem Rausschmiss häufiger in der Stadt, das ist ja im Grunde unumgänglich, er war nie allein, er hatte immer Freunde um sich.»

Es kommt die Zeit der schriftlichen Abiturprüfungen. Das erste und zweite Leistungsfach ist geschrieben, demnächst steht die letzte Schriftliche an. Den Freunden erzählt Robert Steinhäuser, dass er am Edith-Stein-Gymnasium alles im Griff habe, es laufe gut da. «Ich war bei Robert, um mir eine CD auszuborgen. J. war auch bei ihm. Wir redeten noch ein bisschen, nebenbei lief der Fernseher. Wir fragten ihn über seine Prüfungen, ob er es schafft – er sagte, er wird es schaffen, es ist alles o.k. Sein Verhalten war ganz normal», so ein Freund, der ihn am 19. April 2002 zum letzten Mal sieht.

Es ist der Tag – genau eine Woche vor dem Massaker –, an dem sich Christel Steinhäuser im Kinderzimmer des Sohnes von einem ungewöhnlichen Gegenstand irritieren lässt: «Was ich bei ihm gesehen habe, war eine Reisetasche voller Munition. Das war am 19. 4. 2002. Ich bin mit dem Fuß gegen sie gestoßen. Sie stand in der Ecke bei seinem Fernseher. Wir sind am nächsten Tag in den Urlaub gefahren, deshalb habe ich mich nicht weiter darum gekümmert.» Die Äußerung wird nach Abschluss der Zeugenvernehmung vom 26. April 2002 durch die Mutter handschriftlich korrigiert: «Dass es Munition war, habe ich erst heute gesehen.»

Einige Zeit zuvor hatte der Physiklehrer Lutz Pockel einen privaten Drohanruf von einer ihm unbekannten weiblichen Stimme erhalten: Er sei unfähig, ein Idiot usw. Der Anruf wurde mit dem Satz beendet: «Merken Sie sich, wer Wind sät, wird Sturm ernten!»

Ergibt das Bibelzitat eine Parallele zum «Wolfenstein»-Spiel?, fragt Elsa. Denn mit dem Satz «Möge das Schicksal den Sturm ewig bändigen!» schwört König Heinrich I. im Spiel die späteren Missionare ein. Wie auch immer, der verstörte Lehrer wendet sich nach dem Anruf an die Schulleitung. Dort weiß man sich keinen Rat und lässt es auf sich beruhen.

Der Sekretärin Anneliese Schwertner ergeht es laut schulinterner Aussagen ähnlich: Am 24. April 2002, zwei Tage vor dem Massaker, soll sie einen Anruf von einem Mitglied der Familie Steinhäuser erhalten haben: Erregt weist die Stimme darauf hin, dass Robert Steinhäuser in Kürze Schreckliches an der Schule plane. Sie bittet darum, unbedingt Sicherheitsvorkehrungen zu treffen. Die Sekretärin soll den verstörenden Anruf umgehend der Direktorin gemeldet haben. Doch der gewöhnliche Schulbetrieb läuft reibungslos weiter.

Noch am Montag, den 22. April 2004, verabreden sich fünf Freunde und Robert Steinhäuser abends um 20 Uhr, um gemeinsam zum Petersberg zu gehen. Robert Steinhäuser und sein bester Freund sondern sich dann aber ab, sie wollen in den Luisenpark. Eine Freundin erzählt: «Gegen 22.30 Uhr kamen die beiden wieder zu uns. Es wurde dann kalt, und so sind wir zu mir nach Hause gegangen. Dort haben wir noch Musik gehört, Bier getrunken und uns Döner geholt. Es wurde dann ein richtig lustiger Abend.» Am 24. April 2002 sucht Robert Steinhäuser einen anderen Freund auf. Vor zwei Wochen, beim Kauf eines neuen Videorecorders, hatte er sich Geld bei ihm geborgt. Jetzt will er es zurückgeben.

Über den Abend des 25. April 2002, es ist der Vorabend der Tat, berichtet der beste Freund von Robert Steinhäuser: «Ich bin so gegen 17 Uhr bei Robert zu Hause eingetroffen. Dort haben wir etwa bis 20.30 Uhr ferngesehen, keine Videos, sondern die Simpsons und was sonst so lief. Dann nahmen wir uns ein Bier aus Roberts Vorrat und gingen in den Luisenpark. Es war schönes Wetter an dem Tag, und wir setzten uns einfach irgendwohin und erzählten. Wir haben über alles Mögliche geredet, wie immer. Gegen halb elf Uhr sagte Robert, dass wir jetzt gehen sollten, da er morgen eine Prüfung hätte. Er hat sich mit ‹Tschüss, bis morgen!› verabschiedet. Nichts deutete darauf hin, dass wir uns nicht wieder sehen oder gar, dass etwas Besonderes bevorsteht.»

Nochmal, wo ist der Krieg?

«Lass mich bis neun schlafen, ich gehe heute erst später los.» Es ist kurz nach halb acht, am Morgen des 26. April 2002. Robert Steinhäuser soll heute seine Englischprüfung schreiben. Die Mutter weiß, dass es so früh bei ihm dauern kann, also versucht sie es mit dem Wecken deutlich vor der Zeit. Nach dem Bad spielt der Sohn in seinem Kinderzimmer schnell noch eine Runde «Quake», einen Ego-Shooter der Sorte «Wolfenstein»: schießen, schießen, schießen, und zwar auf alles, was sich bewegt. Aus dem Zimmer des Sohnes schallen demnach die üblichen Ballergeräusche. Dann schlurft Robert Steinhäuser in die Küche. Zum Frühstück gibt es Kaffee und Salami-Brötchen. Als er los will, ist seine schwarze Jacke partout nicht greifbar. Er brüllt kurz, und siehe da: Die Jacke lässt sich finden.

Zehn vor zehn. Fertig zum Gehen. Der Vater steht an der Tür: «Jetzt geht's um die Wurst, streng dich an!» Mit demonstrativer Geste zieht er den Jüngsten fest an sich heran. Der dreht sich weg und verlässt die Wohnung. Schon fünf Minuten später ist der vermeintliche Abiturient jedoch zurück, er hätte seine Stifte vergessen, gibt er an. Tatsächlich will er seine Mord-Ausrüstung holen.

Doch die Eltern, die zu Real wollen – es ist Freitag, Zeit für den Wochenendeinkauf –, sind immer noch da.

Sein Vorhaben verzögert sich. «Robert war ein paar Minuten in seinem Zimmer. Als er wieder rauskam, hatte er nichts in der Hand», sagt die Mutter aus. Er muss ein zweites Mal zurückkommen. Den dritten Anlauf in die Schule, nun mit dunklem Rucksack auf dem Rücken, beobachtet die Großmutter von ihrem Fenster aus, ein Stockwerk tiefer. Mittlerweile ist es 10.35 Uhr, das Abitur läuft seit 8 Uhr, in einer knappen Stunde ist es vorbei. Nur im Fach Deutsch wird eine Stunde länger geschrieben.

Die etwa 800 Meter entfernte Schule erreicht Robert Steinhäuser reichlich zehn Minuten später und betritt sie durch den Haupteingang. Dort stößt er auf den Hausmeister Uwe Pfotenhauer, der später sagt: «Ich brachte am Morgen die Duden in die Prüfungsräume der Abiturienten, es war ein ganz normaler Tagesbeginn. Circa Viertel vor elf traf ich im Flur des Erdgeschosses einen Schüler, der mich ansprach und fragte, ob Frau Alt im Haus sei. Ich sagte ja, aber sie wird für dich heute nicht zu sprechen sein. Dies bezog sich auf die stattfindenden Abiturprüfungen. Er antwortete mir in etwa: Das werden wir ja sehn! Danach ging er in Richtung Toilette im Erdgeschoss.»

Der Hausmeister erkennt den Schüler nicht. Er hätte ihn ansonsten des Hauses verwiesen, wie es in solchen Fällen üblich ist. Nach dem kurzen Gespräch geht der Hausmeister ins Sekretariat, um mit der Schulsekretärin und der stellvertretenden Direktorin, die gerade von der Abituraufsicht zurückgekommen ist, einen Kaffee zu trinken. Der Tag zwischen den dreien beginnt für gewöhnlich auf diese Weise. Man kann sich kurz absprechen, heute ist Prüfung, vielleicht ist noch irgendwas zu klären. Ein paar Minuten später geht der Hausmeister die wenigen Meter den Gang hinunter in seinen kleinen Arbeitsraum.

Aus dem Jugendlichen mit schwarzer Jacke, der soeben noch bei Herrn Pfotenhauer Auskunft erbat, wird auf der Herrentoilette im Erdgeschoss binnen drei Minuten ein Ninja-Kämpfer mit gestrickter schwarzer Wollmaske, schwarzem langärmligem Sweatshirt, am rechten Bein oberhalb des Knies befestigt er ein schwarzes Oberschenkel-Holster, dazu trägt er schwarze Fingerhandschuhe. Die schwarze Cargohose und derbe, schwarze, halbhohe Lederschuhe hatte er bereits an, als er die Schule betrat. In der Toilette bleiben der Rucksack, die schwarze Jacke und eine Tasche mit 500 Schuss Munition zurück, auch sein Zuckerrohrmesser und das Langwaffenfutteral.

Um 10.58 Uhr ist Robert Steinhäuser, mit Pumpgun auf dem Rücken und Pistole Glock 17 in der Hand, auf direktem Weg zum Sekretariat unterwegs, das sich im Parterre im Bereich der Südtreppe befindet. Auf dem Flur steckt er das Magazin in die Pistole und lädt einmal kurz durch. Kurz darauf klingelt er. «Ich sah einen schwarz maskierten Mann zum Sekretariat gehen. Er trug eine Waffe in der Hand. Sie war schwarz. Zum Material kann ich nichts sagen, sie war aber in jedem Fall kleiner als die Flinte meines Opas. Ich hörte den Summer des Sekretariats, und die Tür wurde nach außen aufgemacht. Wer ihm da öffnete, konnte ich nicht erkennen, vermutlich die Sekretärin. Die Person verschwand im Sekretariat.»*

* Dieses und alle folgenden Zitate in diesem Kapitel stammen aus den Protokollen der Zeugenvernehmungen.

Robert Steinhäuser durchquert den Vorraum und steht kurz darauf im Büro der stellvertretenden Direktorin Rosemarie Hajna, die am Schreibtisch sitzt. Er stellt sich vor ihr auf und eröffnet ohne Ankündigung das Feuer. Frau Hajna wird durch einen einzelnen direkten Kopfschuss getroffen. Ihr Oberkörper klappt nach vorn auf die Tischplatte, den Stift hält sie weiterhin in der Hand. Sie stirbt nur kurze Zeit später.

Der Maskierte dreht sich um, steuert vom Flur aus die Tür der Direktorin Christiane Alt an und rüttelt an der Klinke, sie ist verschlossen. In seinem Rücken spürt er die Schulsekretärin Anneliese Schwertner auf sich zukommen, wendet sich um und zielt. Zwei Schüsse. Die Vierundfünfzigjährige stürzt zu Boden und verblutet kurz darauf an einem Herzdurchschuss.

Schnellen Schrittes verlässt der Schütze das Sekretariat und zieht von nun an seine Wege durch die Schule. Es wird ein erbarmungsloser Exekutionsgang, die größte Mordserie in Deutschland nach 1945, eine unfassbare Blutspur. Frau Hajna und Frau Schwertner liegen tot im Sekretariat. Danach läuft er über die Südtreppe in den Flur des ersten Obergeschosses. «Der Maskierte ging an mir vorbei, ich dachte, er könnte zu einer der musisch-künstlerischen Klassen gehören. Ich schenkte dem Ganzen keine Beachtung.» Die meisten Schüler und Lehrer reagieren auf den Maskierten verzögert oder gar nicht. In der Schule ist man auf die Scherze der Abiturienten am letzten Schultag eingestellt, manche denken an eine Katastrophen-Übung, zudem sind die Handwerker im Haus. «Bei uns ist es in letzter Zeit immer sehr laut, bedingt durch Bauarbeiten.»

Vor dem Vorbereitungsraum 102 trifft der Vermummte auf den Physiklehrer Helmut Schwarzer und schießt dreimal auf ihn. «Ich sah, dass Herr Schwarzer die Tür des Raumes 106 mit dem Schlüssel verschloss. Als er über den Gang ging, achtete ich nicht so sehr auf ihn. Dann öffnete er die Tür des Vorbereitungsraumes, als der Typ mit der Pistole ihm in den Rücken schoss. Ich hörte es drei- oder viermal knallen und sah, dass Herr Schwarzer in die Knie sackte. Sein Oberkörper fiel nach hinten. Dann zuckte er mehrfach. Es lief gleich Blut aus seinem Mund.» Herr Schwarzer stirbt Minuten später an drei Brustdurchschüssen mit Verletzungen der Aorta und der Lunge.

Im Nachbarraum 101 gibt der Oberstufenleiter Hans-Joachim Schwertfeger im Kurssystem der 11c Physik. Er ist gerade dabei, etwas an der Tafel zu skizzieren. Eine Schülerin beschwert sich über den ungewöhnlichen Lärm im Haus. Durch den Krach ebenfalls irritiert, tritt er auf den Gang und kann gerade noch rufen: «Was soll denn das?» – «Als er den schwarzen Typen sah, nahm er beide Arme hoch über den Kopf. Der Typ stand noch immer auf derselben Stelle, von der er auf Herrn Schwarzer geschossen hatte. Ich sah, wie die Person mehrmals auf Herrn Schwertfeger schoss. Durch die Wucht der Schüsse bewegte sich sein Körper auf die Wand zu, dann fiel er um und rutschte mit dem Rücken an ihr herunter, bis er auf dem Boden lag. Es lag viel Munition um ihn herum. In der rechten Hand hielt er ein Stück Kreide. Seine Augen waren leicht geöffnet. Als wir kapierten, dass das kein Spaß war, rannten wir auf den Hof. Da war noch niemand. Vom Schulhof aus hörte ich Schüsse aus der zweiten Etage und unmittelbar danach, höchstens drei Sekunden später, aus der dritten

Etage. Die Schüsse waren unterschiedlich laut, aber der Knall hatte denselben Ton. Da wurde mir klar, dass es nicht nur einer allein sein kann.»

Im Raum 105 vertritt zu dieser Zeit der Physiklehrer Peter Wolff in der 9b den Klassenlehrer Lutz Pockel. Der ist für die Aufsicht der Abiturienten eingeteilt und sitzt oben in der Aula im vierten Stock. Herr Wolff behandelt in dieser vierten Stunde Bewegungsformen und beendet den Unterricht zehn Minuten vor der Zeit. Zwei Schüler verlassen den Raum, sie wollen schnell zu Bäcker Rüger, einer muss einen Besen holen, weil über die Stunde zahllose Papierschnipsel durch die Klasse geflogen waren und Herr Wolff nun entsprechend Ordnung einfordert. Die Tür bleibt offen. Die anderen Schüler im Raum holen Bastelmaterial heraus, um noch schnell die Hausaufgaben für die sechste Stunde zu machen, da haben sie Kunstunterricht bei Birgit Dettke.

Vom Flur aus sind laute Geräusche zu hören. Herr Wolff ist beim Einpacken der Kreide, er findet es draußen zu laut, wendet sich zur Tür und ruft: «Was ist denn hier los!» Die Tür wird von außen geöffnet, in ihrem Rahmen steht eine maskierte Person, zieht mit der Pistole einen weiten Bogen über die Klasse, hält direkt auf den Lehrer zu, schießt dreimal und verschwindet wortlos. Einige Schüler der Klasse hören zeitgleich Schussgeräusche auf dem oberen Flur. Herr Wolff taumelt, stützt sich auf die Seitenkante der äußersten Schulbank. «Er sah so aus, als ob er sich hinlegen wolle. Er lag dann quer vor der Tür und legte seine Hände auf die Brust. Herr Wolff blutete im Bauch- und Brustbereich. Wir sprachen ihn an, er sagte, dass es ihm gut gehe, und forderte uns auf, uns ruhig zu verhalten. Er lag auf dem

Rücken, wir sahen ihn atmen. Er war noch über eine Stunde ansprechbar.»

Der Schütze nimmt erneut die Südtreppe, läuft in den zweiten Stock, betritt den mit Schülern besetzten Raum 205 und sieht sich um. «Eine männliche Person, schwarz gekleidet und mit Sturmhaube, betrat den Klassenraum, guckte sich um und verließ ihn ohne einen Ton wieder.» Der Schütze findet dort keine Lehrer vor, läuft weiter zum Durchgangsraum 204/210 und ballert vor ihm wahllos in ein Spindfach. Dann steht er in dem Raum, er ist fast leer. Die meisten Schüler haben ihn bereits verlassen, es ist kurz vor Stundenende.

«Meine Freundin erzählte, dass der Täter unseren Unterrichtsraum 204 durch die Tür aus Richtung nördlicher Treppe betrat. Er hatte eine Basecap auf. Da der Mann, den ich gesehen habe, die andere Tür benutzte, muss es zwei Täter geben.» Die Schüler, vollkommen schockiert, versuchen, in das untere Stockwerk zu gelangen. Die nicht mehr wegkommen, drängen sich im Flur. «Wir standen mit dem Rücken dicht an der Wand und hielten uns an den Händen. Wir sagten nichts, wir taten nichts, wie schrien nicht. Wir standen einfach fassungslos da.»

Der Schütze sieht die Deutschlehrerin Gabriele Klement, die mit Büchern in der Hand gerade dabei ist, das Klassenzimmer 204/210 abzuschließen. Er stößt heftig gegen die Tür, dreht sich und schießt aus 30 Zentimeter Entfernung fünfmal auf sie. «Frau Klement hat richtig laut gelacht und ist einfach nach hinten umgekippt. Das konnte ich durch den Spalt in der offenen Tür sehen. Aus ihrem Mund und ihrer Nase floss Blut, doch wir dachten, es sei alles Spaß, und das Blut sei künstlich.

Gleichzeitig roch es nach verbranntem Schießpulver wie Silvester oder bei Chinaböllern. Sie zitterte noch etwas und bewegte sich dann nicht mehr.» Gabriele Klement stirbt nur Minuten später an einem Lungendurchschuss.

Etliche Schüler der unteren Klassen irren mittlerweile in der Schule herum und suchen nach Fluchtwegen. «Als wir in der zweiten Etage ankamen, sahen wir von der Treppe aus eine Person vor Raum 210 auf dem Boden liegen. Sie lag in der Nähe der Tür. Wir sind aber weiter die Treppe von der zweiten in die dritte Etage nach oben gelaufen und wollten über den Flur der dritten Etage zur Südtreppe und wieder nach unten. Als wir auf dem Flur der dritten Etage ankamen, stand genau vor den Toiletten eine weitere uns unbekannte Person. Janine, die vor uns lief, blieb stehen. Daher sahen wir alle in diese Richtung. Die Person lud gerade eine Pistole nach. Er war größer und schlanker als der in der zweiten Etage, auf der linken Brust hatte er ein sternähnliches gelbes Zeichen, er trug eine Pistole, aber keine Pumpgun.»

Unten im zweiten Stock stürmt der Maskierte von Raum 204/210 in den nächsten, es ist die 211, in dem die Französischlehrerin Yvonne-Sofia Fulsche-Baer an der Tafel steht. «Sie wollte gerade die Hausaufgaben an die Tafel schreiben, als in kurzer Folge hintereinander drei laute Knalle zu hören waren. Frau Fulsche-Baer sagte nur, dass es bestimmt irgendwelche Spinner sind, und wir sollten nicht hinhören. Ich erinnere mich noch, dass die Tür einen kleinen Spalt offen war, weil es zu warm war. Plötzlich wurde sie aufgerissen und eine völlig schwarz bekleidete Person stand da. In der Hand trug sie einen Gegenstand, wie ich fand, für eine Pistole zu groß. Die Person sah sich um, klappte die Tafelseite zurück, da ihr die Sicht versperrt war, stellte sich breitbeinig vor unsere Lehrerin und schoss aus zwei Meter Entfernung fünfmal mit beiden Händen. Zu diesem Zeitpunkt dachte ich noch, dass es ein Scherz ist. Als ich aber sah, dass Frau Fulsche-Baer in sich zusammensackte, duckte ich mich reflexartig unter die Schulbank. Niemand sprach, niemand schrie, weder der Mann noch Frau Baer, noch wir Schüler. Es war alles so unwirklich und ging wahnsinnig schnell. Meine beste Freundin kam dann zu mir, mit einem verkrampften Gesichtsausdruck, und sagte Scheiße.»

Der unmittelbar gegenüberliegende Raum ist die 208, der Unterricht der 8c ist dort beendet. Die Französischlehrerin Marion Weber steht noch mit einigen Schülern um den Lehrertisch, als sie einen riesigen Knall auf dem Gang hört. «Der Lautstärke nach hätte es mindestens ein Schrank sein müssen, der umfällt. Ich ging zur Tür, sah raus und roch Rauch auf dem Gang. In etwa vier Meter Entfernung sah ich einen Mann stehen. Er sagte kein Wort. Er bewegte sich dann in Richtung Nordtreppe, drehte sich halb nach mir um und sah mir direkt in die Augen. Ich ging zu meinem Tisch zurück und regte mich über den Mann auf, weil ich dies alles für einen üblen Scherz hielt.» Kurz darauf sieht der Maskierte durch die geöffnete Tür, dreht sich um und läuft wieder links in Richtung nördliche Treppe. Die schmale Marion Weber hat der Täter offenbar nicht als Lehrerin ausgemacht. Die verbliebenen Schüler fordern sie nunmehr dringlich auf, die Tür zuzuschließen.

Der Schütze geht den Weg in Richtung Nordtreppe weiter und kommt am unmittelbar danebenliegenden

Raum 207 vorbei. Dort hat die Deutschlehrerin Silke Rose ihren Unterricht in der 5a beendet und den Raum verlassen. Die Schüler sind ebenfalls am Gehen, als sich die Tür von außen öffnet und «ein Ninja-Krieger» seine vorgehaltene Waffe betont langsam durch den Raum schwenkt. «Na, bleibt nur schön drin», droht er den Fünftklässlern. Die Tür schließt sich. Die fliehenden Schüler nehmen auf dem Gang einen kurzen Wortwechsel «zwischen dem Schützen und einem gleichfalls schwarz Maskierten auf: ‹Was machen wir mit den Wänstern?› – ‹Darum kümmern wir uns später!›» Darauf hören die Schüler «die Antwort der ersten Stimme: ‹Jetzt ist doch eh alles egal!›».

Alles egal? Die Klassen ohne Lehrer irritieren den Schützen. Die Flure entlangkommen, die Türen öffnen, den Feind stellen und wortlos erledigen: in seinem Plan hatten diese Schritte eine unabänderliche Folge. Doch seine Art Guerilla-Krieg ohne einen einzigen handlungsfähigen Feind – niemand, der ihm in die Quere käme oder gar reagieren könnte, das Gebäude und die Menschen darin sind für die Zeit, die er zum Morden braucht, vollständig sein Eigentum – entgleitet ihm. Das perfekte Verbrechen sollte es werden: Heimtücke als Überraschungscoup, als spektakulärstes Heimspiel, das ihn in der Welt berühmt machen würde. Alles war ungeheuer strategisch gedacht und kaltblütig vorbereitet, das Programm hinreichend trainiert, bis es irgendwann fest in seinem Körper saß.

Doch nun kommt ihm was denkbar Simples dazwischen: Die einsetzende Pausensituation bringt seinen erbarmungslosen Frontalangriff durcheinander. Die Lehrer mit gezielten Schüssen vor ihren Klassen hinzurichten wird von Minute zu Minute schwieriger. Die Situation auf den Gängen wird unübersichtlicher. Die Räume werden von innen verschlossen, die Lehrer, die die Gefahr erkennen, verstecken sich oder versuchen, mit ihren Schülern zu entkommen. Die Steuerung des Programms läuft aus dem Ruder, doch sie kann nicht stoppen. Der kippende Krieg geht schonungslos weiter.

Der Schütze eilt über die Nordtreppe in den dritten Stock und betritt den Raum 307, in dem die Geschichtslehrerin Heidrun Baumbach in der elften Klasse ihre Stunde über die Antike soeben beendet hat. Auch hier verlassen die meisten Schüler schon die Klasse. Frau Baumbach sitzt am anderen Ende des Raumes hinter dem Lehrertisch. «Ich sah etwa von Raummitte aus in der Tür eine kräftige, schwarz gekleidete Person stehen. Sie bewegte sich an mir vorbei zum Lehrertisch. Es knallte fünfmal, Frau Baumbach riss die Hände an ihre Brust, starrte mit verwundertem Blick und fiel der Länge nach hin. Dabei verdrehten sich ihre Beine sehr unnatürlich.» Die Lehrerin stirbt sofort. Der nun achtfache Killer dreht sich tonlos um, wechselt im Herausgehen das erste Mal sein leeres Magazin – insgesamt hat er sieben bei sich –, das laut zu Boden fällt.

Es ist 11.04 Uhr. Per Handy erreicht die Polizei der erste Notruf: «Hallo, wir sind am Gutenberg-Gymnasium. Hier wurde gerade ein Lehrer erschossen. – Was? – Wir haben jetzt alle Angst. Machen Sie was! – Wo sind Sie denn jetzt? – Weiß nicht, welche Etage sind wir? – Was, ein Mann schießt? – Ja. – Ist der noch da? – Wissen wir nicht. – Wisst ihr nicht? – Wie ist denn dein Name? – Erik Dietrich. – Gut, wir kommen.» Erik Dietrich ist Schüler der Klasse 9b, in der vor drei Minuten der Mathelehrer Peter Wolff tödlich verwundet wurde.

Eine Minute nach dem abgegebenen Notruf ist die Erfurter Polizei per Funk alarmiert: «11 an die Elster. Sofort Gutenberg-Gymnasium. Dort soll eine Straftat passiert sein. – Ich komme gleich über Draht. – Was genau, wissen wir nicht. – Sofort Wagen Gutenberg-Gymnasium. – Moment nochmal, wo ist der Krieg? – Gutenberg-Platz. – Was, Gutenberg-Platz? – Ja. Na gut. Soll ich da auch raus? Ja, alles raus, was zur Verfügung steht. – Genauso sieht's aus. – Das soll immer noch im Gange sein. Also äußerste Vorsicht. – Jawohl, sperr ab. – Ja, in der zweiten Etage soll eine verletzte Person liegen. – Wie gesagt, der Täter ist noch im Objekt und führt sein Handeln durch. – Alles klar.» Es ist auch die Minute, da der Hausmeister im Sekretariat seinen ersten Notruf absetzt.

Aus Raum 307 kommend, läuft der Schütze den Flur entlang. Im Zimmer 308 hat Frau Roschke in der Klasse 6b gerade ihren Mathematikunterricht beendet und den Raum verlassen. Auf dem Flur begegnet sie einem Vermummten mit einer Waffe in der Hand und fragt ihn, was los sei. «Er sah sie kurz an, sagte nichts und ging weiter. Der Mann ging dann in Raum 308.» Dort war die Tür offen geblieben. «Eine schwarz maskierte Person steckte kurz den Kopf durch die Tür, ohne sie komplett zu öffnen, sah sich in unserem Raum um und verschwand wieder.» Der Vermummte zieht danach, mit Waffe im Anschlag, den Flur weiter. Er ist auf der Suche, doch wieder trifft er auf einen Raum ohne Schüler und ohne Lehrer: «Er kam zur 309, öffnete die Tür und schaute hinein. Dort befand sich niemand. Er machte die Tür wieder zu und ging zum Durchgangsraum 304.»

Eine fünfte Klasse hat dort Geschichtsunterricht. Die Studienreferendarin Carla Pott vertritt in dieser Stunde die Geschichtslehrerin Frau Seidel, sie ist erkrankt. Für die Referendarin ist es die erste Stunde in der Klasse. «Gegen Ende haben wir noch ein Spiel gemacht, ich glaube Stille Post. Plötzlich gab es laute Geräusche. Frau Pott sagte, dass da bestimmt wieder jemand an den Spinden herumhantiert. Jemand riss die nördliche Raumtür auf, und eine schwarz vermummte Person stand in der Tür. Etwa in Raummitte hob er die rechte Hand, zielte mit einer Pistole auf Frau Pott, und es knallte. Sie wandte sich der vermummten Person zu und sprach sie an. Sinngemäß sagte Frau Pott, was das denn solle, und brach zusammen. Wir hörten ihre Hilferufe. Der Mann ging zu ihr, blieb etwa vier Meter von ihr entfernt stehen, zielte auf sie und schoss zweimal kurz hintereinander. Dann drehte er sich nach rechts und verließ den Raum durch die südliche Ausgangstür. Frau Pott hatte an dem Tag eine grau-braune Weste an. Auf der linken oberen Seite, der Herzseite, hatte sie ein Loch in der Weste. Das Loch war ausgefranst. Ihre Augen waren offen, der Bauch hat sich nicht mehr bewegt.» Carla Pott, die einzige Westdeutsche unter den Opfern, stirbt unmittelbar danach an einem Herzdurchschuss und einem Hirndurchschuss durch das linke Auge.

Die Biologielehrerin Heidemarie Sicker beaufsichtigt zusammen mit dem ehemaligen Stammkursleiter von Robert Steinhäuser, Herrn Koch, in Raum 303 den Abi-Biologiekurs, als es ihr reicht und sie vom Lehrertisch aufsteht. So geht das nicht, es ist für eine Abiturprüfung zu laut da draußen! «Als er aus dem Raum 304 kam, ging die Tür vom Raum 303 auf, und die Biologielehrerin

Frau Sicker stand in der Tür. Sie winkte mit der Hand vor der Stirn und zeigte uns eine Scheibe. Sie dachte vermutlich, dass wir so laut sind. Im Raum 303 wurde eine Abiturarbeit im Bio-Kurs geschrieben, und an der Tür stand: ‹Bitte nicht stören!› Frau Sicker rief so was wie ‹Mensch!›, in dem Moment sah ich ihr Gesicht. Der Schwarze hatte seinen Arm mit der Waffe ausgestreckt und den Arm in Gesichtshöhe gehoben. Der Abstand zwischen der Waffe und dem Kopf von Frau Sicker betrug etwa 30 Zentimeter. Ich stand genau hinter ihm. Er drückte einmal ab und traf sie genau in den Kopf, direkt über dem Brillenbügel. Durch den Rückstoß fiel sie zurück und schlug mit dem Kopf auf den Boden. Ich sah Blut aus ihrer Nase schießen und den Rauch aus der Pistole. Die Kugel trat aus dem Hinterkopf wieder aus und bohrte sich durch eine Fensterscheibe.»

Im Raum entsteht sofort Chaos. Herr Koch versucht, die verstörten Abiturienten zu beruhigen. Eine Schülerin, die sehr nah an der Tür sitzt, als der Schuss fällt, rennt nach vorn, zu Herrn Koch, um sich in Sicherheit zu bringen. «Ich war ja dem Täter am nächsten. Nachdem sich die erste Aufregung gelegt hatte, sprach ich mit Herrn Koch über den Täter. Ich hatte seine Augen gesehen. Die Augenlöcher der Maske waren ziemlich groß. Ich vermutete, dass es Robert Steinhäuser war. Er hat letztes Jahr im Ethik-Kurs neben mir gesessen, ehe er von der Schule flog.»

Der Schütze läuft nach rechts über den Flur in Richtung Biologie-Unterrichtsraum 301. Der fünfundvierzigjährige Lehrer Hans Lippe hat dort in der 10b, die in der nächsten Stunde Mathematik bei Herrn Schwarzer hätte, gerade eine Arbeit schreiben lassen und will soeben den Raum verlassen, als der Maskierte vor ihm steht und, ohne einen Moment innezuhalten, viermal auf ihn schießt. «Ich sah Herrn Lippe zwischen dem Lehrertisch und der ersten linken Bankreihe liegen. Er blutete im Kopfbereich. Unter seinem Kopf war eine Blutlache. Er hatte seine Beine angezogen. Ich beugte mich über ihn. Er war ansprechbar und lag auf dem Rücken. Ich sah Einschusslöcher im Bereich des Bauches und der Brust. Nur Sekunden nachdem die Person durch das südliche Treppenhaus nach unten verschwand, tauchte eine andere, genauso gekleidet, vor den Toiletten gegenüber den Räumen 307 und 308 auf. Sie war auch vermummt.»

Der Schütze läuft über die Südtreppe in den zweiten Stock zurück, ohne den vierten Stock aufgesucht zu haben. Oben in der Aula schreiben seine Freunde ihr Abitur. «Als ich dann auf der Treppe nach unten lief, kam die maskierte Person von hinten und ging rechts an mir vorbei. Ich fragte laut: Ist das normal, dass ich jetzt taub bin? Der Mann nickte. Er ging an mir vorbei, klopfte mir zwei-, dreimal auf die Schulter, so in der Art: Ist ja alles in Ordnung. Die Person ging dann vor uns die Treppe weiter nach unten.»

Um 11.25 Uhr gibt ein Schüler aus Raum 301 einen weiteren Notruf an die Polizei ab: «Ja, hier nochmal das Gutenberg. – Ja. – Eh, ich habe jetzt nur mal ’ne Frage. Hier draußen ruft ein Lehrer um Hilfe. – Ja. – Er ist angeschossen worden. Können wir jetzt rausgehen und wenigstens Erste Hilfe leisten? – Nee, ihr bleibt im Klassenraum, und die Tür wird verbarrikadiert, bis sich die Polizei bemerkbar macht. – Alles klar!» Der stämmige Herr Lippe schleppt sich, schwer verletzt, über die Südtreppe nach unten. Über eine ganze Stunde hören viele in den Schulräumen verbarrikadierte Schüler seine Schreie. Sie werden immer leiser. Auf dem Treppenaufsatz zwischen dem ersten und zweiten Obergeschoss reichen seine Kräfte nicht mehr. Kurz nach dem Eintreffen der Notärztin stirbt er.

Noch auf der Südtreppe, kurz vor dem zweiten Stock, stößt der Schütze auf die in der geöffneten Tür stehende Lehrerin Monika Burghardt und schießt sie an. Sie versucht, sich durch die Durchgangstür in den Chemie-Vorbereitungsraum 202 zu retten. «Als sie an der Tür war, stand der Vermummte direkt vor ihr. Sie wollte noch nach dem Türblatt greifen, drehte sich aber, als sie ihn sah, sofort mit ihrem Oberkörper in unsere Richtung und stand demzufolge mit dem Rücken zum Täter. Er schoss sofort. Ich habe noch ein Stöhnen von ihr gehört, dann brach sie zusammen und blieb liegen.» Sieben Schüsse gibt er auf Frau Burghardt ab. Sie stirbt nur Minuten später an schweren Verletzungen der Lunge und des Herzens.

Der Schütze durchquert den Raum 202 in Richtung Flur, passiert erneut den Durchgangsraum 204/210 in Richtung Nordtreppe und wechselt dort zum zweiten Mal das Magazin. An der Tür des Raumes 208, in dem sich Schüler der 8c eingeschlossen haben, wird von innen aufgeregt geklinkt. Der Schütze bemerkt, dass die Tür verschlossen ist, baut sich vor ihr auf und schießt achtmal durch den Rahmen. «Wir standen an der verschlossenen Tür. Ein Mitschüler, Ronny, wollte ständig den Raum verlassen, um zu rauchen. Er sagte noch, wenn etwas passiert, beschütze ich euch. Kurz danach wurde durch die verschlossene Tür geschossen. Ronny fiel nach hinten und hat noch ‹Aua› geschrien. Ich und Susann standen am Lehrertisch, sie etwas seitlich von mir. Susann wurde getroffen und fiel zu Boden. Ronny war ganz bleich im Gesicht, seine Lippen wurden blau. Susanns Rücken und Brust waren voller Blut. Eine dritte Schülerin, Steffanie Thein, wird durch einen Wadensteckschuss verletzt. Ihre Hose färbte sich ganz rot.» Der fünfzehnjährige Schüler-Punk Ronny Möckel stirbt nach zwei Schüssen infolge eines Herzrisses. Susann Hartung, ebenfalls fünfzehn Jahre alt, wird durch einen einzelnen Schuss verletzt. Ihre inneren Blutungen sind so stark, dass sie Minuten später stirbt.

Über die Nordtreppe läuft der Schütze vom zweiten Stock zurück in den ersten. In der Männertoilette links neben der Treppe vernimmt er Stimmen und schießt dort ebenfalls durch die Tür. Das Projektil verfängt sich im Rucksack eines Schülers, der sich auf die Toilette gerettet hatte. Der Schütze steuert jetzt den Raum 107 an, tritt die Tür auf, doch auch dieser Raum ist leer. In ihm hatte die Klasse 6c in der dritten und vierten Stunde eine Doppelstunde bei der Kunstlehrerin Dr. Birgit Dettke.

«Sie hat die Pause von der dritten zur vierten Stunde durchgemacht und demzufolge die vierte Stunde vorzeitig beendet. Frau Dettke und zwei, drei Schüler blieben noch im Raum, der Rest lief ins Erdgeschoss vor den Raum 10, wir hatten dort die nächste Stunde. Es ist der Raum unmittelbar gegenüber der Herrentoilette. Nach etwa zwei Minuten sah ich, wie ein schwarz bekleideter, vermummter Mann aus der Toilette kam. Die Tür flog auf und knallte gegen die Wand. Die Person lief über den Flur in Richtung südliches Treppenhaus. Sie rannte nicht, sondern lief nur schnell.» Es sind vor allem die

Schüler dieser Klasse, die im Eingangsbereich der Schule kurz vor 11 Uhr die Begegnung zweier Maskierter beobachtet haben wollen: «Kurze Zeit später, nachdem der schwarze Mann aus der Toilette gekommen war, kam eine männliche Person aus der südlichen Hoftür und lief im Erdgeschoss in Richtung Sekretariat. Sie begegneten einander, als der Schwarze erneut aus dem Sekretariat kam.»

Birgit Dettke hört, ähnlich wie ihr Kollege Rainer Heise, der im Nebenraum 108 soeben seine Stunde beendet, extrem laute Geräusche auf dem Flur. Er sagt aus: «Auf dem Gang kamen mir die ersten jüngeren Schüler entgegen. Jemand sagte: ‹Herr Heise, es stinkt!› Diese Schüler liefen noch normal schnell. Sie waren sich augenscheinlich keiner Gefahr bewusst. Die Schüler kamen in mehreren Schüben über die Treppe. Etwa beim dritten Schub waren dann größere Schüler dabei. Einer sagte: ‹Dort liegt einer und rührt sich nicht!› Der Nächste sagte: ‹Es läuft einer rum und schießt!› In dem Moment knallte es wieder. Jetzt realisierte ich, dass es sich um Schüsse handelte. Es gab für mich nur noch eins: Raus, raus ins Freie! Nun überstürzten sich die Schüler regelrecht und rannten nach unten. Ich rannte mit ihnen nach draußen.»

Die Schüler orientieren sich an dem stark gestikulierenden grauhaarigen Lehrer, der sie auf den Schulhof lotst. Birgit Dettke läuft ein ganzes Stück vor ihm ins Parterre, öffnet die Flügeltüren des rechten Ausgangs in Richtung Turnhalle und bringt ihre Schüler über den Hof zur Turnhalle. Die Halle erweist sich allerdings als keine gute Idee. Gerade sie könnte für die Fliehenden eine Falle bedeuten. Der Sportlehrer Herr Förster und die Kunstlehrerin fordern die Schüler also auf, über die Zäune zu fliehen. Als Birgit Dettke die Schüler endlich außerhalb des Geländes weiß, eilt sie zur Schule zurück, um noch weitere Schutzsuchende in Sicherheit zu bringen. «Auf dem Hof stand Frau Dettke und rief, ich solle wegrennen. Ich blieb aber stehen. Etwa eine Minute später kam der Täter aus der Tür, aus der ich gekommen war. Frau Dettke stand bei den geparkten Autos und sagte dann: ‹Oh!› Sie rannte zwischen die Autos und der Maskierte mit erhobener Waffe hinter ihr her. Dann hörte ich ihre Stimme: ‹Hilfe, Hilfe, warum hilft mir keiner!›»

Vorstoßen, kämpfen, bestehen, zerstören und dabei «reibungslos funktionieren wie eine gut geölte Waffe» – das ist Robert Steinhäusers Handlungsmodell aus der Spielanleitung für «Wolfenstein». Doch die Fluchtbewegungen, auf die der Killer zunehmend stößt, das Chaos auf den Gängen, die Schreie und hastenden Schritte, bringen seine Steuerung mehr und mehr durcheinander: Die Räume, vor denen er steht, sind mittlerweile entweder leer oder verschlossen, er konfrontiert und überrascht die gesuchten Lehrer nicht mehr, sondern wird immer mehr zum Jäger, die Zahl der Schüsse auf seine Opfer nimmt zu. Das ist der Augenblick, in dem er die fliehende Kunstlehrerin Birgit Dettke auf dem Hof ausmacht. Über mehr als ein Jahr war sie seine Seminarfachlehrerin, das Thema seiner nie geschriebenen Facharbeit: Extremsportarten. Vom ersten Stock aus folgt er ihr, steht schließlich auf den Stufen des Nordausgangs. Dort sieht er die Schüler über die Zäune springen, zwischen ihnen erkennt er die Lehrerin. Und lässt sie nicht entkommen. Birgit Dettke rennt zwischen die parkenden Autos, vielleicht zu ihrem eigenen. Der Maskierte verlässt das Gebäude, sein überschaubares Kampfgebiet, und tritt in dem Moment aus seinem Planspiel heraus. Die fliehende Lehrerin zwingt ihn, seine Strategie aufzugeben. Das macht ihn angreifbar. Das Modell Stählerner Krieger bricht für ihn endgültig weg.

«Ich war im Raum 203 und sah aus dem Fenster. Das lief ab wie ein Stummfilm. Ich habe keine Schüsse gehört, sah aber, wie der Vermummte auf Frau Dettke einschoss. Er stand etwa ein bis zwei Meter vor ihr, die schon am Boden lag, und schoss mehrmals auf sie. Frau Dettke lag hinter einem dunklen VW Lupo. Sie lag dort total verkrampft. Vielleicht war sie hingefallen. Ich konnte sehen, dass sie bei einem Schuss noch einmal zusammenzuckte. Ihre Arme waren ganz nah an ihrem Kopf, als ob sie sich schützen wollte. Dann lief Blut unter ihrem Körper hervor.» Von der oberen Treppe des Nordausgangs der Schule schießt der Maskierte der fliehenden Lehrerin in den rechten Oberschenkel, sie stürzt, liegt auf dem Boden, schreit um Hilfe. Er geht ihr nach, erreicht die liegende Frau, läuft im Kreis um sie herum, beugt sich direkt über sie und schießt ihr noch mehrfach gezielt in den Kopf. Birgit Dettke stirbt kurze Zeit nach der Hinrichtung an ihren schweren Kopfverletzungen.

Der Schütze hört auf dem Hof die Sirenen der stoppenden Polizeiautos. In direkter Schusslinie zwischen den parkenden Autos bemerkt er den links auf der Pestalozzistraße und somit reichlich hundert Meter entfernt stehenden Polizisten Michael Engelhardt, stellvertretender Dienstgruppenleiter an diesem Tag. Sofort drei Schüsse. Der Polizist erwidert das Feuer und gibt zwei

Schüsse ab, wirft sich zu Boden und geht in Deckung. Der Maskierte schafft es, sich in die Schule zurückzuziehen, gibt an der Eingangstür vier Schüsse in die Luft ab und verschwindet im Gebäude.

Um 11.08 Uhr werden über Kanal 256, eine polizeiliche Funkverbindung, Notarzt und SEK angefordert. Um 11.10 Uhr meldet sich der Polizist Andreas Gorski auf diesem Kanal: «Der Täter ist auf dem Hof und schießt. Ich hab auf dem Schulhof noch viele Kinder. Der ist schwarz maskiert und schwarz bekleidet. Ich sehe ihn momentan nicht. Ich hab die Fahrräder vor mir.» Eine Stimme antwortet: «Nicht verständlich, wo bist du? Andreas?» Nur Sekunden später antwortet Michael Engelhardt: «Der Täter schießt. Er hat auf Andreas geschossen. Polizisten unter Beschuss. Andreas ist verletzt. Wir brauchen einen Notarzt. – Der Täter befindet sich auf der ersten Etage am Fenster. – Wo?» Der Maskierte rennt über die Südtreppe bis zum ersten Treppenabsatz, öffnet dort das Fenster und schießt von dort auf den sich nähernden Polizisten Andreas Gorski, der versucht, sich an der Mauer zum Hof in Deckung zu bringen. Er trifft ihn, als sich der Polizist die Schussweste überzieht. Der Angeschossene überschlägt sich im Fallen, die Weste verrutscht, die nächsten beiden Schüsse auf ihn werden tödlich. Kurz darauf stirbt er an seinen Verletzungen der Lunge und des Herzens.

Die offensichtliche Schussbereitschaft des Maskierten und der auf dem Hof liegende, stark blutende Kollege Andreas Gorski lässt die Erfurter Polizei zögern. Um 11.12 Uhr, in dieser Minute fährt der erste Streifenwagen der Polizei am linken Seiteneingang der Schule vor, heißt es über Funk: «Wie sieht’s aus mit Sonderkräften?

– Elster, ich würde vorschlagen, die Schutzpolizei macht Außensicherung. – Ich geh da jedenfalls nicht rein. Ich warte auf die Sicherheitskräfte, Sondereinsatzkommando, MEK, SEK und so. – Es sind noch Schüler im Objekt. – Das ist mir auch klar. – Ich weiß nicht, wo sich der Strolch befindet. Wir sind völlig ohne Deckung. Wenn wir um die Ecke kommen und der uns erschießt, ist es auch nicht von Vorteil. – Alles klar.»

Doch auf dem Hof liegt die verletzte Kunstlehrerin Birgit Dettke, an der Südtreppe, sichtbar verletzt, der Polizist Andreas Gorski. Was in der Schule passiert, überschaut im Moment niemand. Es muss sofort gehandelt werden. Eine Funkstimme, offensichtlich in leitender Position, fordert dringend Koordinierung am Tatort: «Moment. – Nee, nicht Moment. – Ich bin jetzt hier am Einsatzort. Jetzt hören Sie mir zu: Sie schicken jetzt so viel wie möglich Kräfte her, und zwar geht's um eine weiträumige Absperrung. Die müssen Sie jetzt koordinieren. Nehmen Sie sich einen Stadtplan, nehmen Sie sich die Schule, nehmen Sie sich die Querstraßen. Schicken Sie alle verfügbaren Kräfte und koordinieren Sie, wer wo zu stehen hat! Sperren Sie die Straßen ab! Uns laufen die Fußgänger rein und der Fahrverkehr. – Und der Täter? – Größe um die 1,75 m, normal, schlank bis sportlich, alles schwarz. Wenn der sich allerdings einfach umzieht, war's das. – An alle eingesetzten Kräfte! Jede Person, die das Objekt verlässt, wird vorläufig festgenommen. Ich wiederhole: Jede Person, die das Objekt Gutenbergstraße verlässt, wird vorläufig festgenommen.»

Der Maskierte läuft nach den Fensterschüssen erneut in den Flur des ersten Obergeschosses und betritt den

Sackgassenraum 104. Dort sind die Handwerker bei der Arbeit und verlegen einen neuen Fußboden. «Plötzlich stand eine Person in komplett schwarzer Montur vor mir. Er stand genau zwischen Tür und Angel. Ich fragte, ob das hier ein übler Scherz sei. Daraufhin nahm die Person kurzzeitig seine Sturmhaube ab, und ich konnte darunter eine völlig verschwitzte männliche Person erkennen. Sie hatte eine Pistole in der Hand und sagte, sie wäre mal von der Schule verwiesen worden. Dann drehte sie sich um und ging.»

Beim Verlassen des Kabinetts zieht der Mörder seine Maske wieder auf, läuft in Richtung Südtreppe, hoch in den zweiten Stock, durchquert zum dritten Mal den Durchgangsraum 204/210 und begibt sich erneut abwärts. Als wäre ihm der Plan abhanden gekommen und wären die Direktiven verbraucht, stromert er durch seine Kampfzone. Über die Flure hasten nach wie vor Schüler, mit irren Blicken. Wer fliehen kann, steuert die Schulausgänge an und rettet sich über die Zäune. 182 Personen verbarrikadieren sich in den Räumen und warten die Zeit ab: «Als wir da so ewig zusammengehockt saßen, erzählte uns unsere Lehrerin einen Traum, den sie vor drei, vier Wochen gehabt hatte: Sie sei eine Schülerin und schreibe auch gerade Abi, allerdings im Kellerbereich. Eine Person lief schießend durch das Gebäude. Im Traum verschloss sie die Tür und fragte sich, wie man erkenne, dass die Polizei draußen sei.»

Auf dem Flur des Kunst-Vorbereitungsraums 111 hört Lehrer Rainer Heise, der nach wie vor auf der Suche nach umherirrenden Schülern ist, ein schlurfendes Geräusch, wie das Schleifen von Klamotten oder das Ziehen einer Tasche. Er vermutet noch Schüler, die Unterschlupf suchen. «Ich schloss die Tür leise, aber schnell auf, öffnete sie einen Spalt, und da steht eine Figur vor mir und zielt mit der Pistole auf mich – der Abstand zu der Person betrug 30 bis 40 Zentimeter, von der Mündung der Waffe bis zu mir vielleicht 20 Zentimeter. Ich kann nicht mehr sagen, in welcher Hand er die Waffe hielt. Mit der freien Hand zog er seine Maske vom Gesicht. Ich erkannte die Person sofort. ‹Du, Robert!›»

Erschöpft gibt sich Robert Steinhäuser zu erkennen, sein Film scheint abgelaufen, das Gemetzel und das Maskenspiel haben ein Ende. «Er nahm die Pistole, legte sie links neben sich auf das Regal und sagte: ‹Für heute reicht's!› Da sagte ich zu ihm: ‹Darüber sollten wir aber wenigstens reden. Komm mal mit rein.› Seine Pistole lag noch links neben ihm, und ich sagte: Aber die nimmst du mit! Er sagte ganz ruhig und freundlich: ‹Ja, Herr Heise.› Dann ging er ganz langsam voran. In dem Moment hatte ich die Idee, ihm von hinten einen kräftigen Stoß zu versetzen, sodass er in das Zimmer stolperte. Dann verschloss ich die Tür von außen, ein- oder zweimal. Instinktiv sah ich auf die Uhr: Es war zwischen 11.17 und 11.18 Uhr.»

Betreff: Schneller Notzugriff

Das Foto mit dem schaukelnden Jungen. Der Hinterhof in der Ottostraße. Der alte Apfelbaum im Hintergrund. Die ausgestreckte, den Vater suchende Hand. Das freundlich weiche Gesicht des Kindes – eine einzige Versammlung von Unschuld. Keine 18 Jahre später sitzt Robert Steinhäuser eingeschlossen in Raum 111 in seinem ehemaligen Gymnasium auf einem Stuhl, die schwarze Wollmaske noch in der Hand. Er ist allein. Es vergehen Sekunden, ein vermutlich sehr stiller Moment. Dann hält er die Pistole an seine rechte Schläfe und richtet sich selbst, durch einen aufgesetzten Kopfschuss. Es ist der 71. Pistolenschuss von 150, die er bei sich trug.

Der Anfang und das Ende eines Lebens. Wie viel Zeit sind 18 Jahre, fragt sich Elsa, wie viel von dem strahlend sorglosen Jungen auf der Schaukel sitzt am 26. April 2002 um 11.17 Uhr mit auf dem Stuhl, als Robert Steinhäuser den Schiedsspruch über sein Leben selbst fällt? Elsa legt die beiden Bilder übereinander. Haben sie noch etwas miteinander zu tun?

Genau in dieser Minute, um 11.17 Uhr, sind die Leitende Notärztin Gabriele Wirsing, ihr Rettungsassistent Udo Fulge und die Praktikantin Maria Becker – gemeinsam an diesem 26. April 2002 für den Erfurter Norden zuständig – bereits am Einsatzort. Zwei Polizisten geben

Deckung und schleusen das Trio zuerst an den verletzten Andreas Gorski heran. Seine Pistole steckt im Holster, die schusssichere Weste liegt neben ihm. Die Ärztin kann nur noch den Tod feststellen und nimmt ihm die Waffe ab, damit sie dem Täter nicht in die Hände fällt.

Zwei Polizisten per Funk: «Du, Manfred, haben wir einen toten Polizisten? – Ja, ich denke, ja. – Wen denn? – Ich weiß es nicht. – Sag aber nicht Gorski. – Na ja. – Ach du Scheiße. – Ist das definitiv? – Ich kann es nicht definitiv sagen. Der Arzt ist erst jetzt rein. – Ach so, alles klar. Hör mal, wenn du es weißt, sagst du Bescheid. Es würde uns alle interessieren.»

Das Rettungsteam hört einen Schuss im Inneren des Hauses und geht hinter der Metalltür zum Keller in Deckung. Niemand ahnt zu diesem Zeitpunkt, dass es der finale Schuss des Mordläufers gewesen ist. Ein drahtiger Mann kommt über den Flur im Parterre gelaufen und teilt den Polizisten wie dem Rettungsteam in aller Ruhe mit, dass er soeben den Täter im Raum 111 eingesperrt hat. Er hält ihnen einen Schlüssel vor die Nase. Vielleicht ist die Situation einfach zu unvorstellbar. Keiner der Anwesenden realisiert, was Rainer Heise hier mitteilen will.

Um 11.25 Uhr trifft der Direktor der Erfurter Polizei Rainer Grube vor Ort ein und übernimmt die Einsatzleitung. Seine erste Anweisung: Niemand darf die Schule betreten, weder Polizisten noch Sanitäter. In einem späteren Interview sagt er zu seiner Strategie: «Es schien mir nicht opportun, Polizisten zum Einsatz zu bringen, die entweder selber Opfer geworden wären, bzw. Chaos ausgelöst hätten.» Polizisten, die Chaos verursachen? Elsa hält die Luft an und wird später durch einen SEK-

Ausbilder bestätigt: «Schnellstmöglicher Zugriff und Neutralisierung des Täters sind heute weltweit anerkannte Polizeitaktik.»

Um 11.26 Uhr heißt es über Polizei-Funk: «Wir stehen bei dem Täter vor der Tür. – Ja. – Fred? – Ja, was ist? Ist das korrekt, dass sich der Täter in einem Zimmer eingeschlossen hat? – Ja, das sage ich seit zehn Minuten. – Das kam so noch nicht durch. Und wo ist er? – Er wurde von einem Lehrer eingeschlossen. – Und das Zimmer geht über Richtung Fröbelstraße raus, ja? – In Richtung Gutenbergplatz.» Zwei Polizisten erhalten Order, vor der Tür des Raums 111 Stellung zu beziehen: die Tür im Blick haben, den Raum sichern. Über anderthalb Stunden stehen sie da, hören in den Raum hinein, warten, die Pistolen im Anschlag. Kein einziges Geräusch, kein Schuss mehr hinter der Tür.

Die Schüler und Lehrer verharren auf den Toiletten, oben in der Aula, in der Bibliothek, in den Klassenzimmern, manche über viereinhalb Stunden in Todesangst. Ein Schüler springt irgendwann aus der ersten Etage, ein Mädchen klettert auf einen Fenstersims im dritten Stock, hockt eine Weile auf dem Vorsprung, schiebt ihren zitternden Körper dann wieder ins Zimmer zurück. «Bis ca. 13 Uhr waren wir im Haus, auf dem Schulhof absolute Totenstille. Wir vernahmen mehrfach das Kommando ‹Köpfe runter!› aus Richtung Hof», berichtet eine Schülerin in der Zeugenvernehmung.

Blut an den Wänden, die vielen toten Körper in den Zimmern und auf den Fluren zahllose Projektile, verstreut über die roten Kacheln, dazu leere Magazine, herumliegende Klamotten, umgeworfene Möbelstücke. Die Gänge gleichen einem Schlachtfeld. Ein anderer Schüler: «Auf dem Weg vom Erdgeschoss zum Obergeschoss sah ich mehrere leere Patronenhülsen auf dem Boden liegen. Weiteres habe ich nicht bemerkt. Ich wollte aber auch nichts sehen, ich schaute nur nach unten.»

Und mit jeder Sekunde positioniert sich um die Schule herum mehr Polizei. «Man hatte den Eindruck, wir befinden uns im Krieg», so ein Polizist zur Situation rings um den dunklen Schulkoloss. Die Leitstelle des Amtes für Katastrophenschutz ist auch alarmiert. Sie fordert ebenfalls alle verfügbaren Kräfte an, zahllose Not-Teams sind im Anrücken, die Rettungskräfte um das altehrwürdige Gebäude stellen sich mehr und mehr auf den Ausnahmezustand ein. Über 270 Beamte sind an diesem Tag im mittelbaren Tatortbereich im Einsatz, aus Hessen, Bayern und Brandenburg werden weitere Kräfte angefordert. Auf den Schulhof fahren gepanzerte Fahrzeuge. Als das Ausmaß der Tat langsam vorstellbar wird und fassbare Konturen bekommt, entscheidet die Einsatzleitung, auch die Tatortgruppe des BKA um Unterstützung zu bitten. Sie rückt von Wiesbaden aus umgehend an.

Polizei und Hilfskräfte sind demnach genügend vorhanden, doch was ist los? Die Minuten verstreichen, und nichts passiert. Niemand, der in das Gebäude gelangt. Und was ist mit den Tätern? Sind sie noch immer unterwegs? Warum werden die Schüler nicht befreit, warum die Verletzten nicht versorgt, die Toten nicht geborgen, warum Hans Lippe nicht geholfen? Seine Schreie, die auch die Polizisten hören, werden leiser.

Um 11.36 Uhr geht ein erneuter Polizei-Text über Funk: «Wir haben eben Kenntnisse von einem Reporter, dass die Schüler eindeutig von zwei Tätern sprechen. –

Ja, was denn nun, ein Täter oder zwei? – Zwei. Aus diesem Grund geht keiner von den Notärzten in das Objekt, weil ich nicht für die Sicherheit garantieren kann. – Das mit den zwei Tätern macht Sinn, so schnell, wie das vorhin passiert ist. – Hier ist nochmal die 12/22. Die Schüler sagen eindeutig, dass es auf jeden Fall zwei Täter sind. – Es sind zwei Täter. – Alle anderen Kräfte mitgehört? Passt jetzt auf, Kollegen, bleibt besonnen. Wir stehen alle hier ringsrum. Nicht dass wir uns gegenseitig abballern. – Ja, darum geht es, ist klar.»

Die Zwei-Täter-Theorie entscheidet über den Polizeieinsatz an jenem Schwarzen Freitag von Erfurt. Die Einsatzleitung hat im Grunde zwei Optionen: entweder Sturmlauf oder langsames Einsickern ins Gebäude. Einsickern hieße Raum für Raum absichern, systematisch nach Sprengfallen suchen, auf Eigensicherung achten, den Täter ausschalten, die Schüler evakuieren. Der Einsatzleiter entscheidet sich dafür, zunächst auf das Sondereinsatzkommando zu warten, was heißt: Alle Betroffenen haben ebenfalls zu warten. Fakt ist, es gibt keinen «schnellen Notzugriff». Die Begründung lautet: «Zu der Zeit existierten bereits zwölf definitive Zeugenaussagen über einen zweiten bzw. dritten Tatverdächtigen.»

Die Thüringer Spezialtruppe wird beim freitäglichen Fußballspiel im 80 Kilometer entfernten Nordhausen überrascht. Um 11.43 Uhr trifft sie ein. In der Folge wird eine 20-minütige Lagebesprechung durchgeführt, um die gemeinsame Strategie von Polizei, SEK und Rettungskräften festzulegen. Ein beteiligter SEK-Mann erinnert sich: «Es gab ein ziemliches Chaos in der Einsatzleitung. Erst überhaupt keinen Plan und schließlich wegen der unübersichtlichen Gebäudestruktur die Entscheidung für ein langsames Einsickern. Der Einsatzleiter hat definitiv gegen die Lage entschieden. Die Versorgung von Verletzten musste absoluten Vorrang haben. Der ganze Einsatz war die größte Scheiße.»

Einzelne Polizisten stehen zur Absicherung mittlerweile an den verschiedenen Eingängen der Schule, ab und an geht eine der Türen auf, jemand winkt hektisch von innen, dann schlüpft eine grüne Uniform geduckt durch den Spalt. Kaum sind die Polizisten drin, erfolgt von außen die immergleiche Order: Warten! Keinerlei Handlung am Einsatzort! Die Funkgeräte stehen auf Habtacht, die Polizisten wollen agieren, doch die Einsatzleitung lässt nichts Koordinierendes von sich hören. Von einer funktionierenden Rettungskette kann keine Rede sein.

Polizeifunk: «Kriegst du irgendwas mit? – Gar nichts hier. – Auf meiner Seite ist Totenstille. – Es tut sich nichts, und ich höre nichts, und hier ist auch keiner weiter. – Ja, mir geht's genauso. – Bist du ganz allein, ohne Sicherung? – Sicherung steht 15 Meter hinter mir, danke. – Ich will ja nicht klugscheißen, aber gibt's eigentlich mittlerweile 'ne Seelsorge? Weil, ein Großteil der Kinder ist immer noch hier und total verwirrt.» Es ist 11.56 Uhr. Die Pfarrer der Stadt kommen ohne Anforderung, sie reagieren auf die Radioinformationen.

Aus dem Inneren der Schule dringt in diesen Minuten Dramatisches nach außen. Die Notrufe der Schüler ähneln sich und drücken fassungslose Verzweiflung aus. Wer kommt endlich, um sie zu holen? Zwischen innen und außen liegt eine ganze Welt. «Ja, ich wollte nur mal fragen, wie wir uns verhalten sollen. Wir haben beide Angst. – Wo sind Sie denn? – Wir sind im Gutenberg-

Gymnasium. – Ja, im Klassenraum oder was? – Ja, ganz oben. – Dann machen Sie die Tür zu, versuchen Sie abzuschließen oder verbarrikadieren Sie sich. Die Kollegen machen sich dann bemerkbar. – Die Tür geht aber nach außen auf. – Ja, dann versuchen Sie, etwas dagegenzuklemmen. – Gut, okay.»

In der Zwischenzeit hat man auch in der Stadt mitbekommen, dass am Gutenberg-Gymnasium irgendwas im Gange ist. Die Telefone laufen heiß. Weißt du irgendwas? Nein? Auch nichts? Wer von den Eltern und Angehörigen keinen Anruf aus der Schule erhält, setzt sich in Richtung Schule in Bewegung. Die kreiselnden Helikoptergeräusche und nicht mehr abreißenden Martinshörner lassen nichts Gutes erahnen. Vermutlich eine Schießerei, ein paar Platzpatronen, womöglich Verletzte, raunt man sich unterwegs zu. Doch im Grunde weiß niemand etwas, die Lage ist komplett unüberschaubar. Nicht dass dort jemand seine Scherze macht, spekulieren Politiker, schon aufs Wochenende bedacht. Aufgeschreckte Eltern fordern von der Polizei immer drängender Auskunft, was mit ihren Kindern sei. Um 11.35 Uhr empfängt die Notruf-Zentrale die besorgte Stimme eines Vaters: «Guten Tag. Mein Name ist Helbing. Mein Sohn geht aufs Gutenberg-Gymnasium. Da ist geschossen worden. – Ja. – Gibt es Verletzte? – Gibt's, ja, wir sind unterwegs. Wir haben da, wir sind da im Einsatz. – Ja, toll. Wie erfahr ich denn, was mit meinem Sohn ist? – Das kann ich Ihnen im Moment auch nicht sagen. Da geht's drunter und drüber. – Toll, kann ich da jetzt hinfahren? – Nee, das bringt nichts. – Toll. – Da würden Sie nur unsere Maßnahmen behindern. Sowie was ist, melden wir uns bei Ihnen, wenn was sein sollte. – Toll. Das beruhigt mich jetzt ehrlich. – Ja, ich kann Ihnen nichts weiter sagen. Ich kann Ihnen nur eins sagen, meine Tochter ist auch dort im Gymnasium.»

Die Unruhe um die Schule wächst. Was ist nur los? Warum erfährt man nichts? Je mehr Zeit verstreicht, umso blanker liegen die Nerven. Einfach warten müssen, nichts tun können – eine Marter! Der Ton der Notanrufer wird direkter. Um 13.01 Uhr heißt es per Polizeinotruf: «Ja, und hier ist Nichten. Mein Sohn ist an der Schule. – Ja, ich kann Ihnen … – Nein, ich möchte Sie bitten, mich hier abzuholen, oder ich fahr mit dem Taxi hin und geh da rein. – Ja, Sie können kommen, aber Sie kommen nicht durch die Polizeiabsperrung. – Ich hab schon ein Kind verloren. – Ja, wir haben Betreuungspunkte am Landesgericht. – Sie holen mich bitte jetzt hier ab. – Wir holen Sie nicht ab. Wir haben gar keinen Wagen, um Sie abzuholen. Stehen alle vor der Schule. – Ich komme da hin. Ja, ich geh da rein. – Ja, gut, Wiederhören. – Hören Sie, verstehen Sie nicht, ich geh da rein!»

Viele Schüler haben sich mit ihren Handys, der einzigen Informationsquelle und Verbindung zur Außenwelt, in die Erker der Schule verkrochen, als wären diese Nischen die letzte Zuflucht. Die meisten Notrufe scheinen von dort zu kommen: «Haben Sie ihn? – Was denn? – Na, in der Schule? Haben Sie ihn? – Bitte? – Ja, Sie haben ihn? – Was haben Sie? – Na, den Täter, in der Schule. – Wir sind noch dabei. – Sie sind noch dabei? – Gut, dann bleiben wir versteckt.»

Das Essen im Speisesaal – Hühnerfrikassee mit Reis – steht, wie es steht, und bleibt an dem Tag ungegessen. Erst am Montag wird es von Hausmeister Pfotenhauer weggeräumt. Peter Wolff stirbt in Raum 105. Die Schüler der Klasse 9b können nichts für ihn tun, nur seinem Sterben zusehen. Hans Lippe schleppt sich von Raum 301 schreiend anderthalb Treppen nach unten. Die Notärztin sitzt im Sekretariat mit der Order, es nicht zu verlassen. Der Chemielehrer liegt ohne medizinische Versorgung auf den Treppen.

Nach langer Lagebesprechung betreten die ersten vier SEK-Männer um 12.04 Uhr das Gebäude und nehmen sich vorerst nur den Keller vor. Die Baupläne der Schule fehlen, ohne sie ist der Einsatz äußerst riskant. Erst um 13.10 Uhr erfolgt deren Anforderung beim Bauordnungsamt, 35 Minuten später werden sie zur Einsatzleitung gebracht. Um 12.10 Uhr liegt der erste Scharfschütze auf dem Dach der Turnhalle und entdeckt von dort aus eine auf dem Schulhof liegende verletzte Person. Seit den Schüssen auf die Kunstlehrerin Birgit Dettke und ihren vergeblichen Hilferufen ist eine volle Stunde vergangen. 60 Minuten ohne jegliche medizinische Versorgung! Um 12.37 Uhr, heißt es später, konnte die Schwerstverletzte nur noch tot geborgen werden.

Zwei Polizisten: «So, pass auf, das SEK ist jetzt drin. Gib den Kräften, die auf dem Platz stehen – ich bin in der Schule – mal bitte über Funk durch, die sollen nicht einschlafen. Hier stehen fünf, acht Funkwagen rum, und keiner observiert die erste Etage. Nicht dass der Täter uns noch durchs Fenster abschmiert.» Immer mehr Funktexte fordern einen koordinierten Einsatz, er gelingt nicht. Etliche SEKler reagieren völlig frustriert, sie sind für eine andere Art von Einsatz ausgebildet. «Wenn ich weiß, dass es verletzte Kinder gibt, muss die Eigensicherung zurücktreten!», schimpft ein beteiligter SEK-Mann später.

Durch Rückendeckung der Scharfschützen auf dem Hof dringt um 12.15 Uhr ein zweiter SEK-Trupp in die Schule ein, er soll den ersten Stock sichern. Ein dritter SEK-Vierer stößt in das zweite Stockwerk vor. «Polizei, aufmachen! Ist da jemand, den ihr nicht kennt?» Die Schüler zucken zusammen, antworten verstört, werden aufgefordert, die Zimmer zu verlassen, steigen über ihre toten Lehrer und werden in die 101 oder 106 gebracht, die beiden Sammelräume.

Pro Raum braucht die Sondertruppe zehn Minuten, auf diese Weise ist das SEK – insgesamt 25 Mann – über zweieinhalb Stunden in der Schule unterwegs. Um 12.55 Uhr geben die Behörden erstmals offiziell den Tod von drei Personen bekannt. Nach langem Hin und Her um den Schlüssel, den Rainer Heise bereits 11.17 Uhr zur Verfügung gestellt hatte, wird um 13.01 Uhr der Raum 111 aufgeschlossen. Darin liegt Robert Steinhäuser in einer Blutlache.

«Die Heranführung des Sondereinsatzkommandos bis zum dritten Obergeschoss mit der Sicherung der sich teilweise in den Räumlichkeiten befindlichen Schüler bzw. Lehrer nahm einige Zeit in Anspruch, da aufgrund von Schülerangaben, die sich nach Beginn des Einsatzes häuften, davon ausgegangen werden musste, dass sich ein zweiter Täter im Objekt befindet», heißt es am 28. Juni 2002, zwei Monate nach dem Massaker, im Einstellungsbescheid der Erfurter Staatsanwaltschaft.

Einige Zeit? Elsa will es nicht glauben. Was macht man nicht alles in einiger Zeit: Ich bin einige Zeit zur Schule gegangen. Ich habe einige Zeit gebraucht, um auf einer Uni angenommen zu werden. Ich denke seit einiger Zeit über uns nach. Seit einiger Zeit kokse ich wieder. Ich treffe Anne seit einiger Zeit. Kann es eine unbestimmtere Zeitangabe geben als diese? Was bedeutet sie? Ich habe lange, einfach zu lange für etwas gebraucht? Und was besagt diese saloppe Ungewissheit in einem Einstellungsbescheid, im Fall eines 16fachen Massenmordes? Dass das SEK zu lange gebraucht hat, um den Schülern und Lehrern zu helfen? Heißt es das? Diese Morde sind etwas ungemein Extremes, kein Amoklauf, sondern eine Serie feiger Hinrichtungen. Niemand konnte darauf vorbereitet sein. Folglich sind Fehler im Einsatz möglich und Klugscheißereien nicht am Platz. Aber einige Zeit? Kann sich ein auf rückhaltlose Aufklärung des Geschehens bedachter Einstellungsbescheid eine solche Unbestimmtheit leisten, ist das der Dimension des Ganzen gemäß?

In Elsas Kopf wiederholen sich die Fernsehbilder, sie wird sie nicht los: hektisch in die Luft gereckte Pistolen, viel zu laut schreiende Polizisten: «Los, weg da von der Straße! Hier wird scharf geschossen!», unmotiviert losfahrende Streifenwagen, die den dahinter postierten Polizisten unerwartet die Sicherung nehmen, vor Einsatzeifer der Länge nach auf die Straße stürzende Rettungskräfte, eine hilflos aussehende, verwartete Reanimation neben dem Schulhof an einer Toten. Bis 13 Uhr gibt es keine deutlich gekennzeichnete Einsatzleitstelle für die Rettungsmaßnahmen und keinerlei Koordination zwischen Polizei und Rettungsdienst. Aber eine Unzahl von Hilfswilligen am Ort. Was Elsa sieht, ist gespenstisch leer laufende Betriebsamkeit.

Die ausbleibende Koordinierung der medizinischen Versorgung scheint den sichtbaren Leerlauf eher zu bestätigen: Nachdem das Rettungsteam von Frau Wirsing den Tod von drei Personen festgestellt hat, wird es zusammen mit der Schuldirektorin, Rainer Heise und drei anderen Personen über eine ganze Stunde im Sekretariat festgesetzt. Niemand verlässt das Zimmer, bis das SEK gesichert hat, so die Order. Das Team ist die einzige Rettungsmöglichkeit in der Schule, kein anderer Arzt befindet sich dort. Im Verlauf dieser Stunde bestimmt der Chef für den medizinischen Einsatz Dr. Roland Goertz einen anderen Arzt, und zwar Dr. Eberhard Müller, zum Leitenden Notarzt. Der jedoch steht draußen vor der Absperrung und geht nicht ins Gebäude. Die Schüler telefonieren und telefonieren, wollen den Sterbenden helfen, wollen erlöst sein aus diesem Albtraum. Niemand kommt. Die Minuten kriechen dahin. Eine Stunde. Die Zeit vergeht nicht und steht auch nicht still. Zeit ohne Zeit. Warum das alles? Warum kommt keine Hilfe?

12.57 Uhr. Erneut ein verzweifelter Hilferuf von einer Schülerin aus Raum 208. Der Anruf wird auf das Handy eines LKA-Bamten weitergeleitet. Das Mädchen berichtet von ihren zwei verletzten Mitschülern Susann und Ronny, von Bauchschüssen, Blut, nachlassendem Puls. Das Gerät bekommt Dr. Ekkehard Schneider, der ehemalige Erfurter Notfalldienstobmann der Kassenärztlichen Vereinigung, in die Hand gedrückt, als er den obersten Krisenstab, der sich zusammen mit Oberbürgermeister Manfred Ruge vor der Bäckerei Rüger aufgebaut hat, erreicht. Ekkehard Schneider hatten Angehörige und Eltern eingeschlossener Schüler und Lehrer dringend um ärztlichen Beistand gebeten. Etwas scheint da in der Schule völlig schief zu laufen, erklärt eine verzweifelte Mutter, er müsse kommen und helfen.

Der Arzt schließt sofort seine Praxis und fährt los. In Katastrophenfällen ist er erprobt. Doch dann steht er vor der Bäckerei, es ist kein Reinkommen in die Schule. Was soll das alles hier? Über eine ganze Stunde verstreicht, bis der Rettungsarzt auf eigene Faust ins Gebäude darf und endlich zum Einsatz kommt. In seiner Zeugenvernehmung sagt er: «Ich wurde durch Feuerschutz seitens des SEK und durch Polizeibeamte mit dem Wort ‹Lauf!› in die Schule geholt. Ich rannte alleine über die Straße. Im Gebäude wurde ich dann von mehreren Beamten der Polizei im Erdgeschoss empfangen, die mich mit Frau Dr. Wirsing zusammenbrachten.»

Frau Dr. Wirsing ist zu dem Zeitpunkt bei Hans Lippe. Das strikte Verbot, das Sekretariat zu verlassen, ist in seinem Fall nach 12.30 Uhr aufgehoben worden. Der verletzte Lehrer lehnt an der Wand, ist noch bei Bewusstsein. «Es tut nichts weh, nur die Luft wird knapper», stöhnt er. Man legt ihn auf den Rücken, bereitet einen Venenzugang vor. Die Ärztin gibt ihm ein Narkosemittel, er schläft ein, bekommt eine Infusion, wird intubiert. Ein SEK-Mann wird losgeschickt, um Beatmungsgerät und Trage zu holen. Als er zurück ist, hört das Herz von Hans Lippe auf zu schlagen, bei der Reanimation schießt unendlich viel Blut aus seinem Körper. Er hat keine Chance mehr.

Es ist nach 14.15 Uhr. Dr. Schneider trifft bei der Rettungsärztin in der Schule ein: «Am Standort der Frau Dr. Wirsing lag eine männliche Leiche, bei Zustand nach Reanimation. Es erfolgte eine Absprache, dass sich im Raum 208 noch zwei verletzte Kinder befinden. Aus meiner Sicht wurde das interne Vorgehen seitens des SEK und von Polizeibeamten in der Schule dahingehend geändert, dass ein möglichst schneller Zugang zu dem Raum geschaffen wurde. Zwischenzeitlich erfolgte in Absprache mit Frau Wirsing die Sammlung der Kinder aus den Schulräumen.»

Dr. Schneider wird auf Zuruf von Polizeibeamten gegen 14.30 Uhr in Raum 208 gelotst. Doch auch für Susann Hartung und Ronny Möckel ist keine Rettung mehr möglich. «Zu diesem Zeitpunkt gab es bei beiden Leichen noch keine Totenflecken in abhängigen Körperpartien und noch keine Leichenstarre im Kiefergelenk», sagt Dr. Schneider später in seiner Zeugenvernehmung. Seiner Aussage folgend, haben die beiden nach dem Massaker demnach noch über zwei Stunden gelebt. Um 14.37 Uhr meldet das SEK die Schule als gesichert.

«Aufgrund der psychischen Dekompensation der in beiden Sammelräumen befindlichen Schüler und Lehrer habe ich versucht, den Einsatzleiter Dr. Goertz als auch den Leitenden Notarzt Dr. Müller über Handy zu erreichen. (Einsatzstellenfunk wurde zu keinem Zeitpunkt seitens des medizinischen Dienstes ausgegeben und/oder benutzt)», schreibt Dr. Schneider in einem Leserbrief an die Regionalpresse.

Der Arzt wendet sich per Handy an den Polizeiführer, um so schnell als möglich die 182 Schüler und Lehrer evakuieren zu können und bittet dringend darum, dass Ärzte und vor allem Psychologen in die Schule geschleust werden, «da Frau Dr. Wirsing und ich weit über das Maximum unserer Therapiemöglichkeiten gekommen sind». Dr. Schneider ist es dann auch, der nach den Leichenschauen die genaue Zahl von 17 Leichen an die Einsatzleitung weitergibt. Das muss gegen 15 Uhr sein. Zusammen mit einem SEK-Mann verlässt er daraufhin das Schulgebäude, überquert die Straße vor der Schule und stößt hinter einem Polizeiwagen auf eine Gruppe eingetroffener Ärzte.

Nach einer Absprache zwischen Not- und Vertragsärzten schleust er die anwesenden Notärzte in die beiden Sammelräume der Schule und begibt sich von dort noch einmal zum Nordeingang, um auch Vertragsärzte an der Tür in Empfang zu nehmen. «Nach circa 5 bis 7 Minuten erschien Dr. Müller und erklärte zwei Beamten: ‹Ich bin hier der Leitende Notarzt, verweisen Sie Herrn Dr. Schneider sofort vom Platz!› Bei einem sich in Anfängen entwickelnden Disput habe ich sofort den Bereich verlassen», berichtet Ekkehard Schneider in seiner Zeugenvernehmung.

Unnötiges Kompetenzgerangel, fehlende Absprachen, eine zu lange nicht gekennzeichnete Einsatzleitstelle, ausbleibender Funk beim Koordinieren von Polizei und Rettungsmaßnahmen, die im Verhältnis zu hohe Zahl freiwilliger Hilfskräfte, das wenig professionelle Rettungsteam – der Einsatz wirft auch hier eine Reihe unerlässlicher Fragen auf. Um 15.30 Uhr gibt Gesamteinsatzleiter Rainer Grube eine erste improvisierte Pressekonferenz. Die Zahl der Opfer, heißt es da, betrage 18 Menschenleben. Um diese Zeit können die letzten Schüler die Schule verlassen, werden zuerst in der Turnhalle registriert und von Notärzten untersucht, dann mit Bussen auf den Sportplatz Borntal gebracht.

Kurz geschnittener, dichter Rasen, eine windschiefe Fläche oberhalb der Stadt. Irgendwie wohltuend abseits, hatte Elsa in den Sportstunden oft gedacht. Die Rufe: Schneller, höher, weiter!, der fast wolkenlose riesige Himmel, wenn sie atemlos und verschwitzt auf den Rasen knallte. Liegen bleiben, die Augen schließen, nur Licht, Schweiß und Raum. So tun, als wäre man vollkommen erschöpft, absolut ausgelaugt, und an nichts mehr denken. Matt auf dem Rücken liegen, ins Helle blinzeln und auf seiner Müdigkeit auf und davon segeln. Das ist Elsas Sportplatz.

Mit alldem hat das Borntal-Notlager nach der Tat am 26. April nichts zu tun. Gewimmel, Rettungszelte, Kälte, zunehmender Regen, Tränen, komaartige Zustände, fragende, leere Blicke. Angehörige versuchen, irgendwo eine Information aufzuschnappen. Ein heilloses Durcheinander. Jemand muss doch was wissen. Ein Stück Klartext, bitte!, eine einzige Information, stattdessen Schweigen. «Frau Wolff, ich darf Ihnen nichts sagen, aber was ich gesehen habe, war unendlich schrecklich!», so ein Schüler der 9b. Die Betroffenen stolpern über den Platz. Verzweiflung, mit dem Zoom ganz nah herangeholt, als würde der abseitige Sportplatz zu einem einzigen Sinnbild von Auflösung. Psychologen und Geistliche eilen herbei, bieten ihre Hilfe an. Die Hölle auf Erden, nennt Ruth Elisabeth Schlemmer, Pfarrerin der Erfurter Andreas-Kirche, den Platz an diesem Tag. Die traumatisierten Schüler werden nach und nach von ihren Eltern in die Arme genommen und endlich von dem Irrsinns-Ort weggeholt.

Manche Wege nur kreuzen sich, immer wieder. Es sind die der Angehörigen. Sie wissen noch immer nichts, doch sie ahnen. Gegen 18 Uhr sind die zweifelsfreien Identifizierungen der Opfer zuerst durch den Hausmeister, dann durch die Direktorin abgeschlossen. Die immer noch Wartenden werden in der Aula der benachbarten Europa-Regelschule versammelt. Eine unerträgliche Spannung. Gegen 19.30 Uhr wird vom Katastrophenschutz eine Liste mit Namen verlesen, alle anderen sollen den Raum verlassen. Im Saal wird erkundet, ob Presse da ist. Frau Möckel, die Mutter von Ronny, Nachrichtensprecherin der Landeswelle Thüringen, bejaht die Frage, weist aber darauf hin, dass sie in anderer Sache anwesend ist. Dennoch muss sie den Raum verlassen. Tumult unter den Angehörigen! Hier sucht eine Mutter ihren Sohn! Die Unsensibilität vonseiten der Behörden kennt keine Grenzen. Und noch immer weiß man nichts Genaues. Einzelne Angehörige werden schließlich in separate Nebenräume gebracht, noch einmal lässt man sie warten, dann teilt man ihnen den Tod des Nächsten mit. Als Peter Sicker, der Mann der sechzigjährigen Biologielehrerin Heidemarie Sicker, gegen 20 Uhr seine Wohnung betritt und seinen Anrufbeantworter abhört, ist der voll mit 42 Anrufen: Interviewanfragen aus aller Welt. Die Welt wusste längst vom Tod seiner Frau, er wusste nichts.

Am späten Abend des 26. April 2002 werden die Eltern von Robert Steinhäuser nach einer umfänglichen Hausdurchsuchung in der Ottostraße 42 zur Vernehmung ins Polizeipräsidium gebracht. «Es ist mir unbegreiflich, was da abgelaufen sein muss», beteuert der Vater. «Ich habe absolut keine Vermutung, warum er das gemacht haben könnte. Er muss sich in eine Sache reingesteigert haben, die außerhalb der Realität liegt. Für uns gab es überhaupt kein Anzeichen, dass sich da ein Konflikt anbahnt.» Die Mutter ergänzt: «Ich hatte gleich so ein komisches Gefühl, dass Robert eine Dummheit gemacht hat, wir haben es irgendwie die ganze Zeit geahnt. Er hatte ja die ganze Zeit mit Waffen so rumgemacht. Er sagte auch häufiger, dass ich sowieso nicht wissen könne, was er macht, das könne ich gar nicht wissen. Mein Mann hat mir gesagt, dass Robert vor ein paar Tagen ein großes Messer hatte. Auf Nachfrage kann ich sagen, dass ich bei meinem Sohn Robert nie eine Waffe gesehen habe. Ich und mein Ehemann haben keine Waffen. Wir haben dafür auch nichts übrig. Auch meine Schwiegereltern und mein großer Sohn haben keine Waffen. Bei uns in der Familie hat keiner Waffen.»

Du mein Leben

Er dreht die beiden Karten in der Hand, stellt sich auf die geschützte Seite, hinter die Glasfront des grell ausgeleuchteten Kinos. Es ist ihr Treffpunkt, dort wartet er immer auf sie. Das Nieseln ist stärker geworden, ihm ist kalt. Es ist kurz vor 20 Uhr an jenem 26. April 2002. Wie oft an Freitagen sind die beiden zum Kino verabredet, damit fängt ihr Wochenende an. Sie geht gern ins Kino, und der Film «Im Zeichen der Libelle» war ihr Vorschlag. Er lässt die Viertelstunde Werbung verstreichen, ist sich nicht sicher, ob er wirklich wartet. Doch er kann nicht gehen. Draußen das fahle Niesellicht, seine Hände zittern leicht. Noch ein kurzer Blick über die Baustelle drüben, davor die nasse Straße. Ihren Gang würde er unter Tausenden erkennen. Nun muss er aber los. Der Film war schließlich ihr Wunsch, er will ihn unbedingt sehen. Er setzt sich irgendwohin in dem abgedunkelten Kinoraum. Der Platz neben ihm bleibt leer.

«Im Zeichen der Libelle» – die Geschichte eines Paares, hatte sie vor Tagen beiläufig gesagt. Daran erinnert er sich jetzt, als der Film anläuft. Eine Ärztin geht in das Amazonasgebiet, um dort humanitäre Hilfe zu leisten. Auf ihrer Hilfstour hat sie einen schweren Unfall. Obwohl man Spuren von ihr findet, ist sie nicht an der Unglücksstelle. Die Amazonas-Behörden entscheiden, sie für verschollen zu erklären, dem Mann zu Hause aber mitzuteilen, sie sei im Urwald verstorben. Eine solche Nachricht würde das behördliche Prozedere deutlich vereinfachen, keine langwierigen Ermittlungen, keine unliebsamen Nachfragen. Die Wochen vergehen, doch etwas stimmt nicht, überall findet der Mann Zeichen von ihr – Libellenzeichen, als wolle sie ihm über den Tod hinaus etwas sagen. Da er keine Ruhe findet, macht er sich auf den Weg zu ihr und an die Unfallstelle. Vielleicht stimmt das gar nicht mit ihrem Tod, hofft er. Die Fahrt wird zur Odyssee, zu einem endlos langen Weg durch den Amazonas, vor allem aber zu einer Spurensuche ihrer Liebe.

Er ist der Letzte im Kinosaal, der Nachspann längst abgelaufen. Die Aufsicht sammelt den Müll ein und sieht ihn fragend an. Stimmt was nicht? Irgendwann erhebt er sich, verlässt das Kino, streunt durch die nasskalten Straßen von Erfurt, es hat aufgehört zu nieseln. Auf keinen Fall nach Hause, doch wohin? In seine Kanzlei. Der neununddreißigjährige Eric T. Langer ist Rechtsanwalt, sein Büro liegt in einem Hinterhof der Michaelisstraße, sehr zentral. Als er dort ankommt und seine feuchte Jacke an die Garderobe hängen will, fällt ein Zettel aus der Tasche: «Es ist einfach wunderbar, jeden Tag so von Dir verwöhnt zu werden!», liest er ihre klare, steile Handschrift. Da sind sie schon, ihre Libellenzeichen.

Die ganze Nacht sitzt er am Schreibtisch, greift eine Akte nach der anderen, spricht in sein Diktiergerät, trinkt jede Menge Wein und Cognac, ohne Wirkung, lässt die bearbeiteten Mappen laut auf den Boden klatschen, als könne er sich damit wecken. Zwischendurch schaut er immer wieder in seinen PC, um ihre letzte Mail zu lesen, die von gestern. Ihre Zeichen auf dem Bildschirm: Freude, nur Freude auf das gemeinsame Wochenende, viel Zeit miteinander haben! Hinter jeden ihrer Sätze hat er seine Antwort dazwischengesetzt, in blauer Schrift, damit sie ihn sofort erkennt. Senden, empfangen, vorschlagen, sich absprechen, senden, empfangen, vorschlagen – das geht so eine Weile hin und her, bis das Wochenende Format hat. Es ist ihre Art Mail-Dialog. In Weimar ins Theater gehen, davor in die Sauna, danach essen, sich lieben, am nächsten Tag in Frankfurt in eine Ausstellung, in Darmstadt gibt es auf der Mathildenhöhe irgendwas Italienisches zu sehen, zurück nach Frankfurt, um den Bruder kurz zu sprechen, für Freunde Essen kochen, abends zusammen in Ruhe Fotos anschauen. Er schreibt, er wolle mehr, viel mehr von ihr. Das Wochenende wird dicht, wie immer, wenn sie zusammen sind.

Als die Nacht nach dem Schwarzen Freitag zu Ende geht und es langsam hell wird, streunt er wieder durch die leeren Straßen. Auf dem Domplatz wird fast geräuschlos für den Wochenmarkt angeliefert. Nun fährt er doch nach Hause, sitzt ein, zwei Stunden auf ihrem Stuhl im Wohnzimmer, hört den Treppenaufgang nach ihren Schritten ab. Er weiß, sie kann nicht kommen, aber vielleicht kommt sie doch. Dann erträgt er die Stille der Wohnung nicht mehr, rast zurück ins Büro. Schlaf gibt es in nächster Zeit sowieso nicht.

Erneut versucht er, die Bilder zu ordnen: Donnerstag, vorgestern also, war er am Nachmittag zur Kunstmesse in Dresden. Auf der Vernissage der Galerie Braunsfels standen etliche neue Arbeiten von Dietrich

Klinge, auch drei große, fast expressionistische, ausdrucksstarke Bronzeköpfe, die bei dem Heiligenstädter Bildhauer stets so aussehen, als seien sie aus Holz. Immer wieder, wenn sie in Ausstellungen vor diesen Plastiken stand, hatte er sie kaum mehr loseisen können. Sie sah und staunte, noch Tage schwärmte sie. Am Donnerstag hatte er einen der drei Köpfe ausgesucht. Ein sinnliches Knabengesicht mit asiatisch aufgeworfenen Lippen und übergroßen, lasziven Augen. Es ist das Richtige, er weiß es, es ist sein Hochzeitsgeschenk.

Am 20. Mai soll sie es bekommen, da sind sie auf den Tag genau ein Jahr zusammen. An diesem Tag will er es ihr auch sagen, das mit der Hochzeit. Als er am Abend des 25. April 2002 mit der Plastik im Kofferraum nach Hause kam, zögerte er. Führe er jetzt mit dem Bronzekopf vor, würde er ihr die Plastik heute noch zeigen, das war sicher. Allein der Gedanke an ihr Strahlen, wenn plötzlich ein richtiger Klinge vor ihr stand, das konnte er nicht aushalten. Er musste sich was überlegen.

Doch das war nicht der Grund, warum sich die beiden am Vorabend des 26. April 2002 nur kurz sahen. Birgit Dettke hatte beim Erfurter Stadtsender Radio-Frei einen Interview-Termin. Das Thema: ihr Kinderkunst-Projekt, ein Mammut, der noch immer nicht richtig am Laufen war, zumindest lange nicht so, wie sie es sich vorstellte. Schon deshalb nahm sie solche Termine ernst, wollte sie den Kopf dafür frei haben. Sponsoren brauchte er, ihr Verein, Räume für Ausstellungen und zur Archivierung, vor allem aber Fürsprecher. Öffentlichkeit war vonnöten, alles ging wie immer viel zu langsam. Wie auch sollte der große Traum Wirklichkeit werden, der Traum vom eigenen Museum für Kinderkunst, wenn schon sie sich nur halbherzig dafür einsetzte? Über 10 000 Stück hatte sie schon zusammengetragen, die Materialfülle sprengte jeden Rahmen. «Ja, also, ich bin Birgit Dettke und 39 Jahre alt. Ich unterrichte seit 1992 am Gutenberg-Gymnasium das Fach Kunst. Mein großes Thema ist die Kunst von Kindern.»

Eine sehr helle Stimme sucht sich einen Punkt im Raum, klingt anfangs sehr tastend, fast scheu. Doch als das Thema nach vier, fünf Minuten gefunden ist, ist auch die Stimme da – die Kinderbilder aus den zwanziger Jahren, das Stück unaufgearbeitete Alltagsgeschichte der DDR aus der Perspektive von Heranwachsenden, ihre Trick-Box im Gutenberg-Gymnasium, mit der die Schüler Zeichentrickfilme selbst erstellen, die geplanten Ausstellungen, die fehlenden Räume, das wenige Geld, ihre Arbeit mit Gehörlosen, die Idee von einem Kunstbildband für Blinde, das endlich gefundene Signet für den Verein: ein freches Sterntaler-Mädchen, eine kleine Fee mit blonden Haaren und in schwarzem Gewand, das sich lächelnd mit einem Stern in der Hand in die Zukunft imaginiert. Kann das Mädchen zaubern? «Natürlich ist das eine Kinderzeichnung aus der Sammlung», erwähnt die Kunstlehrerin nicht ohne Stolz.

Das Live-Interview am Abend des 25. April 2002 wird Birgit Dettkes Vermächtnis. Tausende Ideen, Pläne, Wünsche und immer wieder der Satz von «der Welt, die ihre Kinder gestalten». Es war schrecklich schnell vorbei, berichtet sie aufgekratzt, als sie ihm weit nach Mitternacht von ihrem Rundfunk-Termin erzählt. Dann sagt sie, er solle sie sehr früh wecken. Da sei noch Etliches, was sie unbedingt vor Schulbeginn erledigen müsse. Als er sie wie vereinbart am nächsten Morgen anruft, ist sie bereits geduscht, die Nacht sei unruhig gewesen, erwähnt sie. Etwas später, als er sie erinnert, sie müsse nun los, sagt sie: «Ja, ja, ich geh ja schon!» Sie lacht. «Ich freue mich auf dich» – es ist der letzte Satz, den er von ihr hört. Kurz nach neun betritt sie die Schule. Zwei Stunden später ist sie tot.

Wo haben sie sich eigentlich kennen gelernt, die in Leipzig geborene Kunstlehrerin und der Kölner Rechtsanwalt? Na wo schon, auf den Erfurter Vernissagen. Schrecklich ernstes Publikum, Sekt, lange Reden, kurzer Sinn, aber eben viel neue Kunst. Die Kunst ist beider Passion, davon können sie nie genug haben. Sie – meist etwas abseits, ihre Haare in kurz geschnittenem Bauhaus-Stil und leichtem Henna-Rot, kommt immer etwas zu früh zu den Eröffnungen, steht dann so da, betrachtet das Neue der Kunst aus Distanz und Ruhe, das heißt, genau. Er – meist in verflecktem Jackett, verschwitzt und atemlos, kommt gerade aus dem Auto gestürzt und von irgendeinem Gerichtstermin. Frankfurt, Basel, Cottbus – egal. Doch ist hier vielleicht was zu sehen, das ihn zum Kauf reizen würde? Eric Langer ist Kunstsammler. Braque, Escher, Miró sind seine Steckenpferde. Und an der ostdeutschen Kunst – der alten wie neuen – hat er auch nie vorbeigeschaut. Da kennt er sich ganz gut aus.

Irgendwann im Winter 2001 kreuzen sich die Blicke der beiden häufiger. Ja doch, er kennt sie, hat sie – war es nicht eher ihr Mann? – schon irgendwann mal gesehen. Sein Blick wandert weiter, die Galerie Rothamel stellt neue Arbeiten von Moritz Götze aus. Vielleicht ist was für ihn dabei. Rechtsanwalt Langer ist sehr geschäftig und schon seit längerem nicht auf Frauen aus. Er hat seine Erfahrungen gemacht – mit den Kameradschaftlichen aus dem Osten wie den zum Frösteln Emanzipierten aus dem Westen. Nein danke, das hält nur auf, er will nicht mehr. Sein Blick streunt, bleibt wieder an ihrem Gesicht hängen. Wer ist nur diese Frau?

Irgendwann sprechen sie länger, sitzen am Rand, in den ruhigeren Zonen der Ausstellungsräume, sehen sich suchend an. Sie erzählt von Trennung, der Tochter, irgendwelchen Umgangsterminen. Sie ist nicht glücklich, spürt er. Er ist es auch nicht, hat aber immerhin New York, Venedig, Toronto – die großen Reisen, die Kunst und vor allem viel Arbeit.

Dann folgen Einladungen zum Essen, ins Kino, sie fahren das erste Mal nach Weimar, laufen durch den Thüringer Wald. Es ist Frühling. Im Auto erzählt sie von Mutschlena, einem Dorf bei Leipzig, in dem sie aufgewachsen ist. 1963, sächsisches Hinterland, eine Kindheit im Schatten der Mauer. Dass sie als Mädchen unbedingt Bürgermeisterin werden wollte, damit die Straßenbahn von Leipzig aus bis zu ihnen, in ihre Einöde, käme, erzählt sie. Er sieht sie erstaunt von der Seite an, sieht sie lachen. Das Dorf habe noch heute keine Straßenbahn, ergänzt sie, und wohl auch keine mehr nötig. Alle sind nur noch mit dem eigenen Auto unterwegs.

Mutschlena und der Hof der Eltern. Kühe, Schweine, Ziegen, Gänse. «Heute Nacht ist der Hahn gestorben», ruft die Mutter der Nachbarin über den Zaun zu. «Die Friede ist grad auf die Tenne gefallen!», hält die andere Stimme dagegen. Einfache Wahrheiten, die Bestand haben. Das Mädchen nimmt sie auf, wie die staubige Dorfstraße, den karstigen Ton der Dörfler, die schnörkellose, flache Landschaft, die viel zu langen

Winter. Unverstelltes Leben, das sich auf klare Rhythmen einigt. Vielleicht ist ihr Blick daher?, fragt er sich.

Auf der ersten Reise, die die beiden gemeinsam planen, geht es nach Hamburg. In der Kunsthalle gibt es Russische Avantgarde zu sehen. Um vier Uhr morgens ist bei ihm Abfahrt. Sie darf schlafen, wird mit einer Decke bedacht, er fährt und trinkt Tee. Als sie munter wird, beginnt er zu erzählen. Ob sie überhaupt wisse, dass sie gemeinsame sächsische Wurzeln hätten. Sie haben sich noch nicht einmal geküsst, denkt er.

Wieder ihr Lachen. «Haben die Rheinländer neuerdings was mit den Sachsen am Hut?» Manchmal hat sie was Kämpferisches, findet er, doch sagt es nicht, übergeht ihren Einwurf, will jetzt nicht ausweichen, will ihr was sagen. Seine Mutter sei gebürtige Leipzigerin, fährt er also fort, Anfang 1961 hat sie sich einfach in den Zug gesetzt und ist allein nach Westberlin gefahren. Die Familie ist in Leipzig geblieben. Sie musste weg, der ganze Politkram sei ihr fürchterlich auf die Nerven gegangen. War doch absehbar, was da kommt, meinte sie, als die große Politik ein halbes Jahr später ihre Flucht bestätigte. Die Berlin-Zeit ist hart, dann landet die Mutter im Rheinland und lernt in Köln ihren späteren Mann Guido Langer kennen.

Seine Art ist es, die ihr gefällt und die sie hält: nichts übrig haben für die gängigen Sechziger-Jahre-Konventionen des prosperierenden Westdeutschlands. Ein maximal freies Leben, das ist es, was ihn interessiert. Als er seine Zulassung als Arzt in den fünfziger Jahren verliert und ins Gefängnis muss, verliert er auch seine berufliche Passion, sucht eine Alternative und findet sie darin, in den Frankfurter Apfelweinkneipen Spielautomaten aufzustellen. Das ist nicht, was er wollte, aber immerhin ein einträgliches Geschäft, bei dem seine Anwesenheit kaum vonnöten ist. Die Familie hat somit ausreichend Geld und er für sie Zeit, was zur Folge hat: Sie sind viel unterwegs. Kommt Guido Langer am Morgen in den Kopf, am Nachmittag Versailles zu sehen, werden die drei Söhne kurzerhand auf den Mercedes-Rücksitz gepackt, die Frau daneben platziert, und ab geht die Post. Stromern, herumziehen, heiter leben – das ist seine Welt. Ein Hansdampf in allen Gassen, der die Menschen gern hat, immer mal vom Weg abkommt, der vielleicht ein bisschen schräg ist, doch er liebe den Vater sehr, betont der Mann hinterm Steuer.

Wo denn das Streunende des Vaters her sei, fragt sie neben ihm, sichtlich fasziniert. Keine Ahnung, vielleicht seine südamerikanische Linie. Die Urgroßeltern von Schroedter waren 1848 nach Amerika ausgewandert und irgendwann in Costa Rica gelandet. Der Urgroßvater wurde dort Botschafter der USA. Wieder lacht sie, eine solche Farbe stünde ihrer Familie auch ganz gut, meint sie und wechselt übergangslos zurück ins Sächsische. Also Mutschlena, die beiden jüngeren Schwestern Karin und Martina, die Kindheit auf dem Bauernhof, ihre Schulzeit in der Allgemeinbildenden Polytechnischen Oberschule.

Diese Mädchen, die in den sechziger Jahren in der DDR auf dem Land aufwachsen, sind Margot Honeckers Lieblingsgeschöpfe und werden aufmerksam gepäppelt. Ihre Mauerkinder – in niemanden konnte man die Entwickelte Sozialistische Gesellschaft in solcher Reinform implantieren wie in sie. Die Idee von den stählernen Mädchen: idealistisch, tugendhaft, praktisch, unkompliziert und darin das deutsche Frauenideal konservierend bis auf die Knochen. Mit ihnen hatte man viel vor. Der Vorzug vollkommenen Einschlusses ist effiziente Gleichschaltung. Das Land braucht mehr Glühende, man nennt sie die Junge Garde. Die sollen die Fackel tragen. Gern nimmt man auch Frauen.

Das Mädchen Birgit Kluge, später Dettke, weiß die Schulvorlagen problemlos zu erfüllen. Sie gilt als überdurchschnittlich begabt, auf jedem Schulappell wird sie ausgezeichnet und beinah jedes Jahr in neue Funktionen gehoben. In den Zeugnissen, die fast nur Einser kennen, wiederholt sich der Beurteilungstext litaneiartig: «Sie besitzt sichere und anwendungsbereite Kenntnisse, die sie sich in gründlicher, fleißiger Arbeit aneignet. Mit Sicherheit und Energie leitete sie die FDJ-Arbeit der Klasse. Sie kann gut argumentieren und verfügt über einen konsequenten Klassenstandpunkt, denn sie jederzeit im Kollektiv vertritt.»

Das hat zunächst nicht viel zu sagen, solche Texte sind gängig und gehören in die Kategorie Plastiksprache. Auch in Westdeutschland existiert ein solches Sechziger-Jahre-Bildungsmodell, konzipiert für das katholische Arbeitermädchen vom Lande. In vielerlei Hinsicht unterprivilegierte Mädchen, deren Ausbildung durch bemühte Konzepte beschleunigt wird. Man braucht sie, die kleinbürgerlich Strebsamen, sie sind die sichere Bank der Gesellschaft. Von dort ist nichts Renitentes, schon gar keine Revolte zu erwarten.

Im Osten ist das nicht anders, o doch! Nicht Flower Power, nicht Marilyn Monroe, weder Woodstock noch Mick Jagger, sondern eine vordergründige Zwangsideologisierung der Ost-Jugendlichen hinterm bleiernen Vorhang bestimmte das Geschehen. Wie man eine Jugend an die Kandare bekommt, wird hier bilderbuchartig vorgeführt. Man schließe ein Land, umhege es wie einen Zoo und achte immer schön auf die Krallen, die sich ab und an durch die Gitterstäbe schieben. Das zeitigt unbedingte Ergebnisse. Ein paar Jahre später zeigt sich die Honecker-Ära im Kleid einer bedrückend staatsförmigen Harmonie.

Doch etwas immerhin schafft der idealistische Tugendkatalog der Frau Honecker: die Mehrheit der Ostjugendlichen stromlinienförmig und zugleich aufstiegsorientiert zu machen. Was sollte auch werden mit all ihrer Heilserwartungs-Energie? Wer seine Verhältnisse verlassen will, bedient die Strukturen, die man ihm anbietet. So schnell wie möglich übers Dorf hinaus? Die Alternativen sind mickrig, aber nichts wie raus hier!

Insofern ist Birgit Dettke eine lupenreine Exponentin der Kaderproduktion der DDR-Bildungsministerin. 1979, nach Abschluss der 10. Klasse, geht sie nach Weimar ans Institut für Lehrerbildung «Walter Wolf» und wird zur Freundschaftspionierleiterin ausgebildet. Durch das vierjährige Fachschulstudium erhält sie auch eine Lehrbefähigung in den Fächern Kunst und Deutsch für die Unterstufe. In Weimar lebt sie im Internat, direkt am Goethepark. Sie ist FDJ-Sekretärin und Vorsitzende der Revisionskommission am Institut. Im Abschlussjahr tritt sie in die SED ein, lässt sich für anderthalb Jahre auf die Kreisparteischule einschreiben.

Unmittelbar nach den Ausbildungsjahren geht sie zurück nach Leipzig, arbeitet dort fünf Jahre lang an einer Polytechnischen Oberschule als Pionierleiterin. Darüber hinaus engagiert sie sich, wie gewohnt: als Kreisvorstandsmitglied im FDGB, in der Stadtbezirksleitung des Kulturbundes, und soeben erst an der neuen Leipziger Schule angekommen, lässt sich die Zwanzigjährige auch gleich in die Parteileitung wählen, sie wird die Propagandistin der Schule.

1986 wird die Tochter Franziska geboren, ihr Mann Heiko Dettke, den sie schon als Siebzehnjährige kennen gelernt hatte, bekommt als Ingenieur eine lukrative Stelle in Thüringen. Die drei siedeln 1987 nach Erfurt über. Sie arbeitet wieder an einer Polytechnischen Schule, als Kunstlehrerin bis zur Wende 1989. Ein Jahr später wird Birgit Dettke an der Pädagogischen Hochschule Erfurt immatrikuliert, für ein Studium der Germanistik, Lehramt Regelschule. Das schließt sie 1993 mit dem Prädikat «Sehr gut» ab. Ob Evaluierungen, Neuformierungen der Institutslandschaft, Wechsel von Prüfungskommissionen, neue Professoren – Birgit Dettke zeigt sich von allen äußeren Umbrüchen unbeirrt. Sichtlich weiß sie, was sie will. Die besondere Kunstlandschaft Thüringens nach dem Krieg – zwischen verfemter Bauhaus-Tradition, den verschiedenen regionalen Zeichenschulen und den neuen Kunsterziehungs-Doktrinen – hat es ihr angetan. 1992 beginnt sie ein Dissertationsprojekt, für das sie 1996 ein «magna cum laude» erhält. Das Thema: «Zur Entwicklung des Kunsterziehungsunterrichts in Thüringen von 1945 bis 1959».

«Begeisterung, Neugier und Beharrlichkeit» bescheinigt ihr der langjährige Doktorvater Prof. Dr. Peter Arlt vom Erfurter Institut für Kunst und hat in seinem Gutachten dennoch viele Fragen. Einen Mangel an Souveränität im Umgang mit den historisch äußerst differenzierten Prozessen dieser Jahre weise ihre Arbeit auf. Im

Zusammenhang mit dem Großprojekt Kinderkunst schreibt er nach ihrem Tod: «Wie eine Biene den Nektar saugt und den Ertrag für andere fruchtbar macht, von einer solchen Sammelleidenschaft war Birgit Dettke.»

Die beiden lassen sich Zeit miteinander. Die Autobahn nachts um halb fünf ist leer. Auf einer Raststätte vor Hamburg zieht er beim Tee ein kleines Foto aus der Geldbörse: Mutter, Vater, drei Jungs vor dem Leipziger Hauptbahnhof. Seit die Mutter 1972 wieder in den Osten darf, ist die Familie oft in der Messestadt. Ein kleines Foto, er legt es neben ihre Tasse. Sie betrachtet es lange, dann prustet sie los: Mutter, Vater, drei Mädchen auf derselben Stelle vor dem Bahnhof, sie zieht ihr Foto aus der Tasche, hat es auch immer dabei. Sie legen die Bilder nebeneinander.

So ist das immer mit ihnen gewesen, denkt er jetzt, in ihrer Wohnung, an ihrem Tisch, vor ihrer Kaffeetasse von gestern, am Boden die schon eingetrocknete Spur. Sie hat den Kaffee noch ausgetrunken, bevor sie los ist, sie war zu spät. Stück für Stück betrachtet er die Dinge ihres Lebens, jedes Bild, die Bücher, ihre vielen Zeichen, überall. Gegenüber auf dem Balkon raucht ein Mann eine Zigarette. Er weiß nicht, warum sein Blick sich an ihm festhält. Auf dem Tisch vor ihm steht ein halber Strauß gelber Rosen. Sie haben immer geteilt. Daneben liegt ein Zettel, für ihn. «Ich möchte keinen Tag mehr ohne dich sein.» Wo hätte er ihn in den nächsten Tagen gefunden?

Frankreich und ihre erste große Reise, Ende Juni letzten Jahres. «Schau, die Rapsfelder, gelber geht's nicht», zeigt sie ihm die großen Flächen auf der Fahrt. Nicht dass er sie nicht sähe. Verdun, dann Paris, Sacré

Cœur, Picasso, Monet, Centre Pompidou, am Abend ihr Essen im Chartier, in dem kleinen schmuddligen Restaurant, das er so mag. Sie hat ihr Skizzenbuch dabei, die Digitalkamera, ohne Pritstift fährt sie gar nicht erst los, klebt alles auf, jede Eintrittskarte, jede Rechnung. Sie ist eben so. Sie sitzen am Fenster, fotografieren sich gegenseitig, sind glücklich, trinken Wein, planen ihre Schlössertour durch das Loire-Tal. Die Franzosen und der Stil, alles in allem nur Schönheit pur. Start in Tours, dann Villandry – durch die vier Gärten der Liebe. Richard Löwenherz müssen sie eine Audienz geben, dann fahren sie bis nach Rouen, dem Ort, wo die heilige Johanna verbrannt wurde und das Meer wartet.

Eine Pilgerreise durch die vollendete Form: Kapitelle, Mosaiken, Hieroglyphen. Die endlose Welt der Schatten. Reigen, Waage, Spiegel, Schleier. Überall Figuren, die mit immergleicher Geste auf einen Mittelpunkt zeigen, auf das Abwesende verweisen, das Wunderbare. Die Geschichte vom unvergleichlichen Königssohn. Sie erzählt sie immer wieder. Er übersetzt ihr holpernd die Kirchen-Inschriften: «Wenn unsere Leiber die Eucharistie empfangen, sind sie nicht mehr vergänglich.» Die Aura aus Bibel und Krieg, Liturgien, Symbole des Schmerzes, unlösbare Knoten, seidene Fäden, in jedem Schloss haben sie ein Zuhause gefunden. «Ich kann dir gar nicht sagen, wie großartig es ist», steckt am Abend ein Zettel unter seinem Weinglas. Am Ende laufen sie an der Kanalküste. Das Licht ist klar und kühl, die Wolken fliegen hoch. Sie zeichnet Etretat. Monet saß auch davor.

Die Sekunden, in denen die Bilder kommen. War das wirklich gestern? Freitag – Bürotag, keine Termine, nur

Akten, doch am Abend ihre Verabredung und von da an endlich Ruhe. Mittag um halb eins: der Anruf einer Freundin. Ob er es gehört habe, in der Schule sei irgendwas, es gebe zwei Tote. Er stürzt aus der Kanzlei, fährt nach Hause in die Mühlhäuserstraße, nur wegen des Anrufbeantworters – keine Nachricht von ihr. Er rennt zur Schule, gleich um die Ecke, höchstens zwei Minuten Weg, sieht dort den Massenauflauf, die Hektik, alles ist abgesperrt. Ein Polizist beruhigt ihn, schickt ihn zum Sportplatz.

Als stolpere er über die Blicke, taumelt er durch die Nässe. Tränen, Ohnmacht, er will niemandem begegnen jetzt, er sucht sie. Eine befreundete Lehrerin sieht ihn an, hält sich die Hand vor den Mund, presst: Birgit sei verletzt. Was sagt sie? Frau Schlemmer, die Pfarrerin der Andreaskirche, die ihm nah steht, bedeutet ihm, sie dürfe nichts sagen. Braucht sie auch nicht, ihre Augen haben die Information geladen, sie sagen alles. Zurück nach Hause, ins Auto, die Fahrt in alle Krankenhäuser der Stadt. Sie dauert Stunden. Ja, ja, sie seien informiert, sie wüssten schon, heißt es dort, aber es gebe keinen einzigen Transport von da oben, vom Berg.

In der Medizinischen Akademie kennt er die Chefärztin der Radiologie. Sie operiert, endlich kommt sie, steht vor dem OP-Saal. «Nein», sagt sie und sieht ihn aufmerksam an, «wir sind auf alles eingestellt, aber vom Gutenberg sind keine Verletzten gekommen.» Was, wieso, wie kann das sein? Wirklich keine Verletzten? Wieder sieht sie ihn so an, will ihn drücken. Beiden ist klar, was das bedeutet.

Die Sekunden, in denen die Bilder kommen: New York im November, seine Stadt. Vier Nächte im Waldorf

Astoria. Am ersten Abend – sie sitzen in der ersten Reihe – schläft sie ein im Musical. Einer der Tänzer stürzt über ihre ausgestreckten Beine, sie setzt sich kurz auf, ohne die Augen zu öffnen, rutscht sofort wieder zurück in ihren Stuhl. Am zweiten Tag laufen sie in die gesperrte Baustelle des Ground Zero, stehen vor den Stahlgerippen, bekommen keine Luft, verschwinden im Staub, werden ganz still. Am dritten Tag will er sein Programm: Metropolitan, Museum of Modern Art. Aber sie will mehr: auch noch das Guggenheim. Am Abend essen sie beim Brasilianer Steak, hocken mit großen Cocktails an der Hotel-Bar. *«The one we talked of so often each time / we downed three extra dry martinis in Boston.»* Nein, nicht Boston, keine Martinis, sondern Long Island Ice-Tea und damit aufs Empire State Building. Am nächsten Tag ziehen sie durch SoHo, 50 Galerien mindestens. Sie bewegt nur eins: alles sehen, was es gibt.

Weihnachten, das einzige Weihnachten, das sie haben, verbringen sie in Venedig, am Meer, in den leeren Cafés. Sie steht vor den edlen Papierläden, entdeckt endlich das richtige Heft-Format für ihre Skizzen. «Schau mal!» Die Geschäfte sind geschlossen, die Hefte kauft er ihr, aber zu spät. Silvester tanzen sie Walzer auf dem Markusplatz, als die Knaller über dem Meer hochgehen, wünschen sie sich viel mehr. Am nächsten Tag sind sie in Wien. Am 3. Januar ist ihr Geburtstag, sie sitzen im Restaurant Palfi, einem alten Palais unterhalb des Prager Hradschin. Die Stadt kennt sie gut. Kafkas Wege, der jüdische Friedhof.

Im Februar fliegen sie für acht Tage nach Kanada, Toronto, vereiste Straßen, dann die Fahrt nach Norden,

Ottawa, Montreal. Acht große Museen. Ob das Leben die Kunst sucht oder die Kunst das Leben? Wer weiß, aber es entstehen 800 Fotos. Er sieht sie lachend durch den meterhohen Schnee stapfen. Sie hatte gar nicht die Schuhe dazu.

Die Sekunden, die Bilder, der Borntal-Platz. Wieder ist er dort, jemand muss doch was wissen. Gegen 17.30 Uhr sind viele Schüler von ihren Eltern abgeholt, der Platz leert sich, der Boden gleicht einem Pudding, das Angehörigen-Zelt ist verwaist, kein Mensch ist da. Er hört irgendwas, etwas von ferne, vielleicht Stimmen, aber er weiß nicht, was da ist. Irgendwann hat er das Gefühl, als sähe er immer die gleichen Gesichter: eine weißhaarige schmale Frau mit modischer Brille, einen kräftigen, freundlich aussehenden Mittsechziger, eine kurzhaarige, schmale Lehrerin, die er zu erkennen glaubt. Und er sieht sich: die offene rote Leinenjacke, die dicke Brille, seinen hastenden Blick, der alles zur Seite schiebt: Wo ist sie nur?

Schritte, die sich überschneiden, Augen, die krampfhaft versuchen, aneinander vorbeizuschauen. Doch sie begegnen sich, immer wieder. Irgendwann werden die Übriggebliebenen zusammengerufen: In der Europaschule wird gegen 19.30 Uhr eine Liste verlesen, sagt man ihnen. Er läuft noch da hin, hört schon, was sie sagen, sieht den Raum, das Licht, er weiß, wie so was abläuft, er ist Anwalt. Warum? Soll er sich das antun? Vor dem Haus steht ein Polizist, der ist informiert. Das knappste Gespräch, an das er sich erinnern kann. Doch jemand musste es sagen, es musste eine Stimme geben, die ihren Namen nennt. Er hätte es sonst nicht geglaubt.

Er verlässt den Sportplatz, hockt eine halbe Stunde

auf einer Mauer unweit der Schule, geht vor seiner Kino-Verabredung noch einmal nach Hause, setzt sich vor den Computer. Er schreibt ihr eine Mail: Meine Liebe, du mein Leben.

Euer Leben ist nicht unser Leben

Ist das Massaker an ihrer Schule der Vorschein von etwas Kommendem oder die singuläre Tat eines Irrläufers? Ist Robert Steinhäusers Mordserie ein allgemeines Zeitphänomen, oder agierte er in seinem Horror einen ganz bestimmten Konflikt aus? Einen unausgesprochenen Streit? Eine nicht ausgetragene Kontroverse? Und wenn ja, worin besteht die Spannung, etwa zwischen der Generation der Robert Steinhäusers und der Generation ihrer Eltern und Lehrer, zwischen ostdeutschen Wende- und Mauerkindern? Ist das Streitfeld so vermint, dass es nur durch eine solche Art krassester Negation geräumt werden kann?

Elsa wehrt sich gegen das Rutschen der Bilder, es ist so viel Stoff im Raum, das Geschehen komplex, die Dinge treiben sie um. Das Erfahrene sitzt tief. Die Medien, was haben sie berichtet? Ist das Ganze nicht anders gelaufen? Und was zeigt sich jetzt?

Robert Steinhäuser und seine Familiengeschichte, der juristisch haltlose Schulverweis, die schulische Selektionsideologie, die durchgängigen Billigungsstrukturen seines Umfelds, sein Kampftraining auf den Schießplätzen, seine eventuellen Komplizen, die Frage nach dem zweiten Täter, die ignorierte Warnung aus dem Umfeld der Steinhäuser-Familie? Heißt das, das Massaker wäre zu verhindern gewesen? Ein Gedanke, den Elsa sich kaum gestattet: Die Ermordeten, sie könnten leben? Fragen über Fragen, Versatzstücke, Eindrücke, versuchte Chronologien: Warum kein schneller Notzugriff vonseiten der Polizei? Warum keine Koordinierung des Einsatzes? Warum so viele Hilfskräfte statt einer professionellen Rettungskette? Warum die zögerliche Hilfe gegenüber den sichtbar Schwerstverletzten? Warum die späte Evakuierung der Schüler? Warum die derart verzögerte Information der Angehörigen?

Ordnen, das Komplexe des Ganzen erfassen, der eigenen Fassungslosigkeit etwas entgegensetzen, festhalten, sich ein Bild machen, die Teddybären in den Blumenbergen wegschieben, sehen, was die Ursachen sind, wie etwas abläuft, was dahinter steckt. Jetzt beginnt die Zeit danach, von nun an geht es um den Umgang mit der Tat. Und Elsa wird das Gefühl nicht los, dass sich da noch manches zeigen wird.

Erfurt kommt in diesen Tagen nicht zur Ruhe. Tränen, Ängste, Lähmung, Albträume, Verzweiflung, Schlaflosigkeit. Die Stadt wartet auf die offizielle Trauerfeier, auf den Großen Abschied. Am 3. Mai 2002, eine Woche danach, ist es so weit, die meisten Geschäfte der Stadt sind geschlossen, die Blumenläden sind ausverkauft, die Erfurter wollen Anteil nehmen. «Erfurt trauert. Thüringen trauert. Deutschland trauert. Die Welt ist erschüttert», beginnt der Ministerpräsident des kleinsten Freistaates, Bernhard Vogel, seine Rede. Die deutsche Politik gibt sich auf dem Domplatz die Hand. Die Stadtschüssel läuft voll, der Strom der Menschen reißt nicht ab, Erfurt will zeigen: Wir sind füreinander da, wir haben keine Angst vor unseren Gefühlen, und die Menschen zeigen es.

Die Szenen sind bewegend. Viele Schulklassen des Landes sind herbeibeordert worden, sie stehen in Gruppen und weinen in sich hinein, die hunderttausendfache Stille ist greifbar, es regnet. Durch den Sitzblock der Staatsobersten werden große Schirme gereicht. Die Schüler vom Gutenberg-Gymnasium sitzen neben ihnen, durch sie zieht ein eiskalter Regen. Elsa steht hinter ihnen, sieht, wie sich ihre Körper zusammenziehen, sich schütteln, sich aneinander drücken. Ungeschütztere hat sie nie gesehen, ein Bild zum Erbarmen.

Der Luftraum über der Stadt ist gesperrt, das SEK auf ein mögliches Attentat vorbereitet. Allgemein gilt Sicherheitsstufe eins. Franz Schuberts Unvollendete, weiße Hortensien, Mandelblüten, brennende Augen, die Menschen nehmen einander in den Arm. Auf jedem Stuhl vor den Domstufen liegt eine weiße Rose. Der Bundespräsident erklärt: «Niemand darf abgedrängt werden, niemand darf an einen Punkt kommen, an dem er glaubt, sein Leben sei nichts wert, weil er in einem bestimmten Bereich nur wenig leisten kann, weil er nichts bringt, wie man so sagt. Jeder ist wertvoll durch das, was er ist, nicht durch das, was er kann. Wir müssen uns umeinander kümmern.» – «Honorige Worte, man höre und staune», hört Elsa neben sich einen Kommentar. «Mord beginnt im Herzen, unsichtbar. Dann setzt er sich im Kopf fest», sagt jetzt der Landesbischof Christoph Kähler. «Doch Leben beginnt auch im Herzen, unmerklich, mit einem aufmerksamen Blick.» In ehrendem Gedenken werden die Namen der Opfer verlesen, für jeden steht auf dem Altar, vor dem hohen weißen Kreuz, eine Kerze, für jeden eine Schale mit frischen Blumen. Etwas außerhalb brennt eine kleinere, siebzehnte Kerze. Zwölf Uhr: eine Schweigeminute im ganzen Land. Die Domglocke hängt schwer über der Menge.

Die Jugendlichen, die außerhalb des Offiziellen stehen, stellen nach kurzer Zeit ihre Handys wieder an. «Zu viele Politikerreden, und wieder geht es nicht um uns», sagen sie. «So ein hochschwangeres Getöse», meint ein Siebzehnjähriger, «eine einzige Schülerin durfte sprechen, echt zum Kotzen.» Nach einer knappen Stunde Regen und Reden verlassen sie den Platz. Ein Punk-Freund wird seine Rose für seinen erschossenen Freund Ronny Möckel nicht los, es störe das große Trauerbild auf den Domstufen, erklärt man ihm. Nichts da mit persönlicher Geste, die Jungen sind sauer. «Ist doch ein Tag für alle, haben wir gedacht!» Die Rose für Ronny liegt dann allein und etwas zerknickt an der Gera, auf dem Stück Wiese hinter der Krämerbrücke, dort, wo sich der Erfurter Underground einfindet. «Hätt ich schön gefunden, meine Rose in dem großen Blumenmeer», sagt Ronnys Freund, noch immer geknickt. «Nun sitzen wir eben hier, was soll's, hier kann man auch traurig sein.»

Immer weniger Sterne erhellen das Universum, in fünf Milliarden Jahren ist es vollständig dunkel, liest Elsa in der *Thüringischen Landeszeitung*, sie hat sich in ein Café am Rand des Trauerplatzes zurückgezogen. Einen Moment für sich sein, eine Zigarette, das braucht sie jetzt. Die Zeitungen sind voll mit Traueranzeigen: «Nichts wird jemals wieder so sein, wie es einmal war – In unsagbarem Schmerz – In Liebe, dankbarer und stiller Trauer – In Erfüllung seiner Dienstpflichten – Stricky, wir werden Dich nie vergessen! – Der Eisenbahnersportverein trauert um zwei seiner Vorbilder – Deine Dich so vermissende Tochter – Meine Frau wünscht sich nur weiße Rosen – Heaven was missing an angel! – Hat sich mit außerordentlichem Engagement und Liebenswürdigkeit …» Elsa hat solche Texte bisher gemieden, es hat sie nicht interessiert, heute liest sie alles, jeden Satz, fragt sich, wie man so was entscheidet, die verschiedenen Schrifttypen, die Balken, das Fettgedruckte, die rankenden Rosen, die Herzen, das Hypersachliche. Wer sagt einem in so einem Moment, was das Richtige ist? Auf einer der Zeitungsseiten bleibt ihr Blick an drei großen Worten hängen: Du mein Leben.

Das Nieseln hat aufgehört, die Menschenmenge löst sich auf. Elsa überquert den Platz, will jetzt endlich Rainer Heise sehen. Er war da, der grauhaarige Kopf hat in der Menge geleuchtet, doch der Platz war zu voll, sie hat ihn nicht erreicht. Als sie unterhalb des Domes ist, öffnet sich oben am Ende der Stufen eine kleine Tür. Eine Frau führt einen Mann, Schritt für Schritt, sie wirken winzig unter den massiven Spitzen des Domschiffes, als würden sie schwanken, als wollten sie im nächsten Moment in das Blumenmeer unter sich stürzen, sie sehen beide aus wie ein Schattenspiel, wirken sehr separiert. Der Mann stützt sich auf einen Stock, sein ganzes Gewicht hängt auf ihm, so geht es Schritt für Schritt, Schritte, die schon beim Ansehen schmerzen. Mutter und Vater Steinhäuser.

«Elsa, ich bin froh, dass ich lebe!» Das ist der erste Satz von Rainer Heise, als er sie unten am Eingang seines Wohnhauses begrüßt. Sie umarmen sich, wie sie sich immer umarmt haben, sprechen, wie sie immer gesprochen haben, sowieso ist alles wie immer. Ist es das? Sie stehen an der Tür, er erzählt die Geschichte, die sie schon aus dem Fernseher kennt, sie hört nicht recht zu, sieht ihn stattdessen an ihrem Fenster vorbeikommen, an jedem Schulmorgen, damals. Ein Mann im Mantel mit schwarzer Kollegtasche. Immer läuft er allein. Ist er auf der Höhe ihres Hauses, weiß sie: Noch fünf Minuten, dann muss auch sie los. Er war die Versicherung, dass der Tag seine Bahn nehmen wird, es wird schon werden, hat sein Gang unbeirrt gesagt. Hat er sie gesehen hinter der Gardine, hat er ihr je zugenickt? Sie spürte sein Nicken, immer, er konnte sie nicht sehen.

Der Kunstlehrer hält inne, berichtet von den Tagen nach dem Mordlauf. Wie er angespuckt wurde im Rathaus, wie man ihn an der Jacke gezerrt hat. Ein Mörder sei er, der verlogenste Held der Stadt! Von den Vernehmungen berichtet er, sechs Stunden lang, kein einziger Schluck Wasser und die Fragen der Polizei, die ihn als zweiten Täter verdächtigte. Dann die Anrufe in der Nacht: Komm schon, Alter, dich kriegen wir noch! Die Briefe, die oben auf dem Tisch liegen: zahllose Morddrohungen. «Dieser Helden-Heise klebt an mir wie Scheiße», sagt er. Sie stehen am Eingang, Elsa spürt, wie es in ihm arbeitet, sie möchte etwas tun. «Darf ich wiederkommen?», fragt sie. Elsa sucht den Glanz in seinen Augen. Müde sieht er sie an: «Ach, Elsa, ich geh doch gar nicht mehr raus, auch nicht ans Telefon, vielleicht brauche ich einfach Ruhe.» Als er sich in der Tür noch einmal umdreht, weiß sie: Nichts mehr ist, wie es war.

Die Reaktionen gegenüber Rainer Heise in den Tagen nach der Tat sind so massiv, dass der Leiter der Kriminalpolizeiinspektion Erfurt beantragt, ihn unter Personenschutz zu stellen: «Der Zeuge Heise wurde durch die

Kriminalpolizei zum Sachverhalt Gutenberg-Gymnasium zweimal vernommen. Die letzte Vernehmung fand am 7. 5. 02 statt. Die Vernehmer schätzen ein, dass der Zeuge Heise aufgrund der Gesamtsituation stark suizidgefährdet ist. Darüber hinaus ist nicht auszuschließen, dass auf sein Leben möglicherweise ein Anschlag verübt wird. Hierzu erhielt er bereits mehrere ernst zu nehmende Drohungen. Ich bitte, umgehend im Thüringer Landeskriminalamt Zeugenschutzmaßnahmen zu beantragen.»

Einen Eindruck der denunziatorisch aggressiven Stimmung gegenüber dem, der sich mit all seiner Zivilcourage Robert Steinhäuser entgegengestellt hat, vermittelt ein Briefauszug von einem Jenenser Ehepaar, das stark an den Eingaben-Geist aus alter DDR-Zeit erinnert: «Wir glauben, dass die Polizisten alles in ihrer Macht Stehende getan haben, um das Leben der Schüler zu schützen; das Leben der bedauernswerten Opfer konnten sie nicht retten, es ging alles zu schnell. Sehr sensibilisiert waren wir durch das Interview mit dem Helden von Erfurt Herrn Heise. Wir wollen diesem Lehrer keineswegs seinen Mut absprechen, aber wir bitten Sie, alle Aussagen von Herrn Heise sehr kritisch zu untersuchen, es gibt unserer Meinung nach eine Reihe von Widersprüchen und Ungereimtheiten in seinen Darstellungen. Uns läuft es eiskalt über den Rücken, wenn man ihm zusieht oder zuhört – er erscheint als ein exzellenter Schauspieler, der seine Rolle gut eingeübt hat. Mit freundlichen Posen setzt er sich ins rechte Licht. Theatralisch erklärt er, was er alles getan hat. Nicht eine Regung der Trauer, des Mitleids um seine erschossenen Kollegen und deren Hinterbliebenen. Er genießt die

Aufmerksamkeit der Kameras, ohne eine Träne zu vergießen. Das gibt uns viel zu deuten! Wenn es einen Mittäter gibt, werden Ihre fähigsten Polizisten diesen finden und seiner gerechten Strafe zuführen.»

Die fähigsten Polizisten, die gerechte Strafe. Nach Tagen des Schocks, nach Stille und Trauer will man also Taten sehen! Der Mörder ist nicht mehr zu strafen, er ist tot. Der Ruf wird laut nach dem, der die Fehlstelle besetzen könnte. Mörder und Held, ein symbolisches Paar. Die Schreiben, Anfragen, Ressentiments, Drohungen, Denunziationen gegenüber Rainer Heise, sie erzählen viel. Die einen wollen beim esoterischen Gläserrücken herausgefunden haben, dass er der Onkel von Robert Steinhäuser sei, das Ganze also nichts weiter als ein Riesenkomplott. Die anderen haben ihre Fragen, sie sind durch das Geschehen nun mal «sensibilisiert»: wie das mit der Pistole auf dem Regal war, mit dem Schlüssel, der Maske, dem Schuss, der Zeit. Ungereimt, widersprüchlich, eiskalt, theatralisch – das allgemeine Bewusstsein hat es herausgefunden: Robert Steinhäuser ist bestimmt worden, man hat ihn gelenkt, und dafür kommt nur einer infrage. Wie lebt man damit? Wie lebt er damit? Elsa hat noch seinen Blick vor Augen, als Rainer Heise in der Tür verschwand.

Die Schülerinitiative «Schrei nach Veränderung» hat es wahrgemacht und tagelang Flyer verteilt: Treff am 7. Mai 2002 auf dem Anger, nur vier Tage nach dem großen Trauerakt. Kommt alle! Der ursprüngliche Schweigemarsch zum Kultusministerium wurde verboten, doch das hielt die Organisatoren nicht ab: Sie demonstrieren. Tausende Schüler, auch einige Lehrer und Eltern versammeln sich in der Erfurter Innenstadt. Schrille Pfiffe,

Rasseln, Trillerpfeifen, Musik aus einem voranfahrenden Wagen, selbst gemalte Transparente. «Ihr spart uns dumm!» – «Volljährig, aber ohne Schulabschluss!» – «Mehr Menschlichkeit an Schulen!» – «Euer Leben ist nicht unser Leben!» Ein lauter, bunter Zug bahnt sich seinen Weg, über viertausend Schüler. «Lieber Minister ohne Amt als Schüler ohne Abschluss!» Das trifft den Punkt. Die Novellierung des Thüringer Schulgesetzes wird seit Jahren diskutiert, von allen Seiten gibt es Kritik, doch null Bewegung, jegliche Veränderung wird blockiert.

Natürlich steht durch das Gutenberg-Ereignis der Realschulabschluss der Gymnasiasten jetzt als Erstes auf dem Prüfstand. Einen «vergleichbaren niederen Abschluss bei Nichtbestehen der Prüfung» fordern die Schüler. Das Kurssystem ist umstritten, die Klassenstärken sind zu hoch, die Pisa-Studie ist alarmierend. Hier geht nichts mehr mit Makulatur, hier braucht es langfristige Konzepte.

Doch den Schülern geht es nicht zuerst um Gesetze, ihnen liegt was anderes am Herzen: Wie man ein Mensch wird, wie man denkt und fühlt, wie man ins Leben kommt und mit Konflikten umgeht, das fordern sie zu lernen und nicht, Faktenberge zu bewältigen. «In fast jedem Klassenzimmer ist während des Mordlaufs eine Leistungskontrolle geschrieben worden, fast jede Hausaufgabe wird bei uns benotet, wir sind ein einziger Verwaltungsakt», schimpft ein Gutenberg-Schüler nach dem Start am Anger. Aus den schmalen Seitenstraßen gibt es dauernden Zulauf zum Kern der Demo. Irgendwann macht der Zug Station: Viertausend Schüler breiten sich direkt vor der Staatskanzlei aus. Sie rufen, trillern, skandieren. Doch die Türen bleiben verschlossen, der Ministerpräsident ist in Jena, nicht mal der Pförtner schaut raus. Das heizt auf. Wie war das nochmal, vor Tagen erst, auf dem Domplatz? «Kinder brauchen die Erfahrung, dass sie Konflikte lösen, dass sie Enttäuschungen überwinden können und dass Anstrengungen sich lohnen. Zeit füreinander haben, das gehört zum Kostbarsten, was wir uns schenken können. Wir müssen uns umeinander kümmern», hatte der Bundespräsident gesagt. Schöne Sätze, das klang gut, der Ton hängt noch im Ohr. «Die können mich mal mit ihren verlogenen Sonntagsreden!» Die Fordernden fühlen sich gefoppt. «Was regt ihr euch auf, man weiß doch, wie das hier läuft», winken andere dagegen nur ab. Nach drei kurzen Redebeiträgen nimmt der Demonstrationszug seine Bewegung wieder auf – hier ist nichts zu holen, hier will uns niemand hören, das hält nur auf. Die Schüler ziehen zum Domplatz, zum Blumenmeer.

Auch jetzt noch stehen dort viele, in Andacht und Trauer, mit Blüten in der Hand. Nur wenige Meter abseits wurde eine Bühne präpariert, wieder gibt es ein Offenes Mikrofon, ein heftiges, langes Forum und nun auch die Politik. Der Thüringer Kultusminister Michael Krapp, von Haus aus Informatiker, gibt sich die Ehre, will Rede und Antwort stehen, die Sache mit der Jugend sei ihm ernst, bedeutet er. Der Mann hat einen Auftritt auch nötig, Korrektur ist angebracht nach seinen peinlichen Sätzen beim «Erfurter Gespräch» im MDR. In der Talkrunde hatte er unmittelbar nach dem Mordlauf jeglicher Veränderung im Thüringer Schulsystem eine Absage erteilt, Robert Steinhäuser natürlich strikt verurteilt und die Opfer betrauert, aber dann war schon Ende. Einen Rückschluss auf die eigene Arbeit, jeglichen Versuch einer Erklärung, wies er zurück: «Thüringen macht Schule, für alle die richtige!» Das hat Anstoß erregt. Die Leserbriefe in den Regionalblättern sprechen Tacheles: «Drehen Sie sich, specken Sie Ihre Diäten ab, kommen Sie auf unsere Stufe (ich bin arbeitslos), dann erkennen Sie, in welche Ohnmacht Sie Ihren Nachwuchs, Ihr Potenzial, schicken!»

«Was wir jetzt ändern, kommt uns später zugute», meint Christian moderat, der erste Sprecher der Schüler auf der Bühne. Auf Druck hin räumt Herr Krapp nun ein, dass er sich Veränderungen durchaus vorstellen könne, begründet jedoch momentane Lehrerentlassungen mit dem Haushalt. Die Wellen schlagen hoch, solche Sätze kommen auf dem Platz im Moment gar nicht gut. Buhrufe, Rasseln, es fliegt auch mal was durch die Luft. Besser also, ein weicheres Thema anzuschlagen, folglich spricht er vom Gleichgewicht in der Ausbildung, von der notwendigen Balance der Schüler, damit sie den Lernalltag bewältigen. «Man glaubt es kaum, was ist das jetzt für 'ne Nummer?», tönt es neben Elsa. Sie muss lachen, gab es da nicht eine Illustration in ihrem Deutschbuch? Atta Troll, Heines Tanzbär, wie er versucht, sich zu drehen, sich windet, wankt, irgendwo Halt sucht? All diese deutschen Atta-Trolle auf dem Platz hier, immer schön in Balance, nach alldem?

Die erstaunlichen Ministersätze mal dahingestellt, können die Schüler-Revoluzzer ihre Kundgebung dennoch als Erfolg verbuchen. Sie haben viel bewirkt – 4000 Schüler und eine lange Debatte! Das hat es nach 1989 in Thüringen nicht gegeben. Endlich wird öffentlich über ihre Belange gesprochen, endlich ist auch die Politik hellhörig geworden. Zu keiner Zeit schienen Veränderungen so leicht durchsetzbar wie jetzt. Jeder will plötzlich mit den Schülern reden, sie verstehen, ihnen über den Kopf streichen, Anteil nehmen, etwas tun. Die Opposition – SPD und PDS – besteht darauf, dass sie seit langem Veränderungen im Schulgesetz fordere, wäscht ihre Hände also in Unschuld, dem Haushalt der Landesregierung habe sie nicht zugestimmt.

PDS-Fraktionschef Bodo Ramelow schlägt vor, parteiübergreifend Lösungen zu finden: «Es darf nicht erst Tote geben, um zu erkennen, dass hier etwas nicht stimmt. 14 Prozent der Thüringer Schüler verlassen die Schule ohne Abschluss.» Die SPD kündigt ein Sieben-Punkte-Sofortprogramm für Bildung an. Einen Antrag zur schnellen Regelung für gescheiterte Abiturienten soll im nächsten Landtag eingebracht werden. Da geht es heftig zu auf der Bühne! Es ist mehr, als sich die Initiative «Schrei nach Veränderung» anfangs erhoffen konnte. Doch was haben die Reden zu bedeuten? Annika, eine der Hauptorganisatorinnen des Ganzen, bleibt nüchtern: «4000 Leute? Wenn man Schüler zusammentrommelt, latschen die überallhin. Das ist nicht das Ding. Was wir jetzt brauchen, ist ein langer Atem. Die CDU hat uns auf den Herbst vertröstet, da soll es Novellen geben. Heute hat sie ihre Schnösel von der Jungen Union vorbeigeschickt, nette braun gebrannte Jungs in gut sitzenden Anzügen, die sich prima auskennen im Taktieren. Alles in allem nicht wirklich ein gutes Zeichen.»

Wie auch immer: Den harten Demo-Kern zieht es in den Predigerkeller, wohin auch sonst. Von dort ist alles ausgegangen, dort will man jetzt auch sitzen und den Tag Revue passieren lassen. «Gibt's nicht noch was anderes als Politik?», fragt Christian. Die Truppe sitzt zusammen, im Vorderraum des Kellers, jeder hat sein Bier. Doch was gibt es eigentlich noch zu reden, im Grunde ist alles gesagt. «Einfach weitermachen, so schnell kriegen die uns nicht los!», meint Thomas. Im Handumdrehen kreisen die Gespräche dann wieder um Gutenberg, die erschossenen Lehrer und die derzeit laufenden Vernehmungen. Jeder kämpft mit seinen Bildern und Erinnerungen, alle haben sie einen Riss. «Was hat die Polizei denn gefragt?» – «Habt ihr das in der Zeitung gelesen?»

«Ist total irre», meint Fränzi, «mal rückt das Ganze extrem nah ran, als würde ich diesen Tag in der Schule noch einmal erleben, dann wieder wird alles so unwirklich, rutscht weit weg, als wäre alles nur ein schräger Traum. Keine Ahnung, wie man damit umgeht.» – «Als hätte man mir meine Kindheit weggeschossen», schließt Elsa an, «an manches Bild von früher komme ich gar nicht ran.» – «Habt ihr das von dem Arzt gehört?», fragt Nele und liest aus der *Thüringischen Allgemeinen* vor: «Der frühere leitende Notarzt der Stadt Erfurt, Dr. Ekkehard Schneider, übt massive Kritik am Ablauf des Rettungseinsatzes und legt alle seine Funktionen in Gremien nieder, die in Verbindung mit dem Thüringer Rettungswesen stehen. Er könne unter diesen Umständen nicht noch einmal die Mitverantwortung für einen solchen Einsatz übernehmen.» – «Da ist die Kacke am Dampfen, ich weiß das von meinem Vater, der ist Arzt und hat viel von dem Einsatz mitgekriegt. Die Rettungsärztin steht unter Redeverbot, einige der SEKler protestieren gegen den äußerst dilettantischen Einsatz, und jetzt auch noch Schneider. Von überall kommen die Fragen. Bin mal gespannt, wie die Politik das händelt.»

Tatsächlich ist in Erfurt nach der Trauerfeier alles in Aufruhr. Nicht nur den Schülern platzt der Kragen, auch andere Stimmen werden laut. Elsa fühlt sich an die Tage vom Herbst 1989 erinnert. Das Land bricht auf wie ein lange unterspülter Damm. Die Regionalblätter haben Stoff ohne Ende: «Wir müssen reformieren! Doch in Thüringen darf man das nicht sagen. Das wäre ja Majestätsbeleidigung! Es ist wie stets: Nicht sein kann, was nicht sein darf. Thüringen macht immer alles richtig!» – «Das bildungspolitische Desaster um Kultusminister Krapp lag lange schon offen zutage. Dem ist nichts hinzuzufügen.» – «Offenbar begreifen es die senilen Herrschaften nicht, was sich um sie herum zusammenbraut und was sie mit ihrer Erziehungs- oder besser Sparschweinpolitik anrichten.» – «In Freude auf eine sanfte Revolution in den Schulen danke ich im Namen der Jugend all denen, die sich am Gelingen beteiligen.»

Die Thüringer proben den Aufstand. Gutenberg war zu viel, ein Steckschuss, direkt in die Seele. Aber für Aufstand ist die katholisierende CDU-Regierung im Stammland der Reformation nicht zu haben. Da gibt es doch andere Möglichkeiten: Schadensbegrenzung, eindämmen, den Ball schön flach halten, vielleicht gibt es ja einen Konflikt, aber wer sagt denn, dass es einen geben muss?

Die rheinland-pfälzischen Polit-Routiniers wissen mit solcherart aufwallendem Bürgersinn gelenkig umzugehen, darin sind sie erprobt. Ein Streiflicht nach Mainz und in Dr. Bernhard Vogels dortige Kultusminister-Zeit in den sechziger Jahren könnte das erhellen. In der *Frankfurter Rundschau* vom 6. Februar 1969 ist dazu zu lesen: «Die politische Emanzipation der Schüler in

Rheinland-Pfalz hat ihre eigenen Akzente. Die Anfänge einer Politisierung der Landgymnasien reichen jetzt über ein Jahr zurück. Gegen den ‹Meilenstein›, eine Offset-Schülerzeitung, ging man bereits mit Strafantrag und Aufforderung zum Anzeigenboykott vor. Die Aktionen der politisch engagierten Oberstufe werden als ‹kommunistische Umtriebe› oder ‹Maoisten›-Propaganda verteufelt. Jugendrichter versuchen, den ‹Wirrköpfen› ihr Verständnis von Demokratie anhand des Fußballspiels zu veranschaulichen. Wesentlichstes Funktionsprinzip sei hier wie da die Ordnung. Die obligate Berlinreise wurde der Oberstufe nur zugestanden, nachdem sich die Schüler per Unterschrift verpflichtet hatten, sich aller polemisch-politischen Agitationen zu enthalten. Offensichtlich ist es inzwischen gelungen, die politisch Engagierten so weit in die Isolation zu treiben, dass sie jegliche Zusammenarbeit auch mit jüngeren Lehrern ablehnen.»

Wie man Schülerrevolten abwürgt, eine wirkliche Demokratisierung an den Schulen verhindert oder individuelle Lebensentwürfe auf Eis legt, zeigt die Bildungslandschaft der rheinland-pfälzischen Vogel-Ära bis ins Detail. In den Kneipen von Frankfurt erzählen gebürtige Pfälzer noch heute von ihren Bruch-Erfahrungen auf der anderen Seite des Rheins. Diese Art der Persönlichkeitsbildung kann scheinbar nie vergessen werden.

Die Erfurter Schüler-Initiative, die Gespräche, Emotionen, der Aufruhr in der Stadt, die Debatten in den Zeitungen – eine Art Déjà-vu-Erlebnis für den Ministerpräsidenten? Bei der thüringischen Landesregierung laufen in den Tagen nach dem Massenmord die Drähte jedenfalls heiß, die Unruhe ist nicht von ungefähr, es gibt manches zu regeln. Die Bürgerkritik ist ungewöhnlich scharf und wächst sich Tag für Tag aus. Die WAZ-geführten Zeitungen drucken die Stimmung im Land, sie kennen ihre Rolle. Was die Schüler vorhaben, ist derzeit nicht recht einzuschätzen. Dabei sah es so gut aus, war der Osten so schön stillgelegt, und jetzt das. Auf eine solche Emotionswucht war niemand eingestellt. Sanfte Revolution im Land? Politisches Agieren auf ungesicherten Gerüsten? Dafür hat eine machtgewisse Regierungspartei wie die Thüringer CDU nun wirklich keinen Sinn. Der Ministerpräsident hat schon einmal sein Amt verloren, das wird sich nicht wiederholen. Besser also, die Zeichen der Zeit zu erkennen, das Ganze ein bisschen zu steuern, umsichtig zu handeln und damit Land zu gewinnen.

Bereits am 2. Mai 2002 hatte vonseiten des Bundeskriminalamts Wiesbaden für dieses Herangehen eine gewichtige Aussage vorgelegen: «Eine erste Auswertung der 9-Millimeter-Luger-Hülsen durch hiesige Kriminaltechnik ergab, dass alle Hülsen mit einer Waffe verschossen wurden.» Dieses erste Untersuchungsergebnis wird zum Ausgangspunkt für die Version vom Einzeltäter. Kann man sich darauf einigen, ist das Tatgeschehen immerhin fixiert, die Unruhen im Umfeld würden fassbarer. Robert Steinhäuser als alleiniger Exekutant, eine Tatsache, die in erster Linie dazu beitragen soll, das komplexe Ereignis in den Griff zu bekommen. Jede Unklarheit, jeder Widerspruch, jeder Fehler, jede Frage zum Tatablauf wird von nun an jener Version untergeordnet.

Dabei ist gerade jener Umgang mit der Täterzahl ausgesprochen paradox. Hatte doch die Polizei ihren verzögerten Einsatz am 26. April 2002 genau damit begründet, dass ihr durch viele Schüler sehr früh klare Aussagen zu Mehrfachtätern vorlagen. Auch von sich aus hielt die Polizei eine Komplizen-Tat für mehr als wahrscheinlich. Der Stellvertretende Dienstgruppenleiter Michael Engelhardt, einer der ersten Polizisten am Einsatzort, berichtet in seiner Vernehmung: «Ich war der Meinung, dass es mindestens zwei Täter sein müssen. Mir war einfach die Zeitspanne zwischen dem Schulhof und dem Schuss auf den Kollegen Gorski zu kurz, als dass es sich um einen Täter hätte handeln können. Der Kollege Duphorn teilte über Funk mit, dass er Kontakt zu Schülern hatte, die ihm sagten, dass es sich um zwei Täter handelte. Er gab zwei verschiedene Personenbeschreibungen und zwei verschiedene Pistolenarten durch.»

Auch Lehrer haben so ihre Schwierigkeiten mit der Zeit und dem Tatablauf und kommen zu ganz ähnlichen Beobachtungen. Eine Lehrerin, die die Erschießung von Monika Burghardt miterlebte, hat sowohl einen Schützen auf dem Hof gesehen als auch beinah zeitgleich einen im Flur, als sie die Tür öffnete: «Alle beiden Personen waren schwarz gekleidet. Bei der Person auf dem Hof habe ich nichts Gelbes gesehen, sie wirkte nicht so schlaksig wie die andere. Wichtiger erscheint mir aber der hier entstandene Zeitfaktor. Die unten laufende Person müsste für meine Begriffe die Treppe hochgesprintet sein, um zur gleichen Zeit im Flur zu stehen, als ich die Tür aufmachte. Ich habe aber nicht wahrgenommen, dass diese Person eventuell stark außer Atem gewesen wäre. Darüber hinaus möchte ich folgende Ergänzung machen: Am 30. April 2002 bekam ich zwischen 14 und 15 Uhr einen Telefonanruf: Eine männliche Stimme sagte zu mir: ‹Ja, ich habe dich gesehen!› Von meiner Seite erfolgte keine Reaktion. Nach einigen Sekunden hat die Person wieder aufgelegt.»

Solcherart Anrufe sind nach dem 26. April 2002 nicht selten, Lehrer und Angehörige erhalten dauernd Drohbotschaften. «Dich Schwein kriegen wir noch», heißt es. In den Briefkästen von Angehörigen liegen des Öfteren beklebte Postkarten. «Da kann man mal sehen, wie gefährlich das Leben ist», liest man etwa. Meist sind Bildsequenzen aus aktuellen Amokläufen auf die Rückseite gepappt. Doch das Drohfeld bleibt diffus – und vor allem ungeklärt, wie so vieles. Die Version vom Einzeltäter wird zwar stetig erhärtet, doch ohne den Fehlern und Widersprüchen tatsächlich auf den Grund zu gehen.

Am 5. Mai 2002, 12 Uhr, gibt die Kriminalpolizeiinspektion Erfurt einen Bericht zum Stand der Ermittlungen. In ihm heißt es, dass im Zusammenhang mit dem Tatgeschehen an der Schule 798 Personen erfasst und 216 befragt und vernommen wurden. Darüber hinaus herrsche über den Polizeieinsatz nunmehr Einmütigkeit, alle Polizeibeamten, die vor dem SEK im Einsatz waren, wurden vernommen, die Handlungen der Rettungsdienste zur Prüfung möglicher Anzeigen gegen Polizei und Retter seien geklärt.

Nicht den Faden verlieren, sagt sich Elsa, sich nicht von den geschaffenen Fakten übertölpeln lassen. Klar ist, die Politik muss was vorweisen, sie sind verpflichtet, Ruhe zu schaffen, das Chaos zu bannen. Was heißt hier Prüfung, Einmütigkeit, Klärung? Was ist denn klar? Die Theorie vom Einzeltäter? Der Tathergang?

Eine Erhebung vom 11. Mai 2002 in der *Thüringischen Landeszeitung* – zwei Wochen nach dem Massaker – gibt der Landesregierung für ihre Befriedungsstrategie deutliche Signale: Unter der Rubrik «Thüringen stimmt ab» wird die Frage gestellt, ob sich nach dem 26. April wirklich etwas ändern würde. 75 Prozent der Thüringer beantworten die Frage mit einem entschiedenen Nein. 18,2 Prozent vermuten kommende Veränderungen. 6,8 Prozent wissen es nicht. Immerhin: Wenn das Thüringer Mehrheitsbewusstsein schon nach zwei Wochen den Schalter nicht mehr um jeden Preis umlegen muss, ist die Stimmung im Land nichts weiter als ein kurzatmiger Affekt, viel heiße Luft eben. Das bedeutet, es ist nicht wirklich was zu befürchten. Was an realem Konfliktstoff in diesen Tagen um die Morde aufgebrochen ist, wird auszusitzen sein. Es sind diese ersten Wochen nach dem 26. April 2002, die den politischen Umgang mit dem Massaker entscheiden.

Am 17. Mai 2002 verzeichnet die Polizeidirektion Erfurt eine Aktennotiz zur Betreuung der Hinterbliebenen: «Im Zusammenhang mit der Betreuung von Hinterbliebenen wurde durch diese der Wunsch geäußert, in einem persönlichen Gespräch mit Polizeibeamten Auskünfte zu den Umständen des Ablebens ihrer Verwandten zu erhalten. Diesen Wünschen wurde in drei Fällen nachgekommen. Gegen diese Verfahrensweise wurden seitens der Staatskanzlei sowie auch des Thüringer Innenministeriums Bedenken geäußert. In einem Gespräch mit dem Leiter der Abteilung 4 brachte dieser zum Ausdruck, dass sich die Staatskanzlei vorbehält, diese Informationen an die Hinterbliebenen in einer nicht näher beschriebenen Art und Weise selbst zu geben. Gleichzeitig wurde der Polizeidirektion Erfurt auferlegt, keine weiteren Gespräche mit Hinterbliebenen zu der o. a.

Problematik zu führen.» Diese Direktive des Polizeichefs enthält noch einen unmissverständlichen Nachsatz: «Ab sofort sind durch die Beamten keine Gespräche mit Hinterbliebenen von Opfern zu den Umständen des Ablebens ihrer Verwandten zu führen. Bei etwaigen diesbezüglichen Anfragen ist auf die Staatsanwaltschaft zu verweisen.»

Haus der Kranken Herzen

«Los, raus hier, raus!», fordert Elsas Vater, dem die Rumfragerei der Tochter auf den Geist geht. «Du musst mal an die Luft! Was willst du denn damit, die Welt erklären? Es besser wissen als die anderen? Ist nicht schlimm genug, was passiert ist? Willst es wohl noch schlimmer machen? Was soll das bringen?» Der Vater steht im Flur und macht seinem Ärger Luft. «Fahr zurück nach Berlin, studiere und lass den Dingen hier ihren Lauf!» Vater und Tochter sehen sich kurz in die Augen. Nein, fahren kann sie jetzt nicht, spürt Elsa, das Studium muss warten. «Also gut», entscheidet sie kurzerhand, «dann eben raus, mir soll's recht sein!»

Die Fahrt geht nach Bad Berka, genauer München, einer kleinen Ortschaft direkt dahinter. Dort haben die Eltern kurz nach der Wende einen Garten gekauft. Die elterliche Idylle ist nicht gerade Elsas Sache, doch es ist Juni, sie war ewig nicht da, und mitunter ist es am Wald da ganz schön.

Das Auto verlässt die Stadt. Bad Berka ist nicht weit, eine halbe Stunde Fahrt. Strommasten, Felder, Hügel, Anhöhen, Dörfer, Bushaltestellen, in denen Jugendliche sitzen und die Zeit verwarten. Die Mutter erzählt von der Arbeit, Elsa kann sich also auf die Landschaft konzentrieren. Ein Hauch von Silber liegt auf den Hängen.

Abschüssiges, Wellen, hohe Wipfel, Muster und Steine, in den Dörfern schwatzen die Leute auf den Straßen. Sie hält sich im Auto die Knie, als schwinge das Gesehene zu stark in ihr. Elsa kennt das alles, es gehört zu ihr.

Bad Berka: Heilbrunnen, Badehäuser, Moorerde, Schwefel, Stahlquellen, Monduhr. Zu Zeiten des Großherzogs Ernst August ritten «Weimars Edle» von hier aus zur Jagd, zu Zeiten der DDR nannte sich das Herz des Ortes Volksheilbad. Von den Zeiten gänzlich unbeschadet, schwebt über allem unbeirrt der Thüringer Sonnengott: Goethebrunnen, Goethehaus, Goethewasser. «Der ist uns sicher», nickt der Vater, «und gejagt wird neuerdings auch wieder.» Oben an den Hängen des Heilorts, in den hochherrschaftlichen Häusern, erinnert man sich im Gespräch gemeinsam an den einen gezielten Schuss, der den kapitalen Hirsch kürzlich erledigte. Das war vielleicht ein Ding! Dort ist man sich einig: Schießen ist eine schöne Sache!

Hinter dem Ort beginnt der Wald. Manchmal liegt er nachts schwarzgrün auf Elsas Kopfkissen: duftet, nadelt, wirft seine eigenen Schatten. Vielleicht geht die Seele doch immer nur durch eine einzige Landschaft, denkt sie. Links neben der Fahrbahn kommt jetzt die große Wiese, die Ziegenfarm, noch hundert Meter, dann sind sie da. Der Teergeruch des Laubendachs, die klaren Farben im Garten – Elsa erkennt das alles wieder und langweilt sich sofort. Nein, keine Schneckensuche, keine Holundersuppe, kein Hochstand und bitte heute auch keine große Tageswanderung. Irgendwie ist sie auf etwas anderes aus. «Ich lauf mal hoch zum Großen Haus», ruft sie den Eltern zu, die schon hinten im Garten in den Beeten sitzen. «Nimm doch das Auto», ruft der Vater, zieht den Schlüssel aus der Hosentasche und wirft ihn ihr zu.

Das Große Haus, Teil der ehemaligen Herz- und Lungenheilstätten von Bad Berka, ist Anfang der Neunziger von einem Westdeutschen gekauft worden. Die Mittel für die Sanierung waren offenbar gigantisch und schnell verbraucht. Für ein Stück Dach reichten sie noch, dann war es aus mit der schönen Hotel-Idee. Das Gebäude mit seinem dunkelbraunen Fachwerk steht seit drei, vier Jahren verriegelt und dämmert vor sich hin. Ein riesiges, leer stehendes, demonstrativ verschlossenes Haus? Unendlichstoff für Elsas Phantasie! Sein Inneres erobern! Heute ist endlich der richtige Zeitpunkt dafür.

Einmal ums ganze Haus, doch Elsa findet den Zugang nicht. Nach der zweiten Runde entdeckt sie endlich links ein kleines Fenster mit aufgebrochenem Vorhängeschloss. Das Fenster lässt sich öffnen, und sie steht in einem kleinen, aber hohen Raum. Das Licht von außen führt sie durch eine Holztür mit Klappe. Hinter ihr der Geruch von Chlor und Desinfektionsmittel: beißend, alt und unverwüstlich. Man öffnet eine Klappe, tritt in ein Zimmer und steht in einem Geruch wie in einer Zeit. Die Bilder ihrer Kindheit. Sie hat jene Jahre als gar nicht so ulkig empfunden, wie sie heute um jeden Preis ulkig gemacht werden: durch die immergleichen Wimpel- und Halstuchgeschichten, Trabi, Filinchen, Wofalor und Pittiplatsch – als käme man nie darüber hinaus. Die Ossis als Dauertrottel der Nation, als billigster Konsumartikel, den man sich vorstellen kann. Dass man sich anhaltend so am Bild des unansehnlich tumben Kindes delektieren kann – nicht sonderlich fein, der Westen, meint Elsa. War da nicht mehr?

Sie läuft weiter, in den blasser werdenden Lichtstrom hinein. Links die ausladende Treppe in den ersten Stock, rechts ein langer gefliester Gang mit zahllosen Türen. Auf deren Holz große Zahlen. Es ist so still im Haus, dass sie hinter den Türen die Stimmen hören kann, die Herzen schlagen, die Lungen röcheln. Haus der Krankheit, Teil des Volksheilbades. Was will sie hier, wem ist sie auf der Spur? Milchig trübes Licht und nirgends ein Fenster, das sich öffnen ließe. Verriegelte Vergangenheit. Die Wände aus blassgelben Fliesen, sie stößt an Waschbecken, Badewannen, Toiletten, Schränke, weiße Holzkisten, befühlt die Gegenstände. Was erzählen diese Dinge? Geben sie Auskunft? Wer hat hier gelebt? Sie lässt ihre Hände über einen Waschbeckenrand gleiten. Hat sie Angst? Nein, hat sie nicht. Komm, geh weiter, sagt sie leise zu sich.

Absätze, Gabelungen, Durchgänge, Fenster, Treppenaufgänge, das Haus gleicht einem Labyrinth. Der Geruch einer Zeit und ihr langer Gang zurück, der irgendwo im Dunkel endet. In den Zimmern überall derselbe Boden, ja, sie erinnert sich. Graues weiches Linoleum, im Behandlungsraum ihrer Zahnärztin lag dasselbe. Sie zieht die Schuhe aus, legt sich hin. Weiter? Warum nur immer weiter? Nichts tun, einfach hier liegen. Sie sieht sich um, irgendwo gibt es noch ein Flackern, von irgendwo kommt ein Licht, doch keine Ahnung, woher.

Plötzlich sieht sie Anne vor sich und die Ideen für ihr neues Puppen-Spiel und den Vater, wie er im Flur steht: Was sollen all diese Fragen zur Schule? Hast du nichts Besseres zu tun? Was soll das bringen? Und, fragt sie sich jetzt, hat er nicht Recht? Hat nicht jeder das Recht auf seine Version, auf seine Geschichte? Der Vater genauso wie die Eltern von Robert Steinhäuser, wie jeder Schüler der Schule, die Direktorin, die Angehörigen, der Oberbürgermeister, der Schießtrainer? Hat nicht jeder in der Stadt seine eigenen Bilder und Gefühle zu diesem Tag? Kann sie nicht alles nur falsch machen, die Betroffenen verletzen, das Stadtklima stören? Wird es nicht jeder besser wissen? Elsa schließt die Augen. Warum gerade hier, warum muss sie es wissen, warum soll es in diesem Fall anders sein?

Sie hat ihn nicht, den einzig gültigen Satz auf diese Fragen, spürt nur, wie alles ins Fließen kommt, wie hinter den Fragen andere Fragen lauern, wie bald schon nichts mehr zu sagen ist. Sie liegt auf dem Boden, im Haus der Vergangenheit, im Haus der Kranken Herzen, erträgt es nicht, wenn sich die Dinge einfach so wahllos vermengen. Hilflos fühlt sie sich dann, klein, viel kleiner noch als sonst. Doch die Dinge vermengen sich, fast, wie sie wollen. Die Hände liegen auf dem weichen Linoleum, ihre Augen suchen an der Decke, sie blickt ins Dunkel. Was hat sie in diesem Haus der Rekonvaleszenten zu tun, wovon soll sie geheilt werden, warum ist sie hier auf diesen Gängen unterwegs, was sucht sie hier?

Die blinden Spiegel über den Waschbecken, die kleinen Vogelhäuschen vor jedem Fenster, immer rechts von der Mitte des Fensters montiert, die riesige Küche mit ihren verrosteten Herdplatten, den überdimensionalen Öfen, den Oberlichtern. Als hätte man über den Raum eine große Operationsleuchte gehängt. Elsa kneift die Augen zusammen, hält die Hände über die Lider. Nein, bitte, nicht so viel Licht! Die große Standwaage – wie viele Zentner Mehl, Zucker, Fleisch, wie viele Essen, wie viel Leben. Der große Spülraum. Sie riecht das Fit, sieht die Blasen in den großen Spülbecken, steckt die Hände ins Wasser. Betrachtet ihre Hände, runzlig, aufgeweicht und winziger noch als sonst.

Die Tür mit dem Schild Röntgenraum, sie stößt sie sachte auf. Das Zimmer ist blau gefliest, eine Schiene läuft von außerhalb direkt in die Mitte, zur Pritsche, die ist bespannt mit weißem Igelit. Sie legt sich drauf. An einem Haken hängt wie absichtslos eine Bleischürze, darüber tickt eine große Uhr. Tack-tack-tack-tack – sie geht auf die Minute genau. Die Schleusen der Vergangenheit, das Flackern der eigenen Schatten, die vergessene Dimension des Hauses. Elsa schreckt hoch, lehnt sich an die Wand. Ist doch alles gut, beruhigt sie sich, nichts weiter als ein leer stehendes Gebäude, nur ein Gang, nur ein paar Zimmer, nur eine Küche, nur ein Raum, in dem alles von dir durchleuchtet wird. Nur die genau gehende Zeit. Was willst du denn, es ist nichts. Doch die Bilder sind schon unterwegs.

Als Kind hatte Elsa die Wahl. Plante die Familie einen Wochenendausflug, gab es zwei Möglichkeiten: entweder eine Fahrt zum Kyffhäuser und damit der Besuch bei Rotbart Barbarossa oder eine Fahrt nach Buchenwald. Sie mochte Barbarossa: den Bart, das Ausladende, das Trinklustige, immer in der Fremde unterwegs, vielleicht der globalste deutsche Kaiser. Wegen der kürzeren Fahrtzeit entschied sie sich dennoch meist für Buchenwald, sie vertrug das Autofahren schlecht. Doch bei Lichte besehen, war es nur die halbe Wahrheit. Ihre Stimme für das Lager oberhalb von Weimar hatte noch einen anderen Grund und mit den Eltern zu tun. Irgendwas, spürte die Tochter, gab es da, eine Art diffuse Berührungsangst, ein Problem, einen Dauerstoff, der allerdings nicht in Sprache zu heben war. Etwas war unklar, etwas durfte nicht gesagt werden, etwas war unheimlich, irgendwie bedrohlich, aber nicht zu fassen. Und genau das interessierte sie.

Großvater hatte Elsa früh eine Broschüre gegeben, die erste Publikation der Amerikaner nach ihrer Befreiung Thüringens, die sie noch in den letzten Apriltagen 1945 gedruckt und massenhaft verteilt hatten. Fotos aus fünf verschiedenen Konzentrationslagern, Buchenwald inbegriffen. Solche Bilder hatte sie später nie wieder gesehen, in keinem Lehrbuch, in keiner Historie, in keinem Film, einfach nirgends. Dass Bilder so verschwinden können. Welches Bild aufgenommen und welches aussortiert wird, wie ein Fakt entsteht, welche Geschichte weitergegeben wird, was zur Legende und was zum Kern kollektiver Erinnerung wird, das will Elsa wissen. Wo befindet sich dieses riesige aussortierte Bilderarsenal? Und wie ist das mit Buchenwald, wie mit der DDR-Zeit, wie wird es in ein paar Jahren mit den Ereignissen an ihrer Schule sein? Was und wer entscheidet, welche Geschichte erzählt wird?

Elsa sieht sich mit den Eltern über das große Lagergelände laufen, sie in der Mitte, Mutter und Vater ziehen sie an der Hand. Die Stille, der große Himmel, die Ebereschen und eben wenig Buchen, der morbide Lagerzaun, der Schotter, die Bruchstücke eingefallener Häftlingsbaracken, die angerosteten, kaum noch lesbaren Tafeln überall. Vor jeder Tafel bleiben die Eltern lange stehen, lesen, blicken auf und schauen ganz für sich in ein undurchdringliches Land.

Als Elsa in die siebte oder achte Klasse ging, plante

die Schule ebenfalls eine Buchenwald-Fahrt. Das Konzentrationslager auf dem Ettersberg war Schulstoff, in Thüringen allemal. Ein Zeitzeuge, jüdischer Ungar, sollte mit ihnen über das Lagergelände gehen. Sie trafen sich mit ihm vor einer der großen braunen SS-Baracken am Eingang, er begrüßte sie wortkarg, dann schickte er die Gruppe mit einer knappen Handbewegung einfach los. Nach einer Weile Schotterweg begann der Mann schließlich zu sprechen: «Auschwitz, Sachsenhausen, dann ein Außenlager von Buchenwald. Das war für mich schlimmer als die KZs davor. Arbeit in einem Steinbruch. Im Grunde der sichere Tod. Die SS nannte uns die singenden Pferde, wenn ihr wisst, was das heißt.» Der Ungar erzählte intensiv und lange, in einem makellos schönen alten Deutsch. Elsa hörte eine Geschichte, die sie nie gehört hatte: vom Lagerzoo, von den kommunistischen Kapos, von unwahrscheinlichen Hilfsaktionen, Liebe, Kollaboration und Verrat.

War es das, was die Eltern sahen, wenn ihre Blicke vor den Tafeln undurchdringlich wurden? Am Ende stellte Elsa ihre Frage zur Broschüre des Großvaters, zu den abhanden gekommenen und immer seichter werdenden Bildern, die Frage, die sie nicht in Ruhe ließ. Die Gruppe hatte ihre Runde gemacht, stand wieder oben am Lagertor, vor der weiten Fläche, auf der einmal die Häftlingsbaracken gestanden hatten. Der Mann sah sie an, sein Blick zog ihn weiter, übers Tal, dann sagte er: «Ja, ich bin in Buchenwald gewesen, anderthalb Jahre, das ist sicher. Aber hier war ich nie!»

Der leicht nach vorn gezogene Körper des Mannes, seine aufbrausende Stimme, der schnurrende k.u.k. Ton – Elsa ging das alles nicht mehr aus dem Kopf. Wovon hatte er erzählt? In den Zeitungen stand in dieser Zeit viel von überarbeiteten Konzepten für das Lagergelände und neuen Ausstellungen. Es kam ihr so vor, als würde der ganze Berg um- und umgewälzt. Die Artikel schienen ihr unendlich überfrachtet. Aus irgendeinem Grund bekam sie das alles nicht in einen Zusammenhang.

An einem Wintertag Ende der neunziger Jahre wollte sie es wissen, stieg ins Auto, zuckelte bedächtig über die spiegelglatten DDR-Zementplatten von Weimar aus den Ettersberg hoch. Der Himmel leuchtete hellgrau, es hatte leicht geschneit. Oberhalb des Parkplatzes sah sie einen modernen Flachbau, die neue Ausstellung, von der in letzter Zeit so viel die Rede gewesen war: die Geschichte der Gedenkstätte Buchenwald. Elsa hatte den alten jüdischen Ungarn vor Augen, erinnerte sich an sein schönes altes Deutsch, daran, was er erzählt hatte.

Ein weißhaariger, untersetzter Mann kam am Eingang der Ausstellung auf sie zu, begrüßte sie kameradschaftlich mit Handschlag und dem Satz: «Trubel über Trubel und letzten Endes doch nur eine einzige Denunziation unserer Helden!» Da war sie wieder, diese Hilflosigkeit, was konnte sie ihm auf seine Eröffnung hin auch sagen? Sie wolle sich erst mal orientieren, bedeutete sie ihm vorsichtig, würde ihn vielleicht später nochmal ansprechen, wenn sie Fragen hätte. Er nickte und verschwand.

In den vorderen Vitrinen: unmittelbare Nachkriegszeit, erste Treffen ehemaliger Häftlinge, Konzeptionsentwürfe für die Gedenkstätte. Fotos von kahl geschorenen Männern in Häftlingskleidern. Zu Zeiten der DDR hatten diese Bilder für sie eine gewisse Exotik: Gegenbilder zu den süßlich harmonisierenden Wimpelwelten, zum landesübergreifenden Strahlen. Sie verstand die Lager-Geschichte nicht im Ganzen, hatte sicherlich nicht den nötigen historischen Hintergrund. Dennoch hatte sie das Gefühl, sie brauchte keine Angst vor diesen graugelben Bildern zu haben. Aus irgendeinem Grund glaubte sie zu wissen, dass sie diese Farbwelten verstand.

Ab und an las sie auf den Tafeln dann vage von einer Geheimakte Buchenwald, die von der Rolle der kommunistischen Funktionshäftlinge im Lager handelte. Elsa las jedes Wort, Andeutungen, Mutmaßungen. Nur worum ging es dabei? Warum gelang es ihr immer noch nicht, diese Geschichte in einen Zusammenhang zu bringen? Unter der Rubrik «Disziplinierte und verurteilte Genossen unter dem SED-Regime» hing links vom Entree eine Ahnenreihe, sechs energische Männer – Robert Siewert, Harry Kuhn, Erich Reschke, Walter Bartel, Ernst Busse, Willy Kalunke. Elsa betrachtete die Fotos, bis auf eins eher brutale Funktionärsgesichter, fand sie, las die Lebensdaten unter den Bildern und hörte zeitgleich hinter sich ein paar Erläuterungen. Ein Gespräch zweier alter Männer.

«Sieh mal», rief der eine und zeigte auf eins der Gesichter, «ich glaub es nicht! Unser kleiner, dicker Walter – der Oberpapst der DDR-Historiografie – kommt hier nochmal zu allen Ehren. Erinnerst du dich?» – «Und ob! Studium an der Lenin-Schule in Moskau, 1932 Rückkehr nach Deutschland, Verhaftung mit 27 Monaten Brandenburg, 1935 Emigration in die Tschechoslowakei, dort Ausschluss aus der KPD ‹wegen Feigheit›, ergo seiner Verpflichtungserklärung für die Gestapo, 1939 Internierung im KZ Buchenwald. Einer der drei Köpfe der illegalen Parteileitung und Vorsitzender des illegalen Internationalen Lagerkomitees, gleich nach dem Krieg Persönlicher Referent von Wilhelm Pieck. Da saß er gleich wieder an der richtigen Stelle», bemerkte der eine. «Wofür er sowieso immer ein sicheres Händchen hatte.» – «Irgendwann dann die Überprüfungen. Enge Kollaboration mit der SS hieß die Anklage.» – «Wann?» – «1953, glaube ich.» – «Ja, und dann die große Verurteilung: ohne Promotion Professor für Geschichte in Leipzig, später Professor in Berlin, Ordinarius und Prorektor an der Humboldt-Universität!»

«Ja, unsere Helden!», griente der andere. «Da schau her! Neben Bartel gleich Busse, einer aus der Hochkriminellen-Fraktion. Vielfachmörder in Buchenwald, nach dem Krieg stellvertretender thüringischer Ministerpräsident. Die Busse-Straße gibt's heute noch in Weimar.» – «Oder hier Reschke, Chef der Lagerpolizei, Kapo im Baukommando, erster Lagerältester, nach dem Krieg Innenminister der SBZ, Polizeichef von Thüringen, Vorgesetzter von Mielke, später Leiter des Zuchthauses Bautzen. Besonders sympathisch!» – «Daneben Harry Kuhn, Geheimdienstchef im Lager, der große Nachrichtenmann. Späterer Schwiegervater von Hermann Axen, direkter Draht also ins Politbüro. Kuhn, der große Vertuscher, den Bartel, als die Dachau-Prozesse im Anlaufen waren, losschickte, um die Persilscheine einzusammeln.» – «Den einen oder anderen kenne ich noch, der Druck von ihm bekam. Und er kriegte die Dinger.»

«Opfertausch und Kaderschonung. Ich lebe, weil es die deutschen Kommunisten gab. Am Ende stimmte es sogar. Nur dass die anderen eben nichts zu tauschen hatten. Ich glaube, in dieser Sache ging's letztlich um etwa 40 000 Tote.» – «Aber wen ich nicht sehe», setzte der andere nach und ging noch näher an die Fotos ran, «ist Markert, Busses Vize im Krankenbau.» – «Weißt du noch, das Papier, das Fritz mal mitbrachte?» Der Freundlichere der zwei griff in die Tasche und zog ein paar Blätter raus. Elsa hielt es nicht mehr aus, wovon redeten die beiden? Was sollte das alles? Sie drehte sich um, sprach die zwei Alten einfach an. Die schienen keinen Moment irritiert und blieben bei ihrem Dauerschmunzeln. Sie könne das ruhig mal zur Kenntnis nehmen, sagte der eine und übergab ihr die paar Seiten Papier.

Elsa setzte sich auf den Fußboden und versuchte, die schlechten Kopien zu entziffern: Lebenslauf – stand auf dem ersten Blatt, dann der Name Helmut Thiemann, 1914 in Werdau in Sachsen geboren, Vater Maurer, Mutter Textilarbeiterin. Der Weg nach Buchenwald las sich als ein Weg linearer Politisierung: Kinderheim Mopr, mit 14 Jahren Lehre als Klavierbauer, Maurer, Kommunistischer Jugendverband, mit 16 Jahren Litauen. 1938, nach fünf Jahren Zuchthaus, landete Thiemann auf dem Ettersberg, die Partei schickte ihn als Pfleger in den Krankenbau.

«Dieser Auftrag entstand aus politischer Notwendigkeit, den Krankenbau unbedingt in die Hände der Partei zu bekommen. Es war der wichtigste Punkt im ganzen Lager, von dem aus man alle Aufgaben im Interesse der Partei lösen konnte, das heißt in erster Linie den Schutz des Lebens unserer Genossen zu ermöglichen», schrieb Helmut Thiemann in seiner Vita, die eher einer Selbstbeichte gleichkam. «Um unsere Linie durchzusetzen, waren wir gezwungen, den SS-Ärzten in manchen Dingen zu helfen. Die SS-Ärzte mordeten, und mehrere Genossen und auch ich mussten uns als Helfer beteiligen. Trotzdem es rein menschlich schwer war, das alles durchzuführen, vernichteten wir aber jede Gefahr, die sich im Lager bemerkbar machte. Nicht umsonst konnte sich die Partei die ganzen Jahre hindurch illegal halten, ohne dass der ganze Apparat geplatzt wäre. Die Liquidierung unterstand einem politischen Kontrollsystem. Dass ich sie nicht allein durchführen konnte, versteht sich von selbst. Dazu gehörte ein ganzer Apparat, der fast ausschließlich aus Genossen bestand.»

Darum ging es also. Elsa verstand: Die Kommunisten hatten eine komplexe Lagerhierarchie geschaffen, um die eigenen Leute zu schonen. Sie mordeten tausendfach und legitimierten das durch den Auftrag ihrer Partei. Sie retteten sich, indem sie töteten, und verkauften Mord als Utopie. Als der Krieg zu Ende war, arbeitete man in Ostdeutschland diese grauenvolle Geschichte in atemberaubender Weise um. Aus Tätern wurden legendäre Opfer, die von nun an den zentralen Helden-Mythos schmiedeten.

Die Garde der roten Buchenwald-Funktionshäftlinge, der Roten Kapos, etwa 700 Kommunisten, zogen – Ost wie West – übers Land und in Hunderte kommunale Verwaltungen ein. Nicht wenige aus dem Lagerleitungs-Kern machten im Osten dann große Politkarriere. Das Erstaunlichste an alldem war – bemerkte Elsa ziemlich baff –, dass das gelang.

War es das, was die Eltern die ganze Zeit auf ihren Buchenwald-Wegen umgetrieben, was sie so still gemacht hatte? Könnte sein. Denn einerseits durften sie als Nachgeborene sich damit auf der sicheren Seite wähnen, waren sie als «Sieger der Geschichte» bar jeder Verantwortung für das, was im Namen der Deutschen in den Lagern geschehen war. Nachvollziehbar, empfand Elsa. Wer will eine solch verheerende Geschichte wie die von Buchenwald nicht gern von sich abspalten, das Unliebsame wegerzählen? Doch andererseits war das ein Schutz, der die ostdeutschen Folgegenerationen zugleich deutlich disziplinierte.

Denn nahm man die Legende und damit die Konstruktion DDR an, rotierte das eigene Leben um genau jene Achse gedächtnispolitischer Amnestie. Man musste ausblenden, um dauerhaft gut sein zu können. Die entlastende Wohltat wurde, je länger sie andauerte, mehr und mehr zum gordischen Knoten. Man wurde Mittäter im Umdeuten, Nivellieren und Vergessen. Der Entwurf des Landes machte seine Bürger zu Komplizen der Lüge. Kein guter Boden und auf Dauer nicht zu leben, fand Elsa. Als es dann nach 1989 endlich um die Originalerzählungen der Lager ging, um den späten und sicher ernüchternden Abschied vom großen Mythos, zeigte sich, dass bald jedes noch so eindeutige Argument schier machtlos war gegen so viel massiv eingetrichtertes Scheinwissen.

Elsa saß noch immer mit den vier Blättern vor den Ahnentafeln auf dem Boden, hörte die Stimmen vom 14. September 1958, dem Tag der Eröffnung der Nationalen Mahn- und Gedenkstätte, im Originalton. Otto Grotewohl etwa, der anmahnte, das Vermächtnis der Ermordeten nicht zu verfälschen, dann den großen Fahneneid und die weihevollen, schwülstigen Lieder. Die Aufsicht lief quer durch Elsas Blick in Richtung Eingang, begrüßte die neu angekommenen Besucher per Handschlag und mit demselben Satz wie sie.

Moment mal! Eine einzige Denunziation unserer Helden? In dieser Ausstellung wurde kommunistische Lagerprominenz zu SED-Opfern gemacht, wirkliche Finstermänner und Verbrecher zu heutigen Doppelopfern. Die grauenvolle Geschichte wurde also nochmal umgepflügt, und die wirklichen Opfer wurden vergessen. Elsa sah sich suchend um. Wo waren eigentlich die beiden alten Schmunzler? Und wer waren diese Männer überhaupt? Warum sagten die nichts? Wenn die schon so viel einschlägiges Wissen hatten, konnten sie der eifrigen Aufsicht doch mal Bescheid sagen und ein bisschen Licht ins Dunkel bringen?

Denn was besagte die sublime Botschaft der hier aufgebauten Geschichte? Wenn der Büroleiter von Wilhelm Pieck, der Gefängnis-Chef von Bautzen und der stellvertretende Ministerpräsident von Thüringen hier die Ahnengalerie der SED-Opfer bildeten, dann gab es in diesem Land gar keine Täter. Dann hat die DDR aus sich heraus funktioniert, dann war der ganze Staat eine einzige Opferversammlung. Elsa wollte den beiden Männern noch ein paar Fragen stellen, doch in den Ausstellungsräumen fand sie sie nicht mehr. Sie sah sie draußen, schon zweihundert Meter entfernt, gestikulierend und mit leicht erhobenen Köpfen durch den Schnee stapfen. Sollte sie ihnen hinterherlaufen? Und die Kopien? Elsa las noch einmal.

Eins verstand sie nicht: Warum hing ein solch eindeutiges Dokument wie das von Thiemann nicht hier aus? Mit welchen Aufschlüssen hätte sie denn die Ausstellung verlassen ohne die beiden alten Polit-Haudegen? Dieses Dokument würde im Handumdrehen Klarheit schaffen, jeder verstünde sofort, worum der ganze

Streit ging: um nicht verjährte Verbrechen selbst gemachter Helden und eine sagenhafte Kulissenschieberei. Was sollte der ganze Historien-Nebel hier? Eine derartige Rumdruckserei vor 1989, na gut, das hätte sie ja noch kapiert, aber jetzt? Was gab es denn heute in dieser Geschichte zu vertuschen?

Am Ende des Papiers fand Elsa unter Thiemanns Maschinenschrift noch einen handgeschriebenen Kommentar: «Helmut Thiemann alias Rolf Markert. Pseudonym seit Juli 1945, da Fahndung der Amerikaner wegen Verbrechen gegen die Menschlichkeit. Von 1954 bis 1981 Geheimdienstchef in Sachsen, 1969 Generalmajor der Staatssicherheit. Er starb 1995 in Berlin.» Wenn das stimmte, folgerte Elsa, dann hatte man bei Rolf Markert einen Kapitalverbrecher unbehelligt gelassen. 1995 – das waren ganze sechs Jahre Zeit, um noch Anklage gegen einen Vielfachmörder zu erheben. Warum blieb Thiemann wissentlich unbestraft?

Die kurzen Schritte, sein eigentümlich verdrehter Gang. Eilfertig lief der kleine Mann in diesem Moment erneut durch den langen Ausstellungsschlauch, direkt an ihr vorbei. Wieder würde er die Besucher mit seinem Satz begrüßen, sie von Anfang an ins rechte Bild setzen. Jetzt reichte es Elsa, jetzt wollte sie rauskriegen, was mit ihm los ist. Als seine Betriebsamkeit einen Moment Pause machte, ging sie zu ihm und sprach ihn an. Er erzählte ihr von den Eichhörnchen draußen im Schnee und dass er sich einen Minizoo gebaut hätte, direkt vorm Fenster, aus Langeweile. Was dic Meisen anginge, würden die am liebsten abends kommen, hätte er festgestellt, kurz vor Einbruch der Dunkelheit. Die Eichhörnchen dagegen wären beinah immer da. Manchmal, am

Morgen, ließen die Spuren auch einen Fuchs vermuten. Doch hätte er bislang noch keinen gesehen.

Wie man Aufsichtsperson in einer solchen Ausstellung wird, wollte Elsa von dem Redseligen wissen und beobachtete zugleich den tierischen Hochbetrieb vorm Fenster. Der Mann freute sich über das Interesse an ihm und erklärte ohne Zögern, dass er zu DDR-Zeiten in einem ganz anderen Bereich gewesen sei. Dass er nun hier stünde, sei eher ein Zufall. Für die paar Jahre allerdings, die er noch zu arbeiten hätte, sei es wiederum ganz in Ordnung. Wenigstens komme man hier unter Menschen. Dann zog der kleine Weißhaarige sie vor eine Tafel. «Hier, das bin ich!», bemerkte er nicht ohne Stolz. «1970 direkt neben Willy Brandt, in Erfurt am Bahnhof. Das Foto ging um die ganze Welt!» Stimmt, wer kannte es nicht? Elsa war erstaunt. Wie er denn so nah an den Bundeskanzler herangekommen sei, fragte sie nach. «Was heißt denn nah, das war meine Arbeit: 25 Jahre bei der Kriminalpolizei in Weimar, Bereich Kinder- und Jugendkriminalität. Somit an dem Tag nicht eigentlich mein Feld, doch natürlich wurde in Erfurt jede Hand gebraucht. Da war vielleicht was los!»

Elsa liegt noch immer auf dem weichen grauen Linoleum im Haus der Kranken Herzen, die Hände drücken sich gegen den Boden, ihr Körper ist schwer. Was das mit ihrer Schulgeschichte zu tun hat, fragt sie sich. Muss immer alles auf einen Nenner gezogen werden, bis keiner mehr atmen kann und nichts mehr zu sagen ist? Stehen die Dinge wirklich in einem Zusammenhang? Sie spürt etwas, ihre Gedanken laufen weiter, erneut durch das Große Haus: Räume, die sich über Durchgänge endlos aneinander reihen, meterlange Arzneischränke, aufgereiht vom Boden bis zur Decke, ein Saal mit einem riesigen Kronleuchter. Eine kleine Bühne.

Elsa stellt sich drauf, öffnet den tiefblauen Vorhang, tritt ganz nach vorn, an den Bühnenrand: Verehrtes Publikum!, ruft sie in die Tiefe des Raums. Mitunter gibt es eine Geschichte, die liest sich übers Wissen hinaus, die gibt der Text gar nicht her, für die gibt's niemanden, der sie sprechen will. Sie spricht sich dennoch, nur auf andere Weise, noch ohne inneres Bild. Verstehen Sie, was ich meine? Ihre Stimme hallt in den Saal, ihre dunklen Augen irren umher. Hallo, wiederholt sie leise. Doch Elsa hat kein Publikum, der Saal ist leer, sie ist in diesem Haus allein. Die Uhr tickt, der Kronleuchter schwankt, aber ansonsten? Sagt ihr niemand, wie es weitergeht.

Die Geschichte zum Beispiel von Jena und seinen Ärzten, muss die auch noch sein? Ja, sagt Elsa, ja! Sie hatte davon in den Zeitungen gelesen, die Leserbriefspalten barsten, in der Universitätsstadt nahm man die Sache ernst, äußerte lebhaft Anteil. Jena also. Ende der neunziger Jahre kamen belastende Akten zu Jussuf Ibrahim in Umlauf, einem Mann mit beachtlicher Medizinerkarriere, die zwei Diktaturen bruchlos überstanden hatte: «Retter der Säuglinge, Berater der Mütter und Wohltäter der Menschheit», «Verdienter Arzt des Volkes», «Ehrenbürger der Stadt Jena». Als Kind hatte Elsa seine Biografie «Arzt der Kinder» in den Händen, die Saga eines Helden, der ununterbrochen sein Leben riskierte, um andere zu retten. Sie kannte also den Namen, als die Diskussion um ihn entbrannte.

Was Ibrahims Karriere betrifft, kann man es kurz machen, denn bei ihm – 1953 verstorben und noch heute in Jena überaus verehrt – ist die Aktenlage mehr als eindeutig: Seine aktive Rolle bei der Kindereuthanasie zur Zeit des Nationalsozialismus ist klargestellt. Auf sein Wirken hin wurden zahllose Schutzbefohlene – mitunter auch ohne Information an den «Reichsausschuss» – bedenkenlos getötet. Die Akten belegen, dass der Arzt mehrfach ihm anempfohlene Kinder direkt von seiner Jenenser Klinik in die Landesheilanstalt Stadtroda überwies, wo sie nach kurzem Aufenthalt – meist wegen Herz- und Kreislaufschwäche – verstarben. Auf welche Weise versehrtes Leben dem gesunden Volkskörper abhanden kommen kann und in welch unvorstellbarer Dimension der Eid eines Mediziners gebrochen wurde, darüber gibt der Fall Jussuf Ibrahim Auskunft.

Doch Elsa hat, was den Arzt betrifft, ein ganz eigenes Interesse. Ihr geht es vor allem um die Nachgeschichte des Falls, um den Moment, da seine Verstrickungen ins Wahrnehmungsfeld der Jenenser Öffentlichkeit rückten und um das Jahr 2000 herum zur «Kampagne Ibrahim» wurden. Warum? Auch diese Debatte macht deutlich, wie schwer es der ostdeutschen Gesellschaft nach wie vor fällt, anzuerkennen, dass die DDR eben nicht erst 1949 aus der Taufe gehoben wurde, sondern bereits 1933 ihren Anfang nahm. Warum ist das so unendlich schwierig, fragt Elsa beharrlich, die Bezüge und Analogien liegen doch allein schon durch die Biographien auf der Hand?

Es sind zu viele vagabundierende Geschichtsteile in den Köpfen, da bröckelt das eine und das andere, doch für eine umfassende kritische Erzählung ostdeutscher Geschichte, die das Mentalitätsbewusstsein tatsächlich erreichen könnte, fühlt sich offenbar niemand wirklich zuständig. Was aber ist mit der Verdrängung, Billigung,

Verharmlosung und Relativierung der nationalsozialistischen Morde? Die Argumentationsketten in den Leserbriefspalten der Regionalblätter zur Verteidigung von Jussuf Ibrahim lassen an Deutlichkeit nichts zu wünschen übrig. 70 Prozent der Verfasser sprechen sich gegen eine Aberkennung seiner Ehrenbürgerwürde aus. Das Denkmal Ibrahim steht wie ein Fels, da nützt auch das sachlichste Argument nichts, erst recht keine Universitätskommission.

«Ich kann nicht glauben, dass Herr Professor Ibrahim die Euthanasie befürwortet hat. Und hat man etwas gefunden, dann möchte es auf seine Echtheit geprüft werden. Und wäre es echt, dann kann man Herrn Professor Ibrahim nur gezwungen, erpresst und seelisch gequält haben», wehrt eine Schwester seiner Kinderklinik die Anwürfe gegen ihn ab. Eine Krankengymnastin seiner Klinik ist des Lobes für den Mörder voll: «Als sie vor Wochen das erste Mal von den Euthanasie-Vorwürfen gegen Ibrahim las, konnte sie zwei Nächte nicht schlafen. Wie war es möglich, so etwas zu behaupten? Das hätten wir Mitarbeiter doch bemerkt. Und nichts dergleichen ist passiert, obwohl immer mal die SS in die Kinderklinik kam. Aber ein Kind mitgenommen haben die nie.» Ansonsten hat die Heilgymnastin nur die schönsten Bilder im Kopf: «Sie erinnert sich noch an das Rosenkolleg, zu dem Ibrahim die Mitarbeiter jeden Sommer in seinen Garten in der Rathenaustraße eingeladen habe. Tee trank man dort, und für jeden gab es als Anerkennung eine Rose.»

Wenn die guten Erinnerungen nicht ausreichen, bekommt der Westen ordentlich sein Fett ab. Von Beginn an wird die Debatte um den Euthanasiearzt in der Stadt

Jena zu einer Kampagne des Westens gemacht, zu einer «Hetzjagd», die nur dazu da sei, ostdeutsche Leistungen zu diffamieren. Dabei macht das Grundferment DDR eine sachliche Auseinandersetzung um Parallelkarrieren in den zwei deutschen Diktaturen im Grunde unmöglich. Man kenne die Zeitumstände nicht, heißt es in der Abwehr, wisse vom Leben unter den Verhältnissen zu wenig. Und kein Argument, das es nicht gäbe, um Ibrahim zu halten. Mit dem mordenden Arzt verteidigt das Mehrheitsbewusstsein von Jena ein Stück seiner DDR-Identität. Im Land der Opfer kann es nicht über Nacht auf einmal einen Täter geben. Wo soll der auch plötzlich herkommen, das hätte man doch bemerkt! Ein regionaler Zeitungskommentar rät: «Die heute darüber richten wollen, hatten das Glück, in einer anderen Zeit geboren zu sein. Man muss den schmalen Grat zwischen Recht und Unrecht beurteilen, ohne die genauen Umstände zu kennen. Das ist genauso problematisch wie die Beurteilung der DDR-Vergangenheit vom westlichen Standpunkt her.»

Die verharmlosende Gedankenabfolge der Fürsprecher von Jussuf Ibrahim scheint in den Monaten der heftig ausschlagenden Kontroverse schier unerschöpflich. Das ostdeutsche Unbewusste sucht sich an dem Fall um den «Verdienten Arzt des Volkes» abzuarbeiten. Nur mit welchem Ergebnis, was lässt sich wirklich klären? Ein Autor des *Neuen Deutschlands* erläutert am 14. April 2002: «Die Hilflosigkeit der Ärzte gegenüber dem Leid von Kranken, denen sie nicht helfen konnten, führte zu derartigen Überlegungen, die im Ursprung dem heutigen Streit um Sterbehilfe für Krebspatienten im Endstadium ihrer Krankheit vergleichbar sind. Vieles spricht dafür, dass der Ibrahim vorgeworfene Fall gerade in diesen Grenzbereich medizinischen Handelns fällt.»

Es ist nicht Jenas einziger Fall, was seine Euthanasie-Geschichte betrifft. Auch bei Rosemarie Albrecht, heute beinah 90-jährig und rüstig in Jena lebend, liegen die Verbrechen auf dem Tisch. Der Operativvorgang, den die Staatssicherheit 1964 unter dem Codewort «Ausmerzer» anlegte und mit dem sie belastete Euthanasie-Ärzte zur Staatstreue anhielt, belegt ihr Wirken. Demnach war sie an der Ermordung von 159 Frauen beteiligt, die zwischen 1940 und 1942 in der Landesheilanstalt Stadtroda untergebracht waren. Frau Albrecht arbeitete zu der Zeit als Assistenzärztin an der dortigen psychiatrisch-neurologischen Frauenabteilung.

Jürgen Haschke, Stasi-Beauftragter des Landes Thüringen, zeigte Frau Albrecht im März 2000 an, nachdem er in den Unterlagen seiner Behörde auf den Operativvorgang «Ausmerzer» gestoßen war. Der Geheimdienst der DDR hatte, angeregt durch dringliche Nachfragen aus der Bundesrepublik, in dieser Zeit Untersuchungen angestellt und war dabei auch auf den Namen der Jenenser Medizinerin gestoßen. Die Untersuchungen waren ergebnisreich, doch der Staatssicherheitsdienst hielt es für angebrachter, seine Getreuen zu schützen. In einer Stellungnahme des MfS, Hauptabteilung XX/2 Berlin, vom 17. Dezember 1965 heißt es: «Die Aufdeckung der vermutlichen Euthanasie-Verbrechen in Stadtroda bedeutet, dass die national anerkannte und international bekannte Dr. Albrecht in das Untersuchungsverfahren einbezogen werden muss.» Frau Albrecht, mittlerweile nicht nur Professorin und Leiterin der Hals-Nasen-Ohrenklinik, sondern auch Dekanin der Medizinischen

Fakultät der Universität Jena und natürlich «Verdiente Ärztin des Volkes», war längst unabkömmlich geworden, als selten treu ergebene Koryphäe.

Würde Rosemarie Albrecht heute angeklagt, wäre es der erste Euthanasie-Fall des Landes Thüringen und vermutlich der letzte für Deutschland. Doch das brächte womöglich zu viel Unruhe und allerlei unbequeme Fragen. Man kann nie wissen, was draus entsteht. Also wird auf Zeit gespielt. Zwar hatte die Geraer Staatsanwaltschaft, bei der dieser Fall anhängig ist, deutlich gemacht, es gebe «gewichtige Hinweise», dass «elf Kinder und vier erwachsene weibliche Patienten, die unterschiedlich schwer ausgeprägt geistig/körperliche Behinderungen aufwiesen, eines nicht natürlichen Todes gestorben sind», doch die Ermittlungen, die seit fast vier Jahren laufen, erweisen sich offenbar als zäh. Oberstaatsanwalt Thomas Villwock weist darauf hin, dass er nur Krankenakten habe und keine Zeugen. Doch in diesem Fall sei der Nachweis notwendig, dass Medikamente verabreicht oder weggelassen wurden, die zum Tod einer Patientin oder eines Kindes geführt hätten.

Jürgen Haschke, neben seiner Arbeit als Stasi-Beauftragter wichtiges Korrektiv der thüringischen Politlandschaft der Nachwendezeit, ein in Jena ansässiger, bärbeißiger Sympath, der den Stein in Sachen Rosemarie Albrecht ins Rollen gebracht hatte, wiegt den Kopf. Er wolle nichts mehr davon hören. Er lese, was die Debatte betrifft, keine Zeitung mehr und untersage seiner Frau, ihm etwas von alldem zu kolportieren. Er halte die Anfeindungen gegen sich nicht mehr aus. Eine aktuelle Studie der Landesregierung, setzt er nach, belege, dass 22 Prozent der Thüringer der Auffassung seien, es gebe «unwertes Leben». 14 Prozent der Jugendlichen und 19 Prozent der Erwachsenen halten die Diktatur für die bessere Gesellschaft. Man müsse weiter aufklären, bekräftigt er.

Mitte Juli 2003 initiieren 22 emeritierte Jenaer Mediziner einen Aufruf, in dem sie sich mittels einer Unterschriftenaktion öffentlich gegen eine Vorverurteilung von Frau Albrecht wenden. Für Prof. Dr. Gerhard Klumbies, jahrelang Chef der Medizinischen Poliklinik in der Jenaer Bachstraße, ergeben sich besondere Zweifel in Bezug auf die Anschuldigungen gegen Frau Albrecht. Er weist auf die strenge Geheimhaltung des nationalsozialistischen Euthanasie-Programms hin und bezweifelt, dass eine damalige Pflichtassistentin darin einbezogen gewesen sein kann.

Elsa kann nicht mehr liegen, das Linoleum klebt an ihrer Haut, sie muss sich bewegen. Laufen, springen, losrennen über die langen, dämmrigen Flure. Die Treppen nehmen, mit jedem Schritt drei Stufen, hasten bis zur Atemlosigkeit, am liebsten hoch bis zum Himmel. Unter dem Dach ist es hell, trocken und erstaunlich warm. Im Zwischenbereich zweier Böden hängen viele kleine Zimmer wie Waben, in mintgrün und hellrosa – mit lustigen, großen Stofflampen, alten Badewannen, bunten Kachelöfen, winzigen Waschbecken, kleinen Abstellkammern und nach hinten raus ganz ansehnlichen Balkonen.

Elsa öffnet eine Balkontür und breitet ihre Arme aus – Luft, endlich! Das viele verschiedene Grün des Frühlings, der Wald, sein großes Panorama! Haus der Kranken Herzen: unten das Sterile, oben wird es lauschig. Hier hat man die Idyllen aufs Dach verfrachtet. Könnten Schwestern-Zimmer gewesen sein, vermutet sie. Aus einer der Nebenwaben dringt ein bekannter Samstagabend-Ton. «Musik zum Mitschneiden» hieß das, glaubt sie sich zu erinnern. Ihr Blick fällt auf den Innenhof. Am liebsten würde sie sich jetzt vom Balkon abseilen. Doch die Dachrinnen sind morsch, da ist nichts zu machen.

Jetzt noch einmal über die dunklen Flure zu müssen, das nimmt ihr den Atem – der schwere Geruch, die dicke, stehende Luft, die Dunkelheit, die Bilder. Wie war das nochmal mit dem Heilen und den kranken Herzen? In die Räume hineingehen, sie durchqueren und sie auf diese Weise überwinden? Doch wo ist sie jetzt, wo der Ausgang, das kleine Fenster, ihr Durchschlupf? Sie hat keine Orientierung, doch das Gefühl, sie sei schon ewig, einfach viel zu lange hier. Genug mit diesem Haus! Schluss! Raus, raus, raus! Nichts wie raus hier!

Mit an Sicherheit grenzender Wahrscheinlichkeit

«Lasst es uns beginnen, lasst es uns machen!» Erfurts Oberbürgermeister Manfred Ruge, ein Mann mit kräftigen Unterarmen, Bart und kleinem Goldstecker im Ohr, versucht seiner Stadt in den Wochen nach dem Mordlauf neuen Lebensatem zu verordnen. «Man muss über alles sprechen können», setzt er nach, «steter Tropfen höhlt den Stein.» Was auch immer er damit gemeint haben will – die thüringische Politik versucht, sich nach dem 26. April 2002 handlungsbereit zu zeigen. Aber auch die große.

Just an dem Tag der Bluttat hatte der Bundestag wegen eines neuen Waffenrechts in Berlin getagt. Die Stimmen hielten sich bedeckt, wie gehabt zeigten sich unterschiedlichste Interessen, doch dann machte die Nachricht von Erfurt im Plenarsaal die Runde. Der Dringlichkeitsgrad für ein neues Gesetz schien sich schlagartig zu erhöhen. Warum die große Politik in Bezug auf den kleinen Waffenbesitz im Land seit langem so zögerlich zu Werke geht, muss man nicht nachvollziehen können. Die Fakten, die bekannt sind, wären alarmierend genug.

«Small Arms Survey 2002», eine aktuelle Studie des Genfer Hochschulinstituts für Internationale Studien zur Kleinwaffenproduktion, hat dazu eindeutige Aussagen parat: Die Deutschen rüsten rasant auf, längst sind sie eine Schützengesellschaft! Sie kaufen jährlich so viele Schusswaffen wie die Amerikaner, etwa eine Million. Sie haben eine lange Tradition von privatem Waffenbesitz und dabei nur begrenzte Vorschriften. Derzeit existieren 7,4 Millionen registrierte Waffen, im Ganzen aber mindestens 25 Millionen Schusswaffen in Privatbesitz. «Wahrscheinlich mehr und kontinuierlich zunehmend», heißt es im Wortlaut. «In Deutschland werden Waffen erst seit 1972 registriert, noch immer gibt es keine zentrale Registrierung und auch keinerlei zentralen Datenaustausch», besagt der Bericht.

Fette Zahlen, meint Elsa. In Deutschland pro Jahr eine Million Schusswaffen mehr? Kein gemütlicher Gedanke. Sie ist endlich wieder in Berlin, läuft durch die Straßen und zählt. Eins, zwei, drei, vier: Ein vielleicht zehnjähriger Junge blickt sie freundlich an, streckt die Arme in die Höhe, als wolle er ihr unbedingt etwas zeigen. Eins, zwei, drei, vier: Sie sieht in das ruhige Gesicht einer etwa achtzigjährigen Frau. Eins, zwei, drei, vier: eine genervte Frau mit zwei kleinen Kindern am Arm. Wo sind die blöden Schießeisen? Wer hier hat ihre Waffe?

In der U-Bahn starrt sie immerzu auf einen schwarzen Koffer. Was, wenn der Mann, der das Teil hin- und herschaukeln lässt, es kurz abstellt, öffnet, eine Knarre rausholt und einfach losballert? Langsam, Elsa, langsam. Der Mann gähnt sie an, absolut gar nichts passiert. Sie sitzt in einem Kino, hört hinter sich dieses feine Klack-klack-klack-klack, das Geräusch eben, wenn ein Reißverschluss aufgezogen wird. Sie reagiert nervös, dreht sich um, in jedem Fall will sie vorbereitet sein.

Eine Frau hat ihre Beine dem Nachbarn über die Oberschenkel gelegt, lässt sie leicht baumeln, die beiden sitzen eng verschlungen. Elsa, ruhig, ganz ruhig, das sieht nach was anderem aus.

Vielleicht muss man die Sache anders denken und die ganze Argumentation einfach herumdrehen, sagt sie sich: Für die Tatsache, dass wenigstens 25 Millionen Schusswaffen privat in Umlauf sind, die Polizei aber höchstens mit 300 000 Waffen ausgestattet ist, geht es doch ausgesprochen ruhig in Deutschland zu, herrscht im Grunde sagenhafter Frieden! Was aber, wenn die Privatgeister alle mit einem Mal kregel werden? Berlin ginge im Guerillakampf unter, jeder Vierte demmelte mit seiner Waffe durch die Straßen und könnte seinen Privatkrieg führen. Sie läuft durch die Straßen, dreht sich ruckartig um, sucht die Straßenfront ab. Was hat sie denn nur? Es schießt doch gerade nichts.

Das Kultusministerium Thüringen arbeitet im Frühjahr 2002 an einem neuen Schulgesetz, es wird getagt und diskutiert, am Ende nimmt man den Entwurf zurück. «Wir wollen uns den Vorwurf ersparen, wir hätten das Gesetz durchgezogen», lässt der Pressesprecher des Hauses verlauten. Die Novelle wird auf den Herbst vertagt. Lediglich einzelne kleinere Direktiven werden erlassen.

Noch im Mai 2002 geht eine einzutragende Dienstanordnung an die Schulen raus, die erste nach dem Massaker. Sie fordert die Schuldirektoren des Landes auf, eine aktenkundige Belehrung gegenüber ihren dienstbefohlenen Lehrern durchzuführen: Sollte es an der jeweiligen Schule zu einem Ereignis dieser Art kommen, besagt die erlassene Anordnung, bestehe generelle

Schweigepflicht der Lehrer gegenüber der Presse. Die Lehrer-Beamten werden, wie vordem Polizei und Feuerwehr, auf Dienstrechtliches eingeschworen.

Durchaus ernst zu nehmende Mängel verzeichnen nach dem Ereignis am Gutenberg-Gymnasium die Landesärztekammer und die Kassenärztliche Vereinigung Thüringen und wollen diesbezüglich zur Sache kommen. So tagen sie Mitte Mai 2002 zum Thema und stellen fest: «Nach Auffassung der Vorstände der LÄK und der KVT sind Organisation und Logistik im Katastrophenfall nicht eindeutig geregelt, sodass dringender Handlungsbedarf besteht. Dies betrifft insbesondere die vorgegebene Abstimmung der Krankenhäuser mit den Gemeinden und Landkreisen und die vorgeschriebene Verpflichtung aller Gesundheitsberufe an Einsätzen, Übungen und Lehrgängen teilzunehmen. Weiterhin sollen das Thüringer Brand- und Katastrophenschutzgesetz und das Thüringer Rettungsdienstgesetz novelliert werden, um konkludentes Verhalten im Hinblick auf den Katastrophenschutz zu schaffen. Ein weiteres Problem, das angesprochen wurde, war, dass logistische Schwierigkeiten bei einem Katastrophenfall zu entstehen drohen. Man kam überein, dass auch hier Möglichkeiten geschaffen werden müssen, damit die Rettungskette in einem Katastrophenfall reibungslos klappt.»

Zukünftig konkludentes Verhalten? Von jener Kritikfähigkeit zeigt der acht Wochen nach dem Mordlauf vorgelegte «Vorläufige Abschlussbericht des Innenministers, unter Beteiligung des Justizministers, des Ministers für Soziales, Familie und Gesundheit sowie des Kultusministers» absolut gar nichts. Eine zweimonatige Arbeit von vier Ministerien, in acht Varianten – doch jener bis heute vorläufige Endtext ist an Vagheit und Inhaltslosigkeit durch nichts zu überbieten. Wie die Präambel des Berichtes von vornherein klarzustellen versucht, will er vor allem «die unmittelbaren Polizeimaßnahmen und die Ermittlungstätigkeit der Polizei und Staatsanwaltschaft» herausstellen, der «Aufklärung des Verbrechens» dienen und, wie es heißt, die Angehörigen umfassend informieren. Der Bericht, den Elsa vom Pressesprecher des Innenministeriums erbeten hat, ist in neun Punkte untergliedert.

Punkt 1 beschreibt den Tathergang. Letzter Satz des Abschnitts lautet: «Wie die späteren Obduktionen ergeben haben, hätten alle Getöteten auch bei einer sofortigen medizinischen Versorgung keine Überlebenschance gehabt.» Diese Aussage wiederholt sich im selben Abschnitt etwa in der Variante: «Die Obduktionsberichte bestätigen, dass alle Opfer auch bei einer sofortigen medizinischen Notversorgung keine Überlebenschance gehabt hätten.» Elsa akzeptiert diese in der Sache gleiche Aussage nicht, hält sie – trotz der außer Frage stehenden Schwerstverletzungen – nicht nur für unbeweisbar, sondern auch für pietätlos. Laut Obduktionsbericht ist Hans Lippe sofort tot gewesen, bestätigt ist aber, dass er bis mindestens 13 Uhr gelebt hat. Was können solcherart Serienberichte also tatsächlich besagen? Für sie stellt sich in Anbetracht des gelaufenen Einsatzes darüber hinaus noch eine andere drängende Frage: Gesetzt den Fall, eine verletzte Person hätte gerettet werden können, wäre sie bei all der bestehenden Nichtkoordinierung denn überhaupt gerettet worden?

Warum sonst die – vorgreifende – Einzeltäterversion, die jede genauere Untersuchung unterläuft, warum die ausdrückliche Nachrichtensperre gegenüber den Angehörigen, warum jene unbedingte Faktizität, die dieser Bericht vom ersten Satz an herstellt? Muss jeder Zweifel im Keim erstickt werden, gilt es zu demonstrieren, dass man über jeden Verdacht erhaben ist? Wie kann man so sicher sein, fragt sich Elsa. Hans Lippe, dessen Schreie über zwei Stunden im Schulhaus zu hören waren, Peter Wolff, dessen Verbluten seine Schüler über lange Zeit mit ansehen mussten, Susann Hartung und Ronny Möckel, bei denen Dr. Ekkehard Schneider einen langen Sterbeweg feststellte? Jedes Leben eine große Welt.

Punkt 2 des Abschlussberichtes geht auf die Maßnahmen der Polizei ein. Elsa liest kompetent klingende Worte. Bei näherer Betrachtung kommt ihr der ministeriale Text aber eher wie eine Wortfamilien-Ansammlung vor. Ein Wort etwa wie «Einsatz» bildet da eine Kette, die sich durch den gesamten Text fädelt: Einsatzweisung, Spezialeinsatzkräfte, Einsatzzentrale, Einsatzort, Spezialeinsatz, polizeilicher Einsatz, Einsatzabschnitt, Einsatzstab, Gesamteinsatzleitung. Macht irgendwie einen professionell wachen Eindruck, dieses Wort, findet Elsa, es klingt nach was, ähnlich wie Rettungsdienst, Rettungskräfte, Rettungswagen. «Währenddessen wurde die auf dem Schulhof liegende Lehrkraft von anderen Rettungskräften in einen Rettungswagen gebracht, wo sie unmittelbar verstarb.»

Aufgestellte Worte, Textblöcke, an denen niemand vorbeikommt, eine unendliche Anhäufung starrer Zusammensetzungen, wo doch in dem Moment, als dieser eine konkrete Mensch – die Kunstlehrerin Birgit Dettke – starb, so unsprechbar viel geschah. Jedes Leben eine ganze Welt! Elsa hält es nicht mehr aus, schafft es nicht, muss innehalten, sich hinhocken, sie kann nichts mehr lesen. Außerdem stimmt nichts von dem, was da geschrieben steht. Die Lehrerin war tot, als sie viel zu spät in einer Decke zum Rettungswagen geschleift wurde. Weder gab es Rettungskräfte noch Rettungswagen, noch Rettungsdienst für sie, in diesen Minuten, wo sie Rettung gebraucht hätte. Was es gab, war ein reger Rettungstourismus, die Videobilder demonstrieren es. Birgit Dettke lag auf dem Schulhof, hingerichtet, verblutet, ungeborgen. Ein Polizist lag 25 Meter von ihr entfernt, mit Pistole im Anschlag, sah, wie sie zu Boden ging, und reagierte nicht, forderte keine Rettung. Das war. Niemand kam. Also was soll das?

«Bei der Staatsanwaltschaft Erfurt», hält der Bericht fest, «sind nach dem Verbrechen mehrere Anzeigen eingegangen. Die Anzeigen richten sich unter anderem gegen Lehrer des Gutenberg-Gymnasiums, gegen auf Landes- und Bundesebene handelnde Politiker und gegen Verantwortliche der Schulverwaltung, des Rettungseinsatzes sowie der Ordnungsbehörde. Nach bisheriger Prüfung enthalten diese Anzeigen keine neuen Ermittlungsansätze, aus diesem Grund wurden sie eingestellt.»

In Punkt 3 geht der Abschlussbericht auf eine mögliche Mittäterschaft ein: «Aus den Aussagen von Zeugen gegenüber Einsatzkräften am Tattag ergaben sich zunächst Hinweise auf einen zweiten Täter. Im Rahmen der folgenden Ermittlungen wurde daher sehr sorgfältig geprüft, ob an der Tat oder ihrer Vorbereitung ein Mittäter beteiligt war.» Dann heißt es dazu: Zwar habe es Hinweise gegeben, doch sind sie nicht bestätigt worden. «34 Personen, Schüler und Lehrer sowie in der Schule befindliche Handwerker haben im Rahmen des Ermittlungsverfahrens in irgendeiner Weise Aussagen zu einem zweiten Täter getroffen. Im Rahmen der eingehenden Vernehmungen dieser 34 Personen konnten lediglich 6 Personen konkrete Angaben zu einem von ihnen tatsächlich wahrgenommenen vermeintlichen zweiten Täter machen.»

Elsa fällt auf, dass nur Schüler und Schülerinnen einer fünften und zweier sechster Klassen mit ihren Tatsachenbeschreibungen Eingang in den Abschlussbericht und auch in den Einstellungsbescheid der Staatsanwaltschaft finden. Die anderen 86 bestätigenden Stimmen zu einem zweiten Täter, die aus den übrigen Zeugenvernehmungen hervorgehen, finden bei der Rekonstruktion des Tatablaufs keinen Eingang, werden als unwahrscheinlich oder nicht plausibel aussortiert. Das betrifft auch die Aussagen von Lehrern und Polizisten. «Dazu kommt», bestätigt der Anwalt der meisten Angehörigen, Eric Langer, dass «der Fragenkanon der Vernehmer auffällig einheitlich ist, bei Widersprüchen nicht nachgefragt wird, Einzelheiten nicht protokolliert wurden und etliche Protokolle von Vernehmungen fehlen. Es bestand keinerlei Interesse an substanziellen Ermittlungen.» Für die Staatsanwaltschaft gelten die Aussagen der sechs Schüler im Bescheidtext dann auch lediglich als Schlussfolgerungen und nicht als Tatsachenfeststellungen.

«Auch im Rahmen der durchgeführten Profiling-Analyse des Robert Steinhäuser kamen die dort tätigen Polizeibeamten zu der Schlussfolgerung, dass aufgrund des Persönlichkeitsbildes des Robert Steinhäuser sowie seiner Lebensumstände, insbesondere des Freundeskreises, er die Tat mit an Sicherheit grenzender Wahrscheinlichkeit allein begangen hat.»

Prof. Dr. Christian Pfeiffer, ehemaliger niedersächsischer Innenminister und jetziger Leiter des Kriminologischen Instituts Hannover, meldet in Bezug auf deutschlandinterne Profiling-Analysen grundsätzliche Bedenken an. Die Arbeit hiesiger Profiler sei mit der etwa in den USA nicht zu vergleichen. Dort bestehe eine andere Tradition für eine solche Tätigkeit, ein anderes Know-how, die Aussagewerte solcher Texte wären tiefgehender und aufschlussreicher. In Deutschland hätte man, was diesen Teil kriminologischer Arbeit betrifft, beträchtlichen Nachholbedarf.

Zu Robert Steinhäusers «Charaktereigenschaften» hält das Profil fest: «äußerlich normal und angepasst, antriebsarm, wenig motiviert, sehr sparsam bis geizig, eher introvertiert, verschlossen, Distanz zu anderen Personen wahrend, in der Stimmung schwankend, launisch, impulsiv, teilweise jähzornig, manchmal ohne Realitätsbezug im Gegensatz zu seiner real desolaten Situation, im flüchtigen Kontakt mit anderen Menschen erschien er eher redegewandt und intelligent».

«Die Feststellungen zur Täterpersönlichkeit» seien abgeschlossen, heißt es, dann werden Gründe benannt, warum der Täter neben seinen fixierten Charaktereigenschaften mit an «Sicherheit grenzender Wahrscheinlichkeit» allein gehandelt hat: 1. «Der Größenwahn des Täters hat es eher verboten, dass er andere an seiner spektakulären Tat teilnehmen ließ, 2. die Tatsache, dass der Täter sich morgens allein in einem Café aufgehalten hat, ist ein Hinweis dafür, dass er sich hier nicht mit einem Komplizen traf. 3. Es ist kein guter Freund bekannt geworden.» Drei bedenkenswert scharfsinnige Ermittlungsschlüsse, die zu einer klaren Vorstellung des Täters führen: ein unauffälliger, längere Zeit allein herumsitzender Eiskaffeetrinker, in dessen Nähe kein Freund auszumachen ist.

Die Angaben zur Familie von Robert Steinhäuser und zu seinem Motiv wie auch zum Handlungsmodell vor und während der Tat bleiben in diesem Profil völlig nichtssagend, die Beziehungen zu den Freunden im Dunkeln, geschweige denn werden in irgendeiner Weise essenzielle Befragungen ersichtlich. Worauf gründen also Abschlussbericht und Ermittlungseinstellung, will Elsa wissen? Der Polizist Michael Engelhardt etwa verweist in seiner Vernehmung auf zwei Schüsse aus seiner Pistole, in allen Berichten ist jedoch nur ein Projektil von ihm verzeichnet. Wohin ist der zweite Schuss gegangen? Was ist mit den fehlenden Ermittlungsakten, was mit den ungeklärten Einschusshöhen am Tatort, wo sind die Rettungsdienstberichte der Stadt, wo die Primärberichte der Notärzte für die Obduktionsberichte? Die Fragenpalette wäre endlos.

«Die bisherigen Ermittlungsergebnisse, insbesondere der Tatortbefund, das Kurzgutachten des Bundeskriminalamtes zu den aufgefundenen Patronenhülsen sowie das Ergebnis der Weg-Zeit-Analyse beweisen, dass die Tat durchaus von einem Täter allein begangen worden sein kann. Es kann auch ausgeschlossen werden, dass der Täter am Tattag das Schulgebäude gemeinsam mit einer zweiten Person betreten hat. Hinweise auf einen Täter oder Gehilfen, die nicht offensichtlich widerlegt oder als äußerst fragwürdig bewertet werden müssten, liegen bislang nicht vor.»

Ist das jetzt nur ein sprachliches Problem?, fragt sich Elsa. Was ist hier bewiesen und wodurch? Das BKA schreibt in seinem Kurzgutachten: «Die Untersuchung der Geschosse ergab, dass alle bei der Obduktion gefundenen aus der gleichen Waffe stammen.» Doch was, fragt Elsa, ist aus den Geschossen geworden, die durch die Leichen hindurchgetreten sind? In einigen Leichen gab es zum Zeitpunkt der Obduktion keine Projektile mehr. Was ist mit den Geschossen, die ihr Ziel verfehlten? Aus welchen Waffen stammen die? Was ist mit der zweiten Person, über die etliche Schüler in ihren Vernehmungen berichtet haben und die kurz nach Robert Steinhäuser die Schule betreten haben soll? Es liegen bislang keine Hinweise auf Täter vor, sagt der Bericht, die nicht offensichtlich widerlegt werden müssen. Was aber ist mit den Hinweisen, die offensichtlich widerlegt werden müssen, die also eine tatsächliche Hinweisqualität haben? Was ist damit?

In Punkt 4 erläutert der Bericht das «Zusammenwirken mit Rettungs- und anderen Unterstützungskräften» und sagt aus: «Die Bewältigung der Ereignisse erforderte im Zeitraum vom 26. April 2002 bis 2. Mai 2002 den Einsatz von insgesamt 973 Polizeivollzugsbeamtinnen und -beamten. Die Anforderung und der Einsatz von Fremdkräften erfolgten unkompliziert. Alle Einsatzkräfte zeigten eine hohe Einsatzbereitschaft ... In der ersten Phase standen insgesamt 74 psychologische Helfer zur Verfügung. Später kamen weitere Psychologen hinzu, u.a. aus Bayern, Brandenburg, Nordrhein-Westfalen und Niedersachsen.»

Es ist auffällig, bemerkt Elsa, dass der Bericht gern Zahlen sprechen lässt: 142 Notrufe, 35 sofort verfügbare

Streifenwagen, ebenjene 973 Polizisten, 297 Fremdkräfte, 74 psychologische Helfer, 1045 erfasste Personen, 80 Resonanzdelikte, 100 000 trauernde Bürger, eine Hotline mit 17 therapeutischen Beratungskontakten, 40 andere Beratungsgespräche, 133 Gespräche zu Koordinierungsfragen sowie 249 die Hotline missbräuchlich nutzende Gespräche. Das sieht nach Arbeit aus. Und was sagt die?

Unmittelbar nach dem Mordlauf werden umfangreiche Betreuungskonzepte erarbeitet, manche Eltern sprechen gar von flächendeckender Übertherapierung, wobei Koordinierung und Ausrichtung der Therapien mehrfach verändert werden. Die meisten Schüler jedoch sind sich einig: «Wer weiß, wo wir ohne die Psychos wären.» Eine Betroffenengruppe bleibt bei all der Betreuung jedoch gänzlich außen vor – die Gruppe der Hinterbliebenen. Über sie hält der Bericht fest: «Zu jeder Zeit bestand für die Hinterbliebenen die Möglichkeit, bei der Polizei und der Staatsanwaltschaft Auskünfte zu den Geschehensabläufen zu erlangen und gegebenenfalls auf Wunsch auch Einzelgespräche zu führen.» Elsa traut ihren Augen nicht. Was steht da? Nicht zu glauben. Bodenlos!, schimpft sie. Wie man in einem solchen Kontext derart lügen kann! Am 17. Mai 2002 war, wie bereits festgehalten, eine Nachrichtensperre gegenüber den Angehörigen ausgesprochen worden.

«Thüringen ehrt die Opfer am nachhaltigsten, indem alles Menschenmögliche unternommen wird, damit sich eine solche Tat nicht wiederholt», verspricht die Schlussbemerkung des Berichtes. Die Landesregierung will sich ins Wort nehmen lassen. Und – hält sie es? Innenminister Christian Köckert betont, dass sich aus den

Ereignissen am 26. April 2002 keine strafrechtlichen Konsequenzen ergeben haben und die Erfurter Staatsanwaltschaft ihre Ermittlungen wegen Mordes in Kürze einstellen wird, da sich – wie sie selbst zwei Tage später in ihrem Einstellungsbescheid schreibt: «… zureichende tatsächliche Anhaltspunkte für die Beteiligung einer weiteren Person an dem Verbrechen vom 26. April 2002 nicht ergeben haben und es sich hinsichtlich des Alleintäters Robert Steinhäuser durch dessen Tod erledigt hat.»

Erledigt? Um jeden Preis sollen noch vor der Sommerpause in Sachen Gutenberg klare Verhältnisse geschaffen werden. Fehler wurden keine gemacht, lautet das unumstößliche Berichtsfazit der Landesregierung. Der Einstellungsbescheid der Staatsanwaltschaft geht zwar um Nuancen bedachter vor, doch zu einem anderen Ergebnis kommt auch er nicht. Zureichende Anhaltspunkte für einen zweiten Täter und nachweisbare Fehler, vermelden die Verantwortlichen, gebe es nicht. Doch offenbar allerlei zureichende Vermutungen vonseiten der Angehörigen und der Öffentlichkeit.

Denn keine vier Wochen später muss das Innenministerium die Polizei anweisen, die Ermittlungen zu prüfen, und schiebt über die Medien die Bitte nach, eventuelle Zeugen sollten sich bei den Behörden melden. Warum jetzt, zwei Monate nach dem Ereignis?, fragt sich Elsa. Warum nicht sofort? Die öffentliche Kritik an den Fehlern des Einsatzes wallt gerade wegen des schlampigen Abschlussberichtes erneut auf – Fragen, Fehler, Widersprüche, Unsicherheiten, fehlende Informationen bestehen zuhauf. «Der Verdacht erhärtet sich, dass die Landesregierung den Einsatz geschönt hat», heißt es aus den Reihen der SPD-Landtagsfraktion. Die Forderung wird laut, den Bericht zurückzuziehen und eine unabhängige Kommission einzusetzen, um die Vorgänge erneut zu prüfen.

Für den 26. Juli 2002 wird aufgrund der massiven Interventionen eine Innenausschuss-Sitzung einberufen. Die PDS hat einen Katalog mit 24 Fragen vorgelegt. Der Innenminister tritt am Tag der neuerlichen Darlegung des vorläufigen Abschlussberichtes mit einem Heer von Beratern an. Man ist vorbereitet, Schluss jetzt mit dem Gezerre, nun wird die Sache geklärt. Viereinhalb Stunden Detailberatung, der Opposition werden die Obduktionsberichte und die Bilder der Ermordeten vorgelegt. Denn gerade die einheitliche Sterbezeit von 10.58 Uhr bis 11.19 Uhr für alle Opfer – mit Ausnahme von Birgit Dettke –, die auf den Sterbeurkunden verzeichnet war, hatte starkes Misstrauen erregt. Die Ministerien gaben einen seriellen Todeszeitpunkt aus, obwohl etwa Hans Lippe nachweislich bis nach 13 Uhr gelebt hat.

Der Innenminister lässt sich jedoch nicht so leicht beirren. «Unter den Gegebenheiten und Kenntnissen», bleibt er bei seinem Kurs, «konnte der Einsatz nicht anders verlaufen.» Ein schnelleres Evakuieren oder gar Stürmen der Schule hätte keinen Vorteil gebracht, sondern womöglich zur Panik geführt und Dutzende Verletzte zur Folge gehabt. Von den Opfern konnte keins gerettet werden, die vorliegenden Berichte belegen es, und zwar eindeutig, versichert Köckert. In welcher Weise das SEK und die Polizei bei diesem Einsatz agierten, erweist sich für den Abschlussbericht eines Innenministeriums offenbar als vollkommen irrelevant.

Die Oppositionspolitiker reagieren mit versteinerten

Gesichtern, die Bilder in den Obduktionsberichten sind kaum zu ertragen. Die vorgestellten Fakten werden für eindeutig befunden: Den Opfern blieb wohl keine Chance. Ob die Opposition hartnäckig genug auf die vorbehaltlose Klärung des Geschehens gedrungen hat, will Elsa dennoch herausbekommen. Der groß angelegte Fragenkanon der PDS hält unter anderem folgende Fragen bereit: «Wie viele Schüsse hat der Täter abgegeben? Wie viele Projektile und Hülsen hat die Polizei sichergestellt? Wie viele Schussverletzungen wurden registriert? Wann lagen die Gebäudepläne vor? Wann begann das Einsickern?»

Der thüringische Innenminister Christian Köckert, von Haus aus Theologe, der Ende Oktober 2002 nach einer so ansehnlichen wie undurchsichtigen Skandalpalette – Datenschlampereien in seinem Ministerium, Rotlichtaffären bei der Polizei, Neonazi-Spione beim Thüringer Verfassungsschutz, Bespitzelungen von Kommunalpolitikern – seinen Hut nehmen wird, hat an jenem 26. Juli 2002 sicherlich Arbeit, doch ein Problem hat er nicht. Die Skepsis der Gegenparteien, spürt er, hat nur einen kurzen Atem und bringt ihn nicht ernstlich unter Druck. Das kriegt er hin, dafür ist er Profi genug. Die Opposition zeigt sich bewährt handzahm: Der vorläufige Abschlussbericht wird letztlich ohne eine einzige Änderung akzeptiert. «Schwerer Schritt zur Normalität», titelt die *Thüringer Allgemeine* am nächsten Tag. Man kann es als Signal lesen: Die Politik hat ihre Arbeit gemacht, nun kann es in die Sommerpause gehen.

Für Elsa nicht. Für sie steht an ihrer Hochschule die erste Wahlrolle an, ihre erste komplett eigenständige Arbeit. Die Lehrer versuchen, sie ein bisschen zu schieben:

Irgendwas Klassisches reden sie ihr zu, vielleicht sogar ein Märchen. «Nö!», sagt Elsa, zu antiquiert, immer derselbe Kram. Als könne man bruchlos so weitererzählen, immer auf dieselbe Weise. Was aber will sie erzählen, und vor allem, wie?

Sie hat keinen Text und keine wirkliche Idee, vielleicht muss sie warten. Ein abgedunkelter Raum in der Schauspielschule, sie sitzt an der Wand, lässt die Gedanken laufen. Welche Bilder kommen zuerst? Die Fahrt zur Abifeier, Ende Juni nach Erfurt. Kaisersaal und jene bedrückende Stille im Raum. Robert Spalk saß wie immer am Klavier, nach ihm sprach Frau Alt. Was die Abiturienten vorn am Pult sagten, hat Elsa behalten, auch wie sie dastanden und um jedes Wort rangen. Sie saß hinten, allein. Der Raum war zu groß für diesen Moment, fand sie, er passte nicht zu dem Schmerz, der auf den Gesichtern der Abiturienten lag. Elsa nahm alles einzeln, losgelöst wahr, das Händeschütteln, die Urkunden, die Blumen, das Lächeln. Schüler und Lehrer schienen ihr getrennt, als kennten sie sich nicht, als hätten sie nie miteinander zu tun gehabt, nie voneinander gehört. Von der großen Seelengemeinschaft war hier nichts mehr zu spüren. Das wollte ihr nicht in den Kopf, diese Fremdheit, nach alldem?

Nach der Feierstunde traf sie Rainer Heise, draußen auf dem Flur. Er erzählte vom Selbstmord des Schülers Thomas Mascher. Er sei bei dem Massaker mit seiner Klasse in einem Raum eingeschlossen gewesen, vor Tagen habe er sich erhängt. «Der 26. April ist ein Katalysator, Elsa. Plötzlich tritt so vieles zutage, als lebten wir in einer neuen Wirklichkeit.»

Risse, Austern, viel Haut

Im November 2002 sitzt Elsa in der Anwaltskanzlei von Eric Langer in der Erfurter Michaelisstraße und will etwas über die Situation der Angehörigen erfahren. Über den Sommer hin war es gespenstisch still um die Schule. Die Lehrer, die sie besuchte, empfingen sie alle braun gebrannt, saßen auf ihren Sofas, lachten viel, zeigten pausenlos Urlaubsfotos, erzählten von Sommersonnenwenden, einsamen Blockhütten und vom Meer. Die Bilder waren schön, die Farben virtuos, doch etwas Wesentliches blieb ausgeblendet, das Elsa aggressiv machte.

Nicht dass sie jemandem die braune Haut nicht gegönnt hätte, nicht dass sie sonderlich auf Probleme aus gewesen wäre, nicht dass sie irgendetwas gegen Ausflüge in die Idyllen gehabt hätte, doch ihre Erfurt-Besuche fielen in dieser Zeit so über die Maßen heiter aus, dass ihr mulmig wurde. Sicher, sie hatte an sich ja auch so einiges bemerkt, lebte Zorn und Launen aus, wie sie wollte, hasste Lautes und ging doch in jede Techno-Disco, kiffte und trank hemmungslos und bestand am nächsten Tag auf ihrem Lieblingsthema: Kräutertees und Ökogemüse. «Du hast einen solchen Schuss weg», stöhnte Anne, ihre Freundin.

Nun, am Tisch in der Anwaltskanzlei, bekommt sie einen Kaffee hingestellt, rauchen darf sie nicht. «Wie geht es den Angehörigen jetzt?», fragt sie den Anwalt. Der zögert. «Darauf gibt es keine kurze Antwort», sagt er, seine hellen Augen hält er hinter einer hypergestylten Hornbrille versteckt. «Man kann alles Mögliche leugnen, doch den Schmerz eben nicht. Er zwingt dich auszuhalten, was du nie für möglich gehalten hättest.»

Elsa sieht den Mann gegenüber an. Sechs Wochen lang hatte sie ihn um ein Gespräch gebeten, sechs Wochen lang nannte er die verschiedensten Gründe, warum ein Termin nicht möglich sei. Nun war der Herbst fast vorbei. Doch was will sie eigentlich hier an diesem Tisch erfahren? Er wehrt ab, bemerkt sie, seine Augen flattern, als würden sie sagen: Kommen Sie zur Sache, das alles ist Zeit, meine Zeit. Und sowieso ist es mühsam, das Sprechen schmerzt, es kann nur Missverständnisse geben, und überhaupt, was soll das ganze Gerede? Also bitte jetzt die Fragen.

Elsa lehnt sich zurück, trinkt einen Schluck Kaffee. «Ich verstehe Ihren Vorbehalt», beginnt sie, «doch es ist so viel offen geblieben, was den 26. April angeht. So kann es nicht bleiben.» Der Anwalt hüstelt, greift zum Telefon, weist kurz etwas an, nimmt die Brille ab, streicht sich über die Augen. «Entschuldigung, was hatten Sie gesagt?» Über seinem Kopf hängt eine Graphik, ein krakelig naiver Miró, ein zerfasertes und dennoch heiteres Gesicht. Nein, sie wird sich nicht aus der Ruhe bringen lassen. Dann gibt es eben eine Unterbrechung, dann wird eben eine Pause gemacht. So jedenfalls kann sie nicht fragen.

Sein Blick geht aus dem Fenster, hinter der Wand sind laut diskutierende Stimmen zu hören, sie sitzen sich gegenüber, er spielt mit den Händen, dann sagt er abwesend: «Du lebst, aber du lebst nur noch absolut, im Grunde ist es die Auflösung». Elsa sieht ihn an, sie würde jetzt gern rauchen. «Was meinen Sie damit?» Er rutscht auf seinem Stuhl hin und her, hüstelt erneut, schiebt die Brille nach oben, muss sich für seinen nächsten Gedanken einen Ruck geben. «Es sind die Sekunden, in denen die Bilder kommen: Hamburg, New York, Wien. Als ob sich Raum und Zeit in einem Augenblick zusammenziehen. Sie steht da, läuft auf einer Straße, läuft am Meer, steht vor den Farben, die sie geliebt hat. Sie lacht, und ich kann für diesen einen Moment atmen. Doch hinter dem Bild lauert die Leere, der Schmerz, der Riss – nennen Sie es, wie Sie wollen.»

Der Mann sieht noch immer durchs Fenster, altes Fachwerk, bunte Weinblätter am Gemäuer, am Himmel langsam ziehende, große Wolken, ruhiges Herbstlicht, mit jedem Tag wird es dunkler. «Man sagt ja nicht – ich leide, sondern will immerzu nur dieses Loch überrennen. Dabei hatte ich gerade in den Wochen danach nur zu funktionieren, hier liegen Hunderte Akten, ich bin Anwalt. Auch Anwalt vieler Angehörigen, sie saßen vor mir, und ich musste ihnen sagen, wie ihre Liebsten umgekommen waren. Das war ich ihnen schuldig. Die Staatsanwaltschaft zog sich einfach darauf zurück, ihnen den Einstellungsbescheid vorzulesen. Wir müssen noch prüfen, hieß es, wenn es Fragen gab, dies und jenes ist noch nicht geklärt. Darauf zurückgekommen ist sie nie. Wenn ein Mensch stirbt, geht es um jedes Detail, da muss man als Anwalt zur Verfügung stehen, ich wollte da sein.»

«Und die Auflösung?» Diesmal nimmt sich der Anwalt eine Pause, schiebt die Hände auf den Tisch, lässt sie dort ruhig liegen, wartet. «Den gesamten Mai über habe ich nur gearbeitet», erzählt er. «Büro bis tief in die Nacht, kaum Schlaf, viel Alkohol. In sechs Wochen habe ich 20 Kilo abgenommen.» Dann sei er in die Normandie gefahren, habe in Restaurants am Meer gesessen und alles in sich reingestopft, was er zu fassen bekam. Austern, Käse, Wein in rauen Mengen. «Das hatte nichts mit Lust zu tun, ich wurde zum Schlinger. Eine Art Krieg, den du gegen dich führst, gegen das, was mal Welt war, gegen die Tatsache, dass sie weg ist, gegen deinen Hass, der keinen Ort hat, gegen deine Einsamkeit, deinen Schmerz. Als säße ein reißendes Tier in dir, das du ununterbrochen stopfen musst. Schlingen, schlingen – und der Hunger wird nur größer, und besoffen wirst du nie.»

Im Juni 2002 macht er jene Wolgareise, die beide noch gemeinsam geplant hatten. Endlos träges Wasser, an den Ufern ab und an Blockhütten, 120 Deutsche an Bord, meist weit über 60 Jahre, viel Wodka und eine Stewardess, die um jeden Preis nach Deutschland wollte. Die schlimmste Reise seines Lebens, auf dem langsamsten Fluss der Welt. Im Juli fährt er nach Karlsbad, holt sich dort bei einem Mann seine Lust auf Körper zurück, auf Wärme, auf Haut. Nichts, was er nicht gelebt hätte in den Monaten danach. Rollenwechsel, Kapriolen, Turbulenzen, Flirts mit jeder Art Lust, endlos. «Die Begierde und die Sehnsucht», sagt der Anwalt, «wollen das, was ist. Ich wollte alles, er sollte weggehen, einfach endlich abhauen, dieser Schmerz.»

Alles, was diese Art Leben betrifft, lässt er außerhalb seiner Wohnung stattfinden. Zu Hause stellt er Fotos auf, von der Frau in seinem Kopf. Irgendwann hängt sie überall, in allen Varianten, mit jedem Lächeln, auf jeder

der Reisen, irgendwann sind es über hundert Bilder. Sie soll leben, sie soll da sein. «Man will mit dem Schädel gegen die Wand und muss doch aushalten, dass es so ist, akzeptieren, dass da jemand so daherkommt und ein Leben im Handumdrehen zertritt.» Jedes Leben eine ganze Welt! «Ich habe sie nicht losgelassen, sie ist mir genommen worden. Wir waren sehr glücklich», setzt er leise nach.

Elsa sieht ihn an. Er hat vergessen, dass da jemand sitzt. Reden, egal, ob ihm jemand zuhört. Es muss keine große Geschichte sein, sie muss auch keine große Bedeutung haben, nur so dasitzen und vor sich hin sprechen, das scheint für den Moment genug. «Nichts hält dich mehr», sagt er jetzt. «Du sammelst alles auf, jedes Stück Haut, jedes Stück Wärme. Du willst alles haben, greifen, besitzen können und bist selbst nur noch Übergang. Denn sowieso ist alles fade im Vergleich. Und du vergleichst ständig, selbst wenn du es nicht willst. Doch, doch», nickt er jetzt, «man kann diese Leere besetzen.»

«Irgendwann willst du dem Leben die Bahn zurückgeben», setzt er nach, «das ewig Vagabundierende hält man auf Dauer nicht so gut aus, es macht dich nur noch leerer. Das Leben wird so nüchtern, am Ende ist es ganz ohne Flaum. Du begegnest einer Frau, die dir gefällt, wie dir jedes und alles gefällt, im Grunde siehst du sie nicht. Die Welt ist so eigentümlich entfärbt. Du triffst dich mit ihr. Ihr sitzt euch gegenüber, und dann spürst du, dass du nicht kannst, weil du nicht entschieden hast, ob du zum Leben oder zum Tod gehörst. Sie versteht, dass sie bei dir nichts zu suchen hat, und geht. Und du sitzt da, weißt nicht, was das ist, dein Leben, und bist noch mehr allein.

Die Lust, zu sterben oder sich einfach nur fallen zu lassen, die Lust, brutal zu sein, die Lust auf Kicks, die Lust zu vergessen, die Lust, geliebt zu werden, die Lust, böse zu sein. Alles in Schüben, in Wellen, exzessiv und extrem ambivalent. Du spürst, wie du immerzu durchgeschüttelt wirst, wie es dein Leben auseinander treibt. Doch niemand kommt und nimmt ihn dir ab, diesen Schmerz. Und?» Der Mann spielt noch immer mit seinen Händen, dann sieht er auf: «Ist das der richtige Text, ist es das, was Sie hören wollten?»

Das fragt sich Elsa auch, als sie die Kanzlei nach zwei Stunden verlässt. Was hatte sie denn erwartet? Dass zehn Minuten Morden Leben kostete und ansonsten ohne Folgen blieb? Das sicher nicht. Aber so? Hatte sie sich das so vorgestellt? Wo kann man das lernen, Leben wieder zusammenzusetzen, ihm wieder zu vertrauen? Gibt es so was – Flickschulen fürs Leben? Wodurch schließt sich der Riss? Durch Zeit, Arbeit, eine neue Liebe? Und wenn alles nicht reicht und man sich für immer überfallen fühlt? Ihr kommt Büchners Danton in den Sinn, den sie letztens erst an der Hochschule gespielt hatten: «Ja, Camille, wir wollen uns beieinander setzen und schreien; nichts ist dümmer, als die Lippen zusammenzupressen, wenn einem was weh tut. – Griechen und Götter schrien. Römer und Stoiker machten die heroische Fratze.» Ja, sagt auch Elsa, schreien, schreien wie die Götter!

Das Gespräch am Kanzleitisch wechselte später noch zu anderen Themen. Was es alles im Zusammenhang mit dem 26. April 2002 – trotz eingestellter Ermittlungen – noch zu klären gibt, berichtete der Anwalt. Wieder der Polizeieinsatz, wieder das ausbleibende Betreuungskonzept für die Angehörigen, wieder die Ignoranz in den Behörden. Er erzählte, wie man ihm Mitte Juni die Sachen von Birgit Dettke brachte. Ein Polizist klingelte, reichte ihm eine Kopierpapier-Kiste mit dem Mehrfachaufdruck *Happy Office* durch die Tür und verschwand ohne Ton. Eine der Angehörigen, deren Mann bei dem Massaker umgekommen war und die bei den Behörden wegen der entstandenen Notsituation um finanzielle Unterstützung bat, musste den schriftlichen Nachweis erbringen, dass sie tatsächlich traumatisiert sei. «Solche Unsensibilitäten gab es zuhauf und immer den Hinweis, man habe die offiziellen Stellen zu verstehen, das Ganze sei eine Sondersituation, sie täten alle das Bestmögliche.» Zum Schluss berichtete Eric Langer von den angelaufenen Vorbereitungen zum Jahrestag der Bluttat. «Die Angehörigen wollen sich nicht noch einmal so überrumpeln lassen wie auf der großen Trauerfeier am 3. Mai», erklärte er. «Wir wollen einen eigenen Akzent setzen.»

Im Gegenzug berichtete Elsa dem Anwalt vom Jugendtreff «Kultursprung» und damit auch über das riesige, leer stehende Druckerei-Gelände am Juri-Gagarin-Ring. Dort hatte sie Thomas, Annika und Denis getroffen, drei aus der Gruppe, die nach dem 26. April 2002 bei der Schülerinitiative besonders aktiv gewesen waren. Sie hockten auf dem Boden im obersten Stock des Gebäudes, in dem einzigen Raum, der irgendwie betretbar war. Denis drehte für alle einen Joint, sie sprachen über das, was aus ihrem Revoluzzertum im Frühling über die Wochen hin geworden war. «Es ist so gekommen, wie Annika es im Mai vorausgesagt hatte», bemerkt Denis deprimiert.

Die Landesregierung hatte im Herbst eine Enquetekommission «Erziehung und Bildung in Thüringen» einberufen, die im Januar 2003 ihre Arbeit aufnehmen sollte, mit vielen Experten und Themenbereichen wie Familie und Bildungssystem, frühkindliche Bildung, Schule und ihre Partner, lebenslanges Lernen oder Bildung unter den Bedingungen der Heterogenität. «Man gründe mit großem Tamtam und sorgsam ausgewählter Presse eine Enquetekommission, hole honorige Experten aus dem ganzen Bundesgebiet zusammen und rede dann ein ganzes Jahr über lebenslanges Lernen. Kommissionen sind eine wunderbare Sache!» Die sonst so lässige Annika war kaum noch im Zaum zu halten. «Scheiß Placebos!», rutschte ihr raus.

Die Demos, die zahllosen Flyer, die Schreiben ans Kultusministerium, die vielen Aktionen, um auf den Bildungsnotstand im Land aufmerksam zu machen – all das hatte nichts gebracht. Noch im Mai hatte man ihrer Initiative am Rand der großen Demonstration konkrete Gespräche angeboten, im Herbst wollte niemand mehr darauf zurückkommen. Man hielt die Initiativgruppe hin, ihre Schreiben wurden nicht oder sehr verzögert beantwortet, schlussendlich rief man besagte Bildungskommission ein. Nichts mehr mit Praxis, mit den Wünschen und Ideen von Schülern, nichts mehr mit Gesprächen. «So kann man auch Tatsachen schaffen!», bemerkte Annika frustriert.

Elsa spürt, dass der Anwalt einhaken will, er hat auch sein Bild von der Situation, doch sie kommt ihm zuvor. «Wir haben ein Problem», hatte Thomas erklärt. «Unsere freundliche Indifferenz, unser ewig unpolitischer Zustand macht uns wehrlos. Da ist kein Biss in dem, was wir tun. Die Politik kann uns übergehen, ohne mit der Wimper zu zucken, und wir reagieren nicht mal. Da schwebt seit langem ein fetter Konflikt, doch niemand von uns nimmt ihn an, wir tragen ihn nicht aus.» Die Runde stierte rauchend vor sich hin, Denis zuckte mit den Schultern, Annika spielte mit ihren Dreadlocks, dann kam die Rede auf Martin, einen ihrer Mitinitiatoren, der über den Sommer hin in die Drogenszene abgerutscht war. «Hab ich kommen sehen», meinte Denis. «Ich weiß ja, was bei denen zu Hause los ist: vier Kinder, die Mutter Stationsärztin, also nie da, der Vater, ehemaliger Stasi-Hengst, heute dick im Immobiliengeschäft und schwerer Alkoholiker. Wenn Diktatoren auf ihre Macht verzichten müssen, sieht's meist trübe aus. Jedenfalls haben die Kids da nichts zu lachen.» – «Was wird mit Martin jetzt?», will Elsa wissen. «Den kriegst du im Moment nicht da runter, dafür ist er zu klug, der trickst sich dauernd selbst aus. Schwer zu sagen, was mit dem wird. Könnte noch heiter werden.»

Es ist längst dunkel, als sich Elsa noch immer durch die Straßen treiben lässt. Ihre Gedanken gehen in alle möglichen Richtungen, nach Berlin, zu den Eltern, zur Schule, zu Anne, zu der noch immer ungelösten Wahlrolle. Seit dem Sommer bosselt sie an einem Text, der nicht recht ins Laufen kommt. Die Junge-Hunde-Phase nennt sie das: Jede Idee, die rumschwirrt, wird gnadenlos aufgenommen, jede Spur wird verfolgt, jede noch so vage Form gut geheißen, bis alles wieder verworfen wird. Die Zeit, in der alles zur Sprache wird. Vielleicht geht sie nochmal am Waidspeicher vorbei, zu den Puppenspielern, aber wieder nur reden? Sitzen, trinken, kiffen? Warum so viele in dieser Stadt ständig mit dem Gefühl herumlaufen, dass etwas passieren müsse. Jene Mischung aus bodenständiger Anpassung und ständig versuchter Opposition, die aus der Landschaft, den Hügeln, den Höhlen, den Tälern oder wer weiß woher stammt. Sie erinnert sich an die Dauersitzrunden, an nächtelange Gespräche. Wir müssen was machen, hieß es am Ende immer. Wo nur steckt diese ganze Energie?

Zum Abschied war der Anwalt noch einmal auf Elsas Eingangsfrage zurückgekommen: «Sie fragen, wie es den Angehörigen geht? Da müssten Sie jeden einzeln fragen. Trauer ist so individuell wie das Glück. Beides kann man nicht vorgeben, Rezepte funktionieren da nicht. Jeder von uns hat sein Leben, seinen Freundeskreis, und doch wissen wir, dass uns etwas verbindet – das Gefühl dafür, wie es dem anderen geht, womit er sich rumschlägt. Wir erzählen uns viel, bis in die tiefsten Schichten von Leben, werden in derselben Situation traurig, erkennen uns an Gesten oder Tränen, als gäbe es zwischen uns einen Code. Wer soll das auch nachvollziehen: ständig über den Friedhof laufen zu müssen, wochenlang ein- und dasselbe Lied zu hören, immerzu genau das essen zu müssen, was der andere so gemocht hat, jedes Fitzel abgerissenen Lebens einzusammeln, als setze es sich auf diese Weise wieder zusammen. Als Sammler hat man da keine guten Karten.» Elsa sah den Mann zum ersten Mal lachen.

«Wer soll das auch verstehen, dass ich mir sicher bin, dass sie da ist, mitunter körperlich im Raum anwesend ist. Sie ist tot, und ich weiß, dass sie lebt. Die schweren Abschiede haben sicher viel damit zu tun, auf welche Weise sie uns genommen wurden, auf so unvorstellbare Weise grauenvoll und öffentlich dazu. Man kann nicht beanspruchen, dass das Gespräch mit den Toten verstanden wird. Aber es erkläre mir auch niemand, wie das geht mit dem richtigen Trauern.» Sie standen am Eingang, im Flur der Kanzlei, vor dem roten Ledersofa. Elsa spürte, dass er noch was sagen wollte. «Hier! Diesen Schwachsinn müssen Sie mal lesen. Vor Tagen erst habe ich im Internet nach Robert Steinhäuser recherchiert», sagt er. «Ich weiß auch nicht, es hat mich eben interessiert. Über zweitausend Einträge gibt es, und mehr und mehr wird er dort zur positiven Identifikationsfigur. Das perfekte Verbrechen, habe ich da gelesen, ist leider nie wirklich perfekt. Doch Robert Steinhäuser hat es immerhin ganz gut hingekriegt. Saubere Arbeit, heißt es da anerkennend. Er wird der Held und zum Harten und Coolen stilisiert. Er wenigstens hatte eine wirkliche Idee, die er durchgezogen hat. Eine ‹Kampfgruppe Ost› schrieb, dass der Held von Erfurt dem Osten gezeigt hat, wie er seine Gesichtslosigkeit loswerden kann. Der eine bastelt an einem Plan, um ihn nachzuahmen, der andere glaubt an ein Geheimnis, eine Mission, an irgendwas Überirdisches. Unglaublich! Lesen Sie, hier!»

«Die Behaglichkeit eines unkündbaren Arbeitsplatzes und die Gewissheit, mit wirksamen Machtinstrumenten ausgestattet, Konflikte des Arbeitsalltags nur mit Kindern durchstehen zu müssen, prägt eine Lehrerschaft, die gern einmal einem Widerspenstigen seinen Weg zur Hochschulreife versperrt. Robert Steinhäuser war einer von ihnen. Er hat sich gewehrt. Wir werden ihn nicht vergessen.» Auf dem nächsten Blatt steht: «Da rätseln verirrte Gutmenschen dran rum, wie Robert Steinhäuser zu seinem Amok gekommen ist! Keine Folge ohne Ursache. Für Erfurt gilt, wie für anderes: Von nichts kommt nichts! Gewiss, Robert Steinhäuser wurde auch zum Täter. Aber vor allem ist er ein Opfer. Das Opfer einer gewissenlosen Staatsführung, die ihn und die ganze deutsche Jugend verraten hat und täglich verrät.»

Erst heute habe er gelesen, erzählt Eric Langer, dass es unter Jungs viermal so viel Stotterer gibt wie unter Mädchen, dass junge Männer dreimal so häufig rechtsextrem wählen wie junge Frauen und dass Männer zwanzigmal mehr Amok laufen als Frauen. «Sicher, das sind natürlich die üblichen hochgezogenen *Stern*-News», so er. «Aber dennoch ist da was dran! Im Alltag des Großwerdens von Kindern gibt es zu wenig Männer.»

Er hält die Blätter in der Hand. «Es wird für Sie nicht einfach werden, jemanden von den Angehörigen zu finden, der spricht. Sie schweigen, haben Angst, ihre Kräfte sind erschöpft. Viele haben nichts unversucht gelassen, um herauszubekommen, wie das alles in der Schule abgelaufen ist. Ob nicht doch jemand hätte gerettet werden können. Ob man uns die Wahrheit gesagt hat. Man sucht nach jedem Detail, muss es wissen, hat immer das Gefühl, dass Entscheidendes nicht übermittelt wurde. Diese Unklarheit ist geblieben, für beinah alle. Dabei wäre es ganz einfach gewesen: Sagen, was ist, das war alles, was wir wollten.

Jeder Tod hat was Irrationales, und gerade diese schlimmen Morde. Was wir gebraucht hätten, wäre genaue Information gewesen. Die aber ist man uns schuldig geblieben, bis heute. Kaum jemand von den Angehörigen hatte ein Bild, ein Schlussbild, von seinem Nächsten. Ein Bild, das man hätte akzeptieren können und das uns Ruhe gegeben hätte. Was wir jedoch Stück für Stück erfuhren, war, wie elend und ohne Beistand jeder Einzelne gestorben ist, völlig ungeborgen. Die Schüler erzählten, dass sie über die Leichname gestiegen sind. Was für Schmerzen und keiner, der da war und zum Schluss die Hand halten konnte. Wenn ich allein daran denke! Dieses mitleidlose Sterben, es quält mich, noch jeden Tag.

Verstehen Sie, ein langes privates Leiden», setzt der Anwalt nach, «ein Krebstod etwa, ist für jeden, der ihn begleitet, immer ein schlimmer Schmerz. Aber diese Opfer, das sind öffentliche Morde, brutale Überfälle, die schlimmste Töterei nach 1945 in diesem Land, und man geht politisch damit um, als ob eine Truppe Ostseekamper am Strand säße und sich beim Bier verständigt, wie man das ganze Problem am einfachsten entsorgen kann. Es ist dieser Geist hier, der nicht zu ertragen ist. Wie das Ungeheuerlichste täglich mehr zur Norm wird! Wie man sich öffentlich immerzu mit der Betreuung und Hilfe der Angehörigen schmückt, nur wir erfahren nichts davon! Weder gibt es Respekt vor dem einzelnen Opfer noch vor dem Schmerz der Angehörigen. Es ist das Menschenbild, das hinter der hiesigen Politik steht, das nicht stimmt.»

Eric Langer war mit jedem Satz grundsätzlicher geworden, nun hält er kurz inne und schaut Elsa durch die Brillengläser hindurch direkt an. «Wissen Sie, die Umstände sind, wie sie sind. Der 26. April hat mich konsequenter gemacht. In diesen Wochen werde ich meine Kanzlei aufgeben. Wenn man seinen Beruf liebt und passionierter Anwalt ist, kann man unmöglich in dieser Stadt arbeiten. Nein», überlegt er noch einmal, «ich kann Ihnen im Moment niemanden von den Angehörigen sagen, der bereit wäre, mit Ihnen zu sprechen. Verstehen Sie, der Druck hier ist einfach zu groß.» Er gibt Elsa die Hand.

Ich träumte von Veränderung

Elsa schaukelt in der Krone des städtischen Weihnachtsbaumes auf dem Erfurter Domplatz. Zweiter Weihnachtsfeiertag, abends gegen neun Uhr. Der Wind, der durch sie fährt, ist scharfkantig, er kommt aus dem Wald. Doch das stört sie nicht, im Gegenteil, das Beißende ist eher angenehm nach den anheimelnden Festtagen. Direkt unter ihr kreiselt ein Kaffeetassen-Karussell: Mittig dreht sich eine Kanne, um sie herum tanzen sechs Tassen, die alle noch einmal in sich selbst trudeln. Was es alles so gibt, Elsa ist fasziniert. Sie sitzt auf ihrem stabilen Holz-Sitz, hat einen weiten Blick über den rundum erleuchteten Platz, hält sich am Stamm fest und friert leicht.

So könnte man einen Film beginnen lassen: die Gesichter in den kleinen Cafés am Rande, das kreiselnde Kaffeetassen-Karussell, ein langer Schwenk nach hinten zum Dom, der große Nachthimmel, die Weihnachtsbeleuchtung und all das aufgenommen aus dieser zitternden Baumkronen-Perspektive. Auf diese Weise käme auch der sicherste Boden ins Rutschen und tauchte ins Surreale. Die Blicke könnten sich ineinander schieben.

Trotz beruhigter Festtagsstimmung spürt Elsa noch immer den Druck der letzten Wochen. Vor vier Tagen erst hatte sie endlich ihre Wahlrolle vorgestellt. Was hatte sie geschwitzt und gerackert! Monatelang saß sie in dem abgedunkelten Raum in der Hochschule, breitete Material aus, schlachtete ihre Träume aus, wälzte Erinnerungen hin und her. Doch all das ergab kein Stück, zumindest nicht eins, das ihr gefiel. Vielleicht hatte sie sich zu viel vorgenommen, dachte sie irgendwann. Jene komplexe Geschichte, die sie vor Augen hatte, bekam sie nicht in den Griff.

«Frag dich, was du erzählen willst, und dann findest du schon einen Dreh!», hatte Anne insistiert. Aber etwas lag quer, spürte Elsa ratlos, etwas fand nicht zusammen. Schon deshalb kann sie sich genau an den Abend erinnern, als jener massive, quer treibende Block sich in ihr aufzulösen begann und sie eine Ahnung davon bekam, wie es gehen könnte. Endlich wusste sie, wovon sie überhaupt erzählen wollte, was ihr Thema war – die Abwesenheit: der Liebe, der Zusammenhänge, der Empfindungen, der Genauigkeit. Ein Stück über die nichterzählte Welt, aus den kleinen und größeren Parzellen von Leben, über Vereinzelung und Einsamkeit, so hart wie möglich ineinander geschnitten, meist irgendwelchen Zeitungsmeldungen entnommen. «Zwölf kleine Geschichten vom Tod» nannte sie das Ganze.

Die Geschichte von dem Goldfisch, der aus Versehen ertränkt wurde, von einem Penner, den Jugendliche im Vorbeigehen auf der Parkbank verbrannten, von einer Verrückten, die es nicht schaffte, verrückt zu werden. Es gab auch eine Schuh-Geschichte, die auf einer ihrer Erinnerungen beruhte: Am Ende der DDR-Zeit, in einem heißen Sommer, hatte es in den Erfurter Geschäften ein spezielles Paar italienischer Schuhe gegeben, eine Art Lederballerina. Man sah sie an beinah allen weiblichen

Füßen der Stadt. Sie hatten einen stolzen Preis und jenes gewisse Etwas. Elsa besaß auch ein Paar. Irgendwann stand ein großes Sommergewitter über der Stadt, die Füße mit dem italienischen Chic suchten eilig das Trockene, was in den seltensten Fällen gelang. Denn das Unwetter kam plötzlich und war ungewöhnlich stark. Die Schuhe verformten sich nicht nur, sondern lösten sich in Windeseile auf. Die Erfurter Frauen reagierten erbost, stürmten die Schuhgeschäfte, der italienische Produzent wurde eingeschaltet. Was stellte sich dabei heraus? Die Geschäfte der Stadt hatten den Frauen Sargschuhe verkauft.

Die zwölfte Geschichte ihres Kaleidoskops schien für Elsa lange Zeit unlösbar. Zwar war der Text geschrieben, doch sie hatte keine Spielidee dazu: «Irgendwo im Weltall schwebt ein blauer Planet. Auf ihm liegt irgendwo ein Land, in dem irgendwo eine Stadt steht. In der Stadt leben Arbeiter und Kinder. Die Kinder dürfen auf den Straßen nicht laut schreien, dürfen zu Hause die Wände nicht bunt malen, dürfen in öffentlichen Gebäuden nicht laut singen, dürfen in den Parks nicht Fußball spielen, müssen fünfmal in der Woche in die Schule gehen, müssen dort still auf dem Stuhl sitzen, müssen Formeln lernen und Jahreszahlen von Kriegen und Schlachten, müssen Hausaufgaben machen und ihr Zimmer aufräumen, müssen Klavierspielen lernen und ihr Taschengeld sparen, müssen gute Noten schreiben und ein gutes Abi machen, haben später zu studieren und als Kellner zu jobben, haben zu arbeiten und Steuern zu zahlen, gebären Kinder und ziehen sie groß, damit sie so werden wie sie. Da nahm ein Kind ein Gewehr und ging los, um zu töten.»

Raum und Sprache eng führen, auf einen Punkt konzentrieren, nach und nach auf der Bühne das Licht löschen – das letzte Stück hatte es in sich. Man musste im voraus den Raum auskundschaften, die Lichtverhältnisse in den Griff kriegen, die Meter bis zum Ausgang genau bemessen, den Text minuziös zu Ende sprechen und dann die Zuschauer mit dem tötenden Kind allein lassen. Text ohne Spiel, das Handeln sollten die anderen übernehmen. So hatte sie es sich vorgestellt, und so würde sie es auch machen. Der Text war gesprochen, das Licht ging aus. Alles lief, wie sie es sich überlegt hatte. Doch dann war der Raum so dunkel, dass sie den Ausgang nicht fand. Demnach fiel die Tür nicht ins Schloss, demnach blieben die Zuschauer nicht allein, demnach kam Elsa aus ihrem Stück nicht heraus, der gewollte Effekt verpuffte, die ganze Rackerei war hin.

Der Wind auf dem Baum wird stärker, bläst eisig durch sie durch, die Nadeln beginnen zu schmerzen. Elsa kann sich kaum noch halten, doch sie will ihren Hochstand auch nicht verlassen. Was ist los in dieser Stadt, fragt sie sich. Die eigentliche Verdrängung ist ein Nachdrängen, meint Freud. Was drängt hier, bis es verdrängt ist? In den letzten Tagen hatte sie oft mit den Freunden gesessen und alte Lehrer besucht, sich mit Rainer Heise verabredet. Als sie mit ihrem Weihnachtsstern vor seiner Tür stand, steckte dort ein Zettel: «Liebste Elsa, musste leider kurzfristig und notgedrungen nach Leipzig. Melde mich, sorry, beste Grüße, Rainer Heise.» Kurzfristig und notgedrungen – nein, sie war nicht enttäuscht, hat sich daran gewöhnt, dass man leider urplötzlich Wichtigeres vorhat, keine Zeit hat, gerade was Drängendes zu erledigen hat. Alle rennen.

Ab und an wird in den Regionalblättern noch ein Leserbrief zum Thema abgedruckt, vor Tagen erst hatte eine Erfurterin unter der Überschrift «Versprechen nach dem 26. April nur leeres Gerede» sich vehement gegen die Kürzungen in der offenen Kinder- und Jugendarbeit ausgesprochen. Der Jugendhilfeausschuss hat vor, ab dem 1. Januar 2003 – sage und schreibe – 11,5 Stellen zu kürzen. Das ist haltlos, wissen alle. Eine zweite Stimme schreibt unter dem Titel «Von einer Bildungsreform im Lande ist nichts zu spüren»: «Es ist nichts gelernt worden. Der Stellenabbau wird weiter betrieben, die Schulschließungen werden ausschließlich auf Grundlage von Statistiken, das heißt Belegungszahlen abgewickelt, Innovation und Engagement werden im Keim erstickt. Die Lehrer und das Zeitkontingent werden auf Sparflamme gehalten. Keine Aussicht auf kleinere Klassen oder kleinere Kindergartengruppen.»

Die Stimmen sind deutlich, doch sie gleichen den Stimmen der Statisten, einem raunenden Chor. Es ist die Politik, die den Ton macht. Die staatlichen Funktionäre stecken die Köpfe zusammen, eine öffentliche Diskussion unter Gleichen sei jetzt vorrangige Sache. Nur habe man sich im Voraus auf den Grundtext zu verständigen, der unaufhörlich nach außen dringt: Der Gutenberg-Einsatz hätte nicht besser laufen können, Fehler wurden keine gemacht, die Diskussion zu den Themen ist rege, man staunt, was in Gang gekommen ist, die Politik im Land hat sich bewährt. Da öffentlich keine Fehler ausgemacht sind, kann auch kein Beteiligter am Geschehen zur Verantwortung gezogen werden. Frau Dr. Wirsing und Polizeidirektor Grube werden im Sommer 2002 für ihren außerordentlichen Einsatz am Tatort ausgezeichnet. Kein Schulbetrieb, keine Polizei, weder Ministerien noch andere Staatlichkeiten haben im Nachgang Grundsätzliches zu bedenken. Jede noch so tastende Kritik wird abgewiesen.

Elsa telefoniert sich wochenlang durch die Ministerien, sie will herausfinden, ob der 26. April 2002 die Mitarbeiter in den Behörden aufgeschreckt hat und was tatsächlich verändert worden sei. Als läge auf jedem Schreibtisch derselbe Text, hört sie nur einen Wortlaut: Der Einsatz an der Schule sei unter den gegebenen Umständen fehlerlos gelaufen, man sei zufrieden, arbeite hart und kontinuierlich, zunehmend würden landesübergreifende Absprachen getroffen. Die Sache sei folglich im Fluss, wie allerorten zu spüren sei. Elsa lauscht den leeren Reden hinterher und fragt nach.

Ist etwas Konkretes über die Betreuung der Angehörigen zu sagen? Ja, aber sicher gebe es da ein Konzept, man habe diese Gruppe lediglich aus dem Finanzrahmen der Unfallkasse herausgenommen, sei jedoch zu jeder Hilfe bereit, diskret, wie sich versteht. Die Angehörigen sollten schließlich nicht chronifiziert werden, sie müssten ins Leben zurück. Alles in allem könne man sagen, dieser spezielle Betreuungsteil sei suboptimal gelaufen. Bitte was? Elsa überlegt, ob sie das Wort schon einmal gehört hat. Suboptimal? Entschuldigung, sie müsse nochmal fragen, versucht sie einzuhaken, immerhin könne man durchaus zu einer ganz anderen Sicht kommen. Also hören Sie, reagiert die ministerielle Stimme etwas schärfer, was hätten Sie denn in solch einer Situation getan? Zudem habe man genug von all der Kritik, jeder hat sein Bestes getan, nein, da reagiere man jetzt absolut gereizt. Das Ereignis da oben auf dem Berg sei für alle eine Extremsituation gewesen, etwa nicht? Sicher. Na also. Schluss. Aus. Ende.

Warum nur darf es keine Fehler gegeben haben? Warum muss das Ganze in dieser Weise beschwiegen werden? Warum schweigen inzwischen fast alle, die Politik, die Lehrer, die Schüler, die Polizei, die Ärzte, die Angehörigen mittlerweile auch? Obwohl natürlich jeder für sich genommen auf seine Weise schweigt. Was soll hier zugedeckt werden? Welcher Konflikt steckt hinter alldem?

Der Baum wankt, tänzelt hin und her, Elsa taumelt mit. Wie eine Katze sitzt sie auf dem Ast. Das Karussell unter ihr hat seine Runden gedreht, es steht, wie es steht, die bunten Tassen dürfen ihre Nachtpause machen. Ab und an sieht sie ein Paar über den Platz schlendern und in einem der Cafés verschwinden. Ein einzelner Mann steuert mit schnellem Schritt das «Vamos», die neue Tapas-Bar, an, öffnet die Tür. Fängt in diesem Moment eine neue Liebe an? Es beginnt leicht zu schneien, der Wind lässt nach, plötzlich wird es mild.

Je länger Elsa in den letzten Wochen über das Verhältnis der Mauer- und Wendekinder nachgedacht hatte, über ihren nicht ausgetragenen Streit, umso deutlicher schien ihr, dass in diesem Konflikt zwei Imaginationen westlichen Lebens gegeneinander stehen. Die Jungen brauchen weder Utopien noch Ideologien zu verabschieden, verweigern jede Art von Harmoniesucht, die ohnedies nicht mehr einzulösen ist, und reagieren genervt, wenn es um die Inszenierung heiler Welten geht. Der Heimatabend Ost funktioniert für sie nicht mehr, und für einen Heimatabend West sind sie nicht zu haben. Auf ihren Rücken, spüren sie, wird ein Modell ausprobiert. Was sie erwartet, ist drastisch. Ihr Ton wird schnoddrig und karg.

Mit dieser Haltung können sie die Elterngeneration zur Weißglut bringen. Die hat sich – mit östlichen Heilsvorstellungen in den Zeiten des Einschlusses noch und noch ausgestattet – ihre Vorstellung vom Westen aus der damaligen Fernsehwerbung geholt und sie lange Zeit nicht überprüfen können. Als das lang ersehnte System 1989 von einem Tag zum anderen über sie kam, streckte und wendete sie sich und erprobte sich aufs Neue in Formen unbegrenzter Anpassung. Neben all diesen Versuchen formte sie die geistigen Versatzstücke ihres Lebens zu einem eigentümlichen Ideal: ein bisschen BRD-Kapitalismus der sechziger Jahre mit Vollbeschäftigung, das sich ohne Schwierigkeit durch eine deftige Portion DDR-Aroma ergänzen lässt. Am Ende nur eine etwas bizarre Facette nachholender Demokratie?, fragt Elsa.

Kommt in diesem Spannungsverhältnis Robert Steinhäusers Tat in den Blick, wird es paradox. Einerseits zwingt die Gnadenlosigkeit seines Tötens alle Beteiligten in die Realität. Was er an erbarmungslosem Fakt herstellt, dem kann sich keiner entwinden. Es muss ausgehalten werden, was er getan hat, so sinnlos es scheint. Doch im selben Atemzug wird seine Art Nötigung zur Scheinsendung: Sein Morden produziert zwar unbedingte Realität, aber schafft zugleich auch absolute Realitätsferne. Robert Steinhäusers Kaltblütigkeit konfrontiert die Harmonisierer so krass mit ihrem unerlösten Unterbewusstsein, dass sie nicht anders können, als ihn abzuwehren. Sein Morden löst unendliche Affekte aus und blockiert zugleich. Was die Unperson Robert Steinhäuser an Konfliktstoff in den gesellschaftlichen Diskurs einschleppt, darüber wird man sich schnell einig, ist der Betrachtung nicht wert. Ist das der Grund für jene Koalition des Schweigens, die das Land zunehmend überzieht?

Nähme die thüringische Politik ihren Auftrag an, würde sie ihrer Bevölkerung nach der Erfahrung zweier Diktaturen in der Ausformung eines neu zu definierenden Rückgrats weitsichtig zur Hand gehen. Besonders in einem Moment, da sie ein Ereignis zu bewältigen hat, das die Erfahrungsfelder sowohl der beiden Diktaturen als auch der Zeit nach 1989 gleich einem Brennspiegel fokussiert. Doch diese Chance wird verspielt, die Tektonik des Geschehens erhält eine gänzlich andere Struktur.

«He, Sie da oben, was machen Sie da eigentlich? Mal runter hier, aber dalli!» Elsa sieht nach unten, ein Polizist wettert in ihre Richtung. Er hat sie auf ihrem Hochsitz ausgemacht, steht unter der Tanne und ist von da nicht mehr wegzubewegen. Sie muss ihren Ausflug in der Höhe beenden, der Abstieg scheint unumgänglich. Als sie harzig, ausgekühlt und mit Nadeln bespickt wieder auf dem Boden steht, verlangt der Mann ihren Ausweis, brummelt kurz und zeigt dann Erbarmen. Das Ganze geht glimpflich ab, die letzten Festtagsstunden stimmen ihn milde.

Als das neue Jahr beginnt, nimmt Elsa ihre Gespräche in der Stadt wieder auf. Sie trifft sich mit Christoph Brinkmann, dem Schulpfarrer des Gutenberg-Gymnasiums, beim Italiener auf dem Fischmarkt. «Die Sache ist so wahnsinnig kompliziert nicht», befindet der. «Man hat die Möglichkeit, Gutes zu tun, oder man entscheidet sich für das Böse. Das ist ein Moment der Freiheit. Robert Steinhäuser hat sich entschieden. Er hat auf grauenvolle Weise Menschen umgebracht. Er ist Täter und schuldig. Davon spricht ihn auch sein Tod nicht frei.»

«Aber was ist damit gesagt?», fragt Elsa, «ich dachte, der Kirche geht's immer ums Vergeben?» Was für ein ernstes Jungengesicht er hat, denkt sie und geht seinen fahrigen Bewegungen nach. Schon wieder eine Zigarette, er raucht mehr als sie. Seine Augen wirken durch die Brille hindurch angestrengt, sein Körper steht unter Spannung, als trage er etwas Unerledigtes in sich. Ein Lebenssucher. «Nein», sagt er, «diese homöopathische Vergebungssucht, das ist nicht meine Sache. Was wir brauchen, ist Verbindlichkeit, das ist für Kinder das Wichtigste. Man kann nicht die Katastrophe zur Norm erklären und sich dann wundern, wenn nur noch Ungeheuerlichkeiten passieren. Prinzipien und Gebote sind das Schlechteste noch immer nicht. Sie sagen Vergebung? Ich vergebe Robert Steinhäuser nicht, nicht im Moment. Er hat andere zu seinen Opfern gemacht und hatte keinerlei Recht dazu.» Der Pfarrer will eine Pause, bestellt noch einen Kaffee, dann sagt er: «Mir graut schon vor den kommenden Wochen. Was wird nicht wieder alles im Umlauf sein, wer schuld an dem Ganzen sei, was man hätte machen müssen oder jetzt unbedingt getan werden soll. Die Medien werden überlaufen, schön formulierte Besinnungsaufsätze werden wir lesen, zuhauf. Der 26. April 2003 steht uns allen sehr bevor.»

Dem Gedenktag, ein Jahr nach dem Mordlauf, geht in der Tat einiges voraus: Anfang Februar 2003 lagen die Pläne für die zukünftige Gestaltung des Gutenberg-Gymnasiums vor, das Münchner Architekturbüro Koch & Partner machte bei der Ausschreibung das Rennen, der Bund steuerte zehn Millionen Euro bei, nun hängen die Pläne in der Turnhalle der Schule aus. Die *Thüringische Landeszeitung* vom 3. Februar 2003 berichtet: «Die Erinnerung an die Opfer des Amoklaufs vom 26. April 2002 fällt bei der Neugestaltung des Gymnasiums dezent aus und wird nur aus der Vogelperspektive erlebbar. Altbau und Erweiterungsbauten sind dabei als Kreuz zu erkennen.» Ach, so ist das, versteht Elsa, man muss Vogel sein, um zu seinen Erinnerungen zu kommen, und fliegen können, um für sich nachzuvollziehen, was vor einem Jahr an diesem Ort geschah.

Dass dabei die Schüler an «einer ganz normalen Schule» ihr Abitur machen wollen, kann sie durchaus verstehen. Ständig mit der Erinnerung an dieses Grauen an diesem Ort sitzen und lernen? Wenn sie in den letzten Tagen an dem äußerlich neu gemachten Koloss vorbeikam, schien es ihr, als spräche er zu ihr: Ihr könnt mich rausputzen, wie ihr wollt, meine Geschichte bleibt meine Geschichte. Vielleicht hatte es mit der Wucht des Gebäudes zu tun, aber Elsa hatte das Gefühl, die neue Fassade mache seine Geschichte nur umso präsenter. Doch mit Verlaub, fragt sie: Warum kann nur die Schule der Ort des Erinnerns sein? Warum findet nicht die Stadt einen Ort und eine entsprechende Form des Gedenkens? Warum nimmt sie sich der Opfer nicht an und holt sie mit einer warmherzigen Geste in ihre Mitte? Weil das Ereignis dadurch grundsätzlicher und als Politikum begriffen werden müsste? Weil das Diskussionen nach sich zöge, die einen stärkeren Ausschlag befürchten ließen? Weil es dadurch nicht mehr allein um jene einzelne Tat an dieser konkreten Schule ginge?

Die Schockerfahrung des Massakers, betont der Stadtoberste Manfred Ruge einige Tage vor dem Gedenktag in einer Talkshow, prädestiniere sein Erfurt dazu, zum «Stachel im Fleisch der Bundesrepublik» zu werden. Nun ja, denkt Elsa, Geschichte ereignet sich auch mitten in der Sprache. Was für ein absurder Ehrgeiz! «Erfurt ist bekannt geworden durch Gutenberg. Wir wollen zeigen, dass wir eine liebenswerte Stadt sind und nicht die eines Amokläufers», gibt er dann am Vortag des 26. April 2003 im Rathaussaal bekannt und eröffnet mit diesen Sätzen ein Kolloquium zum Thema «Erinnern – Leben». In seinem kurzen Statement berichtet er von der heilenden Wirkung italienischer Nudeln, die die Schüler in den Tagen nach dem Massaker in seinem Haus erfahren haben, und bedauert, dass «sich bei der harten Arbeit, die alle in seinem Umfeld geleistet haben, kein Mensch um die Politiker gekümmert hat. Niemand hat danke gesagt.» Trotz dieser Enttäuschung freue er sich nun auf den heutigen Tag der Ratio, dem morgen der Tag der Emotionen folge.

Programmgemäß erörtern die eingeladenen Spezialisten in einem nächsten Punkt die Tücken des Erinnerns. Im Grunde wisse man nie so genau, was jenes Erinnern eigentlich sei. Offenbar handele sich dabei um einen Vorgang in Unruhe, in den nachträglich Sinn eingeschrieben werden könne und der demnach zu steuern sei. Nach diesen Erörterungen über das Trügerische soll sich im Forum eine «weitreichende Fehlerdiskussion» des Ereignisses anschließen. Sie beläuft sich über anderthalb Stunden und hat im Grunde zwei Streitpositionen: 1. Wir haben nichts falsch gemacht, doch wir können vieles besser machen. 2. Es ist nicht angemessen, von Fehlern zu sprechen, da jeder sein Möglichstes getan hat. Punktum!

Elsa will schon gehen, als jemand in ihrer Nähe das Programm schwenkt und meint, als Nächstes stehe der Punkt «Gutenberg und die Medien» zur Debatte. Der Saal füllt sich mit vielen jungen Leuten. Dieser Teil verspricht noch einmal interessant zu werden. Sechs Fernsehleute, ausgewiesene Katastrophenjournalisten unterschiedlicher Sender, dürfen eine Stunde lang erzählen, in welcher Situation sie von dem Ereignis erfahren haben. Und jeder hat etwas Passendes parat. Der eine stand hinter Köln im Stau, der andere saß in der Badewanne, der dritte kochte und freute sich auf das Wochenende, es war Freitagmittag.

Dann sollen die Katastrophisten berichten, wie sie «ticken», wenn es über sie hereinbricht. «Dass da eine Maschinerie hinter einem ist, hat etwas absolut Tröstliches, es tut unheimlich gut, wenn das Set steht», berichtet einer von ihnen. Der andere erklärt, dass das Publikum ein Recht auf aktuelle, unmittelbare Bilder habe. Das sei das Nonplusultra, was auch heiße, man müsse – ob man wolle oder nicht – an die Tränen ran. «Schwein sein ist mein Beruf.» Doch ihre Form der Berichterstattung, nimmt seine Kollegin den Faden auf, wäre seit dem 11. September 2001 rasant professionalisiert worden. «Die Materialität der Bilder hat sich total verändert. Der Zuschauer will keinen Bildernebel, sondern dabeisitzen, wenn was passiert. Dafür bezahlt er. Gute Bilder sind sein Recht.»

Den Gedenktag am 26. April 2003, ein Jahr nach Robert Steinhäusers Tat, möchte die Stadt, wie mehrfach angekündigt, als einen Tag der Emotionen. «Feierlich, geradlinig, schlicht und optimistisch», steht in einem der Drehbücher für die Dramaturgie des Tages. Man will gemeinsam weinen und dabei den Tag zum Symbol des Lebens machen, wie Oberbürgermeister Manfred Ruge im Voraus mehrfach betonte. In einem der Protokolle der Vorbereitungskommission zum Trauertag ist zu lesen: «Als Letzte wird Frau Alt, die Direktorin des Gutenberg-Gymnasiums, den Dank der Schule aussprechen, in dem die Vertreter der Thüringischen Landesvertretung ausdrücklich genannt werden.» Zu lesen ist auch der Satz: «Aus dem Programmablauf wurde das Verlesen der Namen der Ermordeten nicht befürwortet, da dies der ausdrückliche Wunsch der Angehörigen war.» Elsa fragt bei einigen Angehörigen nach und erfährt, dass das eine Lüge ist. Wird nach der unbedingten Einzeltäter-Version, der Nachrichtensperre gegen die Angehörigen und jener Koalition des Schweigens auch noch die große Trauerverwaltung organisiert?

Sie steht auf dem Platz. Die Sonne überstrahlt den Domplatz, fast ist es sommerlich warm, die Flaggen hängen auf Halbmast. Um 10.53 Uhr, zu dem Zeitpunkt, als Robert Steinhäuser vor einem Jahr seinen Serienmord an der Schule begann, läuten in der Landeshauptstadt alle Glocken. 10.55 Uhr beginnt die Trauerfeier. Auf den obersten Domstufen stehen 16 Schüler des Gymnasiums mit großen Sträußen aus Sonnenblumen, die sie symbolisch für die Opfer langsam die Domstufen heruntertragen.

Alles an dieser Feier gerät zu groß, zu sakral, zu bekenntnislyrisch, findet Elsa. Das immer wieder betonte ‹Aufeinanderzugehen›, ‹das Miteinanderreden› rollt eigentümlich schwanger über den Platz. Überdimensionierte Bücher mit bundesweiten Lebenswünschen, die jedoch im Folgenden nicht einsehbar sind, wirken angesichts der Bluttat eher touristisch. Die Opfer verschwinden hinter einem Leinenbanner, ihre Namen flattern verloren im Wind.

Es ist vollbracht, spürt Elsa, der Umgang mit dem Ereignis an ihrer Schule ist nach einem Jahr zum bizarren Kunstwerk geworden. Die Opfer dürfen nicht mehr genannt werden, die Fragen werden abgewiesen, die Impulse der Schüler sind abgewürgt, es wird geschwiegen und gelogen, die Ministerien strotzen vor Selbstgerechtigkeit. Sie denkt an ihren Lauf durch das Haus der Kranken Herzen und die Frage, die sie sich dort nicht beantworten konnte. Haben Buchenwald, die Jenaer Euthanasie und das Erfurter Massaker irgendetwas miteinander zu tun? Und wenn, auf welche Weise? Elsa fährt in Gedanken die wellige B 7 ab, riecht die feuchte Abendstimmung, die über die Hügel streicht, hat Lust, dem Wald über seinen Nacken zu streichen. Doch, doch, es gibt da etwas, glaubt sie zu wissen: Was die drei Fälle bei aller historischen Unterschiedlichkeit verbindet, ist die Tatsache massenhaften Sterbens: drei große Akte serieller Tötung und wie damit umgegangen wird. Bewusst gelenkte Nachgeschichte. Eins ist deutlich klarer geworden: Diese drei Fälle beziehen ihren Zusammenhang aus der politischen Kultur des Landes.

Elsa steht auf dem Platz und hat Annika vor Augen, die sie auf dem Weg zum Domplatz getroffen hat. «Im Herbst gibt es einen Runden Tisch», hatte sie erzählt, «da soll es um Bildung gehen.» Sie rollt die Augen, spielt an ihren Dreadlocks und lacht. In ein paar Wochen ist es ausgestanden, dann ist die Schule für sie vorbei. Der

«Kultursprung» wird gerade geschlossen, die Streetworker in der Stadt werden drastisch abgebaut. «Hier geht nichts mehr, man muss hier weg, ich mach mich auf nach Berlin.»

Rainer Heise und Elsa fallen sich wie immer in die Arme, er erzählt von Wien, von dem Tag, als er dort «Mann des Jahres» wurde. Dieser Moment habe ihm gut getan, sagt er. Einer der Angehörigen steht mit seinen Kindern am Rand und hat das große Namensbanner im Blick, das hilflos im Wind strudelt. «Das wäre meinem Vater nie wichtig gewesen, dass sein Name hier auf einer Fahne hängt. Ihm hätte was anderes am Herzen gelegen.» Eric Langer schiebt die Brille hoch, hält einen kleinen Zettel in der Hand. Er wird in den nächsten Minuten gegen den Willen der Politik auf den Domstufen die Namen der Opfer verlesen. «Was spricht dagegen?», will er von Elsa wissen, doch er erwartet sowieso keine Antwort. Dass ein Teil der Angehörigen Strafanzeigen vorbereitet, und zwar wegen unterlassener Hilfeleistung, erzählt er beim Gehen, wie nebenher.

«Meine Träume waren kurz und schön. Ich träumte von Veränderung.» Ein Schüler des Gutenberg-Gymnasiums steht auf den Erfurter Domstufen und lauscht den eigenen knappen Worten nach. Er ist einer der letzten Redner auf der Gedenkfeier. Sein Blick streift die Trauergemeinde auf dem Platz. Er erkennt die Gesichter im Hintergrund, es sind die seiner Mitschüler. Nach einer harten Pause sagt er: «Ich sehne mich nach Träumen!»

Verwendete Literatur

Archiv der Jugendkulturen (Hg.): Der Amoklauf von Erfurt. Archiv der Jugendkulturen KG in Zusammenarbeit mit dem Verlag Thomas Tilsner, Berlin, 2003.

Baudrillard, Jean: Das perfekte Verbrechen. Matthes & Seitz Verlag, München, 1996.

Bovenschen, Silvia: Über-Empfindlichkeit. Spielformen der Idiosynkrasie. Suhrkamp Verlag, Frankfurt a. M., 2000.

Brittmacher, Hans Richard: Ästhetik des Horrors. Suhrkamp Verlag, Frankfurt a. M., 1994.

Brunzel, Ulrich: Hitlers Geheimobjekte in Thüringen. Heinrich-Jungs-Verlagsgesellschaft mbH, Zella-Mehlis, 2002.

Eisenberg, Götz: Amok – Kinder der Kälte. Über die Wurzeln von Wut und Hass. Rowohlt Taschenbuch Verlag, Reinbek bei Hamburg, 2000.

Eisenberg, Götz: Gewalt, die aus der Kälte kommt. Amok – Pogrom – Populismus. Psychosozial-Verlag, Gießen, 2002.

Foucault, Michel: Die Anormalen. Cowboys, Conchas und Coyoten. Suhrkamp Verlag, Frankfurt a. M., 2003.

Hentig, Hartmut von: Die Schule neu denken. Eine Übung in pädagogischer Vernunft. Beltz Verlag, Weinheim/Basel/Berlin, 2003.

Herf, Jeffrey: Zweierlei Erinnerung. Die NS-Vergangenheit im geteilten Deutschland. Propyläen Verlag, Berlin, 1998.

Klee, Ernst: Deutsche Medizin im Dritten Reich. Karrieren vor und nach 1945. S. Fischer Verlag, Frankfurt a. M., 2001.

Landeshauptstadt Erfurt Stadtverwaltung (Hg.): Erfurts Schwarzer Freitag. Zeitungsdokumente zu den Ereignissen im Erfurter Gutenberg-Gymnasium am 26. April 2002, ohne Verlag, Erfurt, 2003.

Leo, Annette, Reif-Spirek, Peter (Hg.): Vielstimmiges Schweigen. Neue Studien zum Antifaschismus. Metropol Verlag, Berlin, 2001.

Matzke, Peter, Seeliger, Tobias (Hg.): Das Gothic- und Dark Wave-Lexikon. Schwarzkopf & Schwarzkopf Verlag, Berlin, 2002.

Mauer, Wolfram, Pietzcker, Carl (Hg.): Trauma. Freiburger literaturpsychologische Gespräche. Bd. 19, Königshausen & Neumann, Würzburg, 2000.

Merseburger, Peter: Mythos Weimar. Zwischen Geist und Macht. DVA, Stuttgart, 1998.

Niethammer, Lutz: Der gesäuberte Antifaschismus. Die SED und die roten Kapos von Buchenwald. Akademie Verlag, Berlin, 1994.

Özkan, Ibrahim, Sreeck-Fischer, Annette, Sachsse Ulrich (Hg.): Trauma und Gesellschaft. Vergangenheit in der Gegenwart. Vandenhoeck & Ruprecht, Göttingen, 2002.

Rhue, Morton: Ich knall euch ab! Ravensburger Buchverlag, Ravensburg, 2002.

Schabert, Thilo (Hg.): Die Sprache der Masken. Königshausen & Neumann, Würzburg, 2002.

Schubarth, Wilfried, Kolbe, Fritz-Ulrich, Willems, Helmut (Hg.): Gewalt an Schulen. Leske + Budrich Verlag, Opladen, 1996.

Simon, Annette, Faktor, Jan: Fremd im eigenen Land? Psychosozial-Verlag, Gießen, 2000.

Theweleit, Klaus: Männerphantasien. Stroemfeld/Roter Stern, Basel und Frankfurt a. M., 1977.

Theweleit, Klaus: Der Knall. 11. September, das Verschwinden der Realität und ein Kriegsmodell. Stroemfeld/Roter Stern Verlag, Basel und Frankfurt a. M., 2002.

Welzer, Harald, Moller, Sabine, Tschuggnall, Karoline (Hg.): Opa war kein Nazi. Nationalsozialismus und Holocaust im Familiengedächtnis. Fischer Taschenbuch-Verlag, Frankfurt a. M., 2002.

Inhaltsverzeichnis